역사교육 목적의 인식과 실제

역사교육연구총서 **04**

역사교육 목적의 인식과 실제

초판 1쇄 발행 2018년 9월 30일
초판 2쇄 발행 2019년 11월 20일

지은이 백은진
펴낸이 오세정
펴낸곳 서울대학교출판문화원

출판등록 제15-3호

주소 08826 서울 관악구 관악로 1
대표전화 02-880-5252 | 팩스 02-889-0785
도서주문 02-889-4424, 02-880-7995
이메일 snubook@snu.ac.kr
홈페이지 www.snupress.com

ISBN 978-89-521-1985-8 94900
978-89-521-1849-3 세트

역사교육연구총서 04

역사교육 목적의 인식과 실제

백은진 지음

서울대학교출판문화원

책머리에

그동안 역사를 왜 가르쳐야 하는가에 대한 논의가 하향식으로 이루어져 왔음을 부인하기는 어렵다. 역사교육 목적에 대한 논의는 주로 교육과정이나 교과서의 지향이 어떠해야 하는지를 논하는 맥락에서, 또는 교육과정상 역사가 사회과의 일부가 아니라 하나의 교과로 독립해야 한다는 주장을 펴는 맥락에서 이루어져 왔다. 그러다 보니 정작 가르치는 주체인 역사교사들에게 역사를 왜 가르치는가, 무엇을 위해 가르치는가, 역사수업을 통해 학생들에게 어떤 변화를 기대하는가 등의 물음을 던지고 이에 대해 연구하는 것은 소홀했다고 할 수 있다. 학생들에 대해서는 더더욱 그렇다.

이 책은 이러한 문제의식에서 출발하여 다음과 같은 질문들을 고찰하고자 하였다. 역사를 왜 가르치고 배우는가? 이에 대해 정부의 역사교육 정책, 국가 교육과정, 역사교사, 학생 등은 어떻게 답하고 있는가? 특히 역사교사는 역사교육 목적을 무엇이라고 생각하고 이는 역사수업에 어떠한 영향을 미치는가? 학생들은 학교 수업을 통해 역사교사의 역사교육 목적을 어떻게 인식하는가?

역사교사의 의도와 실천은 어떠한 경험과 환경 속에서 구현 또는 굴절되는가?

이 책은 먼저, 역사교사가 역사를 왜 가르쳐야 하는가에 대해 어떻게 인식하는지를 논의의 중요한 주제로 삼았다. 역사교사들이 생각하는 역사교육 목적을 심층 면담을 통해 파악하고, 이들의 생각이 흔히 상식처럼 여겨지는 역사교육 목적론과 어떠한 공통점과 차이점이 있는지 알아보고자 했다. 다음으로는, 역사교사들이 생각하는 역사교육 목적이 자신의 역사수업에서 구현되고 있는가에 주목했다. 구현된다면 어떠한 방식으로 구현되는지, 구현되지 않거나 굴절된다면 그 이유가 무엇인지 분석하고자 하였다.

이를 위해 교직 경력, 근무 학교급, 담당 과목 등을 달리하는 역사교사 5인을 선정하여 이들의 역사교육 목적과 수업 경험, 수업 환경 등에 대해 분석하였다. 또한 이들의 수업을 한 교사당 일곱 차례 이상 참관하고 분석하였다. 마지막으로는 해당 교사가 가르치는 학생들과의 면담을 통해 학생들은 역사를 왜 배워야 한다고 생각하며, 자신을 가르치는 역사교사들의 역사교육 목적에 대해 어떻게 파악하고 있는지를 알아보았다.

이 책은 다음과 같이 구성되어 있다. 제1장에서는 역사교사를 역사교육 목적 논의의 주요한 주체로 삼아야 할 필요성과 이 책의 연구 방법을 소개하였다. 제2장에서는 그간 역사교육 목적에 관한 논의가 주로 국가 교육과정과 역사교육 강화방안을 통해 하향식으로 논의되어 왔으므로, 역사교육 목적론을 본질화하기보다는 상이한 목적론을 공론화·쟁론화해야 하고 이를 위해 역사교사에 주목해야 한다는 점을 밝혔다. 제3장에서는 역사교사를 초심으로 하는 역사수업 연구의 중요성을 강조하였다. 심층 면담을 통해 인식을 파악하고 수업 관찰을 통해 실행을 분석하는 과정이 동시에 연구될 필요성을 강조하였다.

제4장에서는 사례 교사들이 경험한 역사수업 환경과 그들이 말하는 역사교육 목적을 다루었다. 제5장에서는 사례 교사들의 수업 관찰 결과와 수업 반성의 양상을 통해 이들이 나타내는 역사교육 목적의 중첩성과 역사수업 방법의 다기성(多岐性) 속에 이들의 인식과 실제 사이의 모순적 상황을 드러내고자 하였다. 제6장에서는 사례 교사들의 학생들을 면담하여 얻은 결과를 다루었다. 학생들과의 상호작용이 역사 교수학습에서 가장 중요한 단계라면, 학생들이 학교 수업을 통해 역사교사의 역사교육 목적을 어떻게 이해하는지는 상호작용의 결과이기도 하기 때문이다.

이 책은 필자의 2014년 서울대학교 박사학위논문 「중등 역사교사의 역사교육 목적에 대한 인식과 수업 실천」과 2015년 3월 『歷史教育』 133집에 게재한 논문 「역사학습의 목적과 역사교사의 역사교육 목적에 대한 중고등학생들의 인식」에 기초한 것이다. 이 두 논문은 애초 하나의 기획에서 출발한 것이고, 실제로 자료 수집도 하나의 과정으로 진행되었다. 2011년 말부터 사례 교사들을 선정하고 2012년부터 2013년 초까지 수업 참관, 교사 면담, 학생 면담을 진행했다. 학위논문은 역사교사에 초점을 두었고, 학생 면담에 대한 연구 결과는 별도의 학술 논문으로 발표했는데, 이 책을 통해 이 두 주제가 만나게 되어 역사교사와 학생 간에 인식이 만나고 엇갈리는 그림의 조각을 맞추어 볼 수 있게 되었다.

자료 수집과 분석에서 집필까지 2년이 넘게 걸렸고, 역사교사의 인식과 수업 실행을 동시에 연구한다는 것 역시 쉬운 일은 아니었다. 이 책을 통해 독자들이 역사교육 목적론에 상향식 접근이 가능하고, 또 필요하다는 데 공감할 수 있게 된다면 필자로서는 더할 나위가 없겠다. 예비 역사교사인 사범대생들에게 "역사를 왜 가르쳐야 할까?"라는 물음을 수년 동안 던져 보았는데, 그때마다 어김없이 나오는 반응은 "한 번도 생각해 보지 못한 문제"라는 것이었다. 따라서 이 책이 예비 역사교사들에게 역사교육 목적을 고민하는 기회를 제공한다면 바람직한 역사교사가 되기 위한 한 걸음이 될 수 있다고 생각한다. 더불어 예비 교사들뿐 아니라 현직 교사들에게도 교사 자신의 역사교육 목적을 구현하는 수업이 가능하려면 어떠한 역량이 필요한지, 어떠한 교육 환경이 뒷받침되어야 할지 고민하는 데 도움이 되기를 바란다.

역사수업은 여러 행위 주체의 의도뿐 아니라 사회적 환경이 함께 만들어 낸 복합적 결과물이다. 이러한 관점으로 역사교육을, 그리고 사회와 역사를 바라볼 수 있게 해 주신 많은 분들이 계시지 않았다면, 이번 연구의 기초가 된 문제의식은 나오기 힘들었을 것이다. 특히 이 책의 발간은 서울대학교 역사교육연구총서 간행위원회의 기획과 제안을 통해 이루어졌다. 또한 부족한 제자를 늘 격려해 주시고 이끌어 주신 양호환 교수님의 지도가 아니었다면 불가능했다. 그리고 무엇보다 늘 응원하고 지켜봐 주신 부모님께 감사드린다. 마지막으로 이번 연구에 함께해 주신 역사 선생님들과 학생들, 그리고 원고를 읽고 유익한 지적을 해 주신 익명의 심사위원 선생님들과 출판을 맡아 주신 서울대학교출판문화원에 감사드린다.

미흡한 연구를 책으로 엮어 낼 기회를 주신 덕분에, 역사교육의 이론과 현장에 대한 진지한 성찰과 고민을 이어가야 한다는 부담이 더욱 커졌다. 그럼에도 이 책이 역사교육 주체들의 인식과 실천에 대한 고민과 연구를 심화·발전시키고자 하는 이들에게 작은 도움이 되기를 소망해 본다.

2018년 8월

백은진

차례

제1장

머리말

1 문제 제기

광복 이후 역사교육 연구에서 주로 관심의 대상이 된 분야는 교육과정과 교과서 연구였다. 국가 교육과정과 교과서가 역사교사와 학생에게 끼치는 영향을 부인할 수 없지만, 그런 연구 경향의 바탕에는 교육과정이나 교과서가 달라지면 역사교육 현장이 바로 변화할 것처럼 여기는 생각이 자리하고 있다. 여기에는 역사교사를 교육과정과 교과서의 중립적 매개자나 수업의 기술적 운영자로, 학생을 역사지식의 수동적 수용자로 보는 관점이 전제되어 있기도 했다. 그런 점에서 교육과정과 교과서 중심의 기존 역사교육 연구가 역사교육 현장인 학교와 교실 수준을 고려하지 못했을 뿐 아니라, 특히 가르치고 배우는 당사자인 역사교사와 학생에 대한 연구가 매우 부족하다는 지적이 있은 지는 오래되었다.[1]

그러나 역사교사는 교육과정에 따라 발행된 교과서 내용을 학생들에게 그대로 전달하기만 하는 것은 아니며, 의도하든 의도하지 않든 간에 교과서에 서술된 내용을 전부 다 가르치지는 않

1 양호환, 「역사교과 교육이론의 가능성과 문제점」, 『歷史教育』 53, 1993.

고 그중 일부를 포기하거나 배제·생략하기도 한다. 때로는 교과서에 서술되지 않은 역사적 사실을 추가하여 설명하거나 교사 자신이 적절하다고 판단하는 비유나 예시를 들기도 하고, 특정한 개념이나 용어를 보충해 설명하기도 한다. 즉, 교사는 취사선택을 통해 수업 내용을 재구성한다. 이는 교사가 학생들에게 문지기(gatekeeper)가 되어[2] 학생들의 역사 이해에 영향을 끼친다는 것을 뜻한다. 또한 학생의 역사 이해를 돕고자 하는 의도로 수업을 할 때, 역사교사는 연구자와는 달리 '가르칠 궁리' 속에서 가르칠 내용을 재구성한다.[3] 그 과정에서 역사교사는 자신의 역사인식이나 역사교육 목적을 적극적으로 반영하기도 하고, 때에 따라서는 포기하거나 배제하기도 한다.

이는 역사학의 학문적 특징과도 연관이 있다. 역사학이라는 학문의 특성상 역사적 사실을 둘러싸고 서로 다른 해석들이 상존하기 마련이다. 이는 역사가가 역사적 사실에 기초하지만 자신의 관점과 해석을 통해 역사를 서술하기 때문이다. 이러한 점은 역사가뿐 아니라 역사교사에게도 해당된다.[4] 역사가가 자신의 관점과 해석을 통해 역사를 서술하고 역사지식을 생산하듯, 역사교사는 역사의 의미와 가치에 대해 나름대로 판단할 뿐 아니라 자신의 역사 해석을 반영해 수업을 실행한다. 또한, 학교 역사수업에서 역

---

2 S. J. Thornton, "Teacher as Curricular-Instructional Gatekeeper in Social Studies", James Shaver (ed.), *Handbook of Research on Social Studies Teaching and Learning*, New York: Macmillan, 1991, pp. 237-248.

3 김민정, 「역사교사의 가르칠 궁리에 대한 반성과 공유: 역사수업 연구에 대한 이론적 검토를 중심으로」, 『歷史教育』 117, 2011.

4 양호환, 「역사학습의 인식론적 모색」, 『歷史教育』 75, 2000, p. 19.

사를 가르치는 존재로서 교사 자신이 생각하는 역사교육 목적을 수업 실천에서 완전히 배제할 수는 없다.

그간 역사교사에 관해서는 주로 전문성, 교수내용지식, 인지적 특성, 양성과 재교육 등이 연구되었다. 역사교사가 역사 교과서와 교육과정, 역사수업 방법, 역사교육관 등에 대하여 어떤 견해를 가지고 있는지에 관해서는 설문조사나 면담을 통한 연구들이 발표되기도 했고,[5] 역사교사의 전문성에 주목하여 역사교사의 교수내용지식(pedagogical content knowledge)이 어떻게 형성되고 수업에서 어떻게 드러나는지를 연구한 결과물도 비교적 여러 편 발표되었다.[6] 교수내용지식이라는 개념을 정립하고 이를 적용하고자 한 연구들은 가르치는 일, 즉 교수 행위에서 교사의 지식이 학생들에게 어떻게 표현되고 적용되는지에 주목한 결과라고 볼 수 있다. 이러한 연구들은 대체로 교사 대상 설문이나 교사가 수업에

5 김환수, 「교사의 역사 인식과 새로운 역사 체계의 생성」, 『역사교육연구』 1, 2005; 박진동, 「현장 역사교육 50년, 중등 역사교사 구성의 추이와 문제점」, 『歷史教育』 97, 2006; 양정현, 「중등 역사교사의 역사교과 지식 생산과 소통」, 『역사와 경계』 59, 2006; 정경희, 「고등학교 역사교사의 기록물 이용행태 사례 연구」, 『한국도서관정보학회지』 38-4, 2007; 강선주, 「역사교육의 목적과 초등학교 교사의 역사교육관」, 『歷史教育』 108, 2008; 송인주, 「역사 개념에 대한 교사들의 인식과 역사교육과정의 정체성」, 『歷史教育論集』 43, 2009; 정희연·박현숙, 「집중이수제에 대한 고등학교 역사교사의 인식」, 『역사교육연구』 19, 2014.

6 조철수, 「역사수업에 나타난 내용교수지식의 유형과 원천」, 한국교원대학교 석사학위논문, 2001; 민윤, 「사회과 역사수업에서 초등 교사의 교수내용지식에 대한 이해」, 한국교원대학교 박사학위논문, 2003; 박해현, 「역사과 교실 수업에 나타난 교수내용지식」, 『전남사학』 21, 2003; 허은, 「경력에 따른 역사교사의 내용지식과 교수내용지식에 대한 이해」, 고려대학교 석사학위논문, 2009; 천은수, 「어느 역사교사의 '가르치기 위한 지식(Pedagogical Knowledge)' 연구: 내용교수지식과 교수학적 전환, 그리고 실천 지식」, 『역사교육연구』 10, 2009.

서 표현하는 양태를 분석해 왔다.

또한, 학생을 대상으로 한 연구들은 주로 특정 수업 모형이나 특정 평가 방식을 통한 학생들의 수업 결과물에 주목해 왔다. 이와 같은 연구에서는 연구자나 교사가 학생의 수업 결과물을 평가·분석하거나 역사수업 전후로 학생 대상 설문조사를 실시하여 해당 역사수업의 효과나 이에 대한 반응을 살피기도 했다. 최근 학생에 관한 연구들은 학생의 역사 이해에 좀 더 심층적으로 접근하고자 노력하고 있지만,[7] 학생이 역사수업 과정에서 무엇을 보고, 어떻게 생각하며, 무엇을 하는지와 같이 학생의 능동적 활동에 주목한 연구는 상대적으로 적다.

이와 같이 그간 상당수의 역사교육 연구와 관련 정책들은 역사교사와 학생이 행위와 인식의 능동적 주체라는 점에는 상대적으로 주목하지 못했다. 특히 국가 수준에서 역사 과목들의 교육과정을 결정하거나 역사 과목이 지향해야 할 가치를 도출하고자 할

---

7 최근 10여 년 사이에 발표된 학술 논문 가운데 중·고등학생을 연구 대상으로 한 성과물 일부를 소개하면 다음과 같다. 최상훈, 「고등학생의 사료 이해 양상」, 『역사교육연구』 3, 2006; 방지원, 「〈국사〉 서술형 평가 답안에 나타난 고등학생의 역사 이해 양상: 조선 후기 신분 상승에 대한 서술형 답안 분석」, 『歷史教育』 102, 2007; 박주현, 「학생들의 역사 개념에 대한 이해 양상과 역사의식」, 『歷史教育』 111, 2009; 박주현, 「역사 재현의 수정에 대한 중등학생들의 이해: 역사영화를 중심으로」, 『歷史教育』 113, 2010; 김민수, 「고등학생의 역사인물 이미지 변형 요인」, 『역사교육연구』 11, 2010; 김한종, 「사료내용의 전달방식에 따른 고등학생들의 역사 이해」, 『歷史教育』 125, 2013; 강선주, 「고등학생과 역사가의 역사 텍스트 독해 양상과 텍스트 독해 교수학습 전략」, 『歷史教育』 125, 2013; 강선주, 「초·중·고등학생이 구성하는 역사담론과 추구하는 역사의식」, 『역사교육연구』 19, 2014; 강화정, 「고등학생의 민주주의 이해 양상」, 『역사와 세계』 45, 2014; 전병철, 「한국사 근대 기점에 대한 고등학생들의 인식 분석」, 『역사교육연구』 19, 2014; 방지원, 「중·고등학생들의 현대사 인식과 역사교육」, 『歷史教育』 130, 2014.

때, 여전히 교실 현장과 역사교사는 크게 고려되지 않았던 점을 부인할 수 없다.[8] 또한, 역사 과목의 교수학습에 대한 많은 연구들은 특정 수업 방법을 통한 기대 효과와 적용 결과를 중심으로 다루는 데 그치는 경우가 많았고, 역사교사가 역사수업의 내용과 방법을 어떠한 목적이나 이유에서 그와 같이 구성했는지에 관한 연구는 거의 없는 실정이다.

일부 연구자들은 역사교사의 전문성, 교수내용지식, 인지적 특성, 양성과 재교육 등을 역사교사의 수업 실천과 연관지어 연구해 왔다. 또한 적지 않은 교사들이 대학원에서 수학하며 자신의 수업이나 다른 역사교사들의 수업을 연구해 논문을 작성하기도 했다. 전국역사교사모임은 지난 20여 년간 회보 『역사교육』을 통해 수업 사례를 공유해 왔고, 역사수업 현장의 문제의식을 반영한 주제들을 엮어 단행본으로 발간하기도 했다.[9] 한국교육과정평가원은 수년간에 걸쳐 교과별 교수내용지식에 대한 연구를 수행하여 역사수업을 분석하고 이를 바탕으로 초임교사 입문 프로그램 개발과 멘토링 체제 구축을 시도하기도 했다.[10]

그러나 역사수업을 다룬 연구와 사례 보고들은 대체로 수업 모형을 중심으로 한 교수학습 방법론에 무게를 두어 왔다. 이러한 연구들은 주로 특정한 교수 방법이 역사수업에서 구현되는 양상

---

8 양호환, 「역사교육의 목적을 다시 묻는다」, 『歷史敎育』 99, 2006.

9 전국역사교사모임, 『현장 교사들이 쓴 역사교육론: 우리 아이들에게 역사를 어떻게 가르칠 것인가』, 휴머니스트, 2002; 전국역사교사모임, 『역사, 무엇을 어떻게 가르칠까: 현장 교사들이 쓴 역사교육론』, 휴머니스트, 2008.

10 곽영순 외, 「수업전문성 제고를 위한 멘토링 체제 연구: 국어, 사회, 과학 교과를 중심으로」(RRI 2009-7), 한국교육과정평가원, 2009.

을 살피고 그 교수법의 성과와 한계를 밝히는 데 초점을 둔 것이었다. 또한, 역사교사나 역사수업을 대상으로 연구했다 하더라도 역사 과목과 특별한 관계없이 대다수 교과에 공통적으로 적용될 수 있는 결론을 도출한 경우도 많았다.[11] 이는 역사수업을 연구 대상으로 삼았다 하더라도 다른 과목의 수업과 구별되는 역사수업을 보는 독특한 관점이나 방법에 관한 연구는 드물었다는 것을 뜻한다. 게다가 지금까지 국내에서는 역사수업 연구의 주제와 방법을 함께 정리한 연구가 거의 없고, 역사수업 연구 동향 또는 연구 초점을 검토한 논문도 몇 편 없는 실정이다.[12] 이는 역사수업 연구 성과물에 관한 실증적 통계와 그 추이를 먼저 살펴야 할 필요보다는 역사수업 연구가 왜 필요하며, 무엇을 초점으로 삼아 연구해야 하는지가 여전히 중요하게 논의되어야 할 상황임을 반영하는 것이다.

이와 같은 상황을 고려할 때, 학교 역사수업에서 역사교사가 어떠한 역사인식이나 역사교육 목적을 가지고 있는지부터 주목할 필요가 있다. 또한 이에 관한 역사교사의 인식이 실제 수업에서도 구현되는지 파악할 필요가 있다. 이를 통해 역사교사가 가진 역사인식이나 역사교육 목적이 구현 또는 굴절된다면, 이에 영향을 미치는 요인들이 무엇인지도 분석할 필요가 있다. 이를 위해 역사

11 역사교육 전공 학위논문 가운데 '○○○을 활용/적용한 역사수업(모형) 개발/연구'라는 제목을 쉽게 찾아볼 수 있는데, 이는 대체로 특정한 교수 방법이 수업에 적용된 양상을 연구한 것들이다.

12 김한종, 「역사과 교실수업연구의 동향과 과제」, 『사회과학교육연구』 4, 2001 ; 김민정, 「역사교사의 가르칠 궁리에 대한 반성과 공유: 역사수업연구에 대한 이론적 검토를 중심으로」, 『歷史教育』 117, 2011.

교사의 의도와 행위뿐 아니라 이들을 둘러싼 환경을 고려하는 것이 필요하다. 역사교사의 주체적 능동성을 강조한다고 해도 역사교사가 자신의 의지만으로 학교 현장이라는 환경을 뛰어넘어 역사수업을 할 수 있는 것은 아니기 때문이다.[13]

또한, 역사수업에서 수업 내용을 이해하고자 노력하고 이에 대해 판단하거나 판단을 유보하는 주체로서의 학생을 간과해서는 안 된다. 예를 들면, 학생들은 극화학습을 대본을 외워 연기하는 데 치중하는 연극 수업으로 여길 수도 있고, 역사신문 제작 학습을 신문 디자인에 초점을 둔 수업으로 여길 수도 있다. 이는 학생의 역사수업 내 활동이 무엇이고 이에 대한 학생의 인식은 어떠한지를 살펴볼 필요를 제기한다. 특히 학생이 수업에서 수동적 방관자가 아니라 적극적인 참여자이자 주체가 되게 하려는 이른바 학생 참여적 수업을 연구할 때에는, 학생에 대한 역사교사나 연구자의 관점뿐 아니라 학생들 스스로가 역사수업에서 자신이 하는 학습활동의 의의를 어디에서 찾고 있는지도 살펴볼 필요가 있다.

이러한 문제의식에 따라서 이 책은 역사수업의 행위 주체인 역사교사와 학생의 인식에 주목하였다. 역사수업에서 교사와 학

13 행위 주체는 자신의 욕구를 실현시킬 행위를 선택할 능력 또는 권력을 가지고 있기도 하지만 행위 주체들의 능력은 부분적으로는 사회 구조에 의존하거나 영향을 받기도 한다. 즉, 인간의 행위가 구조적으로 결정되어 있는 것이 아닐 뿐 아니라 구조가 단순히 행위를 강압하기만 하는 것도 아니다. 구조는 행위를 가능하게 하는 요소이기도 하다. 이런 점에서 구조는 행위를 가로막는 장벽이 아니라 행위를 만들어 내는 데 필수적으로 포함되는 것이다(A. Callinicos, 김용학 옮김, 『역사와 행위』, 사회비평사, 1997, p. 81, p. 155; A. Giddens, *Central Problems in Social Theory: Action, Structure, and Contradiction in Social Analysis*, London: Macmillan, 1979, pp. 69-70 참조).

생이 역사교육 목적이라는 측면에서 어떠한 접점을 이루고 있으며, 어떠한 양상으로 관계 맺는지를 살펴보고자 하는 것이다. 구체적인 연구 초점은 다음과 같다.

우선, 역사교육 목적에 관한 기존 논의를 분석하였다. 역사교육 목적을 분명하게 입론화(立論化)하면 국가 교육과정에서 역사를 사회과에서 독립된 교과로 만들 수 있다고 보는 견해가 있다. 이러한 입장에서는 역사교육 목적론을 정립하면 역사가 독립적 교과로서 지니는 가치를 정당화할 수 있다고 본다. 그러나 이는 하향식 접근으로 역사교육 현장을 고려하지 못한 것이다. 또한 역사교육을 강화해야 한다는 대전제 아래 역사교육 강화방안을 국가 수준에서 마련해야 한다는 견해가 있다. 이 입장은 어떠한 목적에서 역사교육이 강화되어야 하는지에 관해서는 거의 다루지 않는다. 전자의 견해는 국가 교육과정에서 역사교육 목적을 분명히 정립하자는 것이고, 후자의 견해는 역사교육 목적이 무엇이어야 하는지는 쟁론화하지 못한 채 역사교육 강화방안을 무엇으로 할 것인지를 결정해 온 것이다. 그러나 이 두 가지 견해는 모두 실제 역사수업 현장에서 역사교육 목적을 실현하는 주체인 역사교사와 학생에 대한 고려가 부족하다는 한계를 지니고 있다.

또한 이 책은 역사교육 목적을 설정하고 이를 구현하고자 하는 주체로서의 역사교사에 주목하였다. 역사를 가르치는 목적이 정치적으로 산출된 관행에서 비롯한다고 본다면, 역사교육 목적을 논의하는 방식은 하나의 정답을 찾아내는 것이기보다는 그 자체가 쟁론의 과정이 되어야 한다.[14] 또한 이 쟁론의 과정에는 역사수업의 한 주체인 역사교사들이 생각하는 역사교육 목적도 반영되어야 한다.

위와 같은 문제의식에 기초해 이 책은 역사교사의 인식뿐 아니라 수업 실천도 함께 연구하는 데 초점을 두었다. 역사교사에 관한 국내 연구들은 아직 적은 편인데, 그중 다수는 주로 면담이나 수업 관찰 가운데 한 가지 방법만을 채택하여 연구한 것이다. 이런 경우, 역사교사들이 면담에서 말로 표현한 자신의 인식이 실제 행동과 일치하는지는 확인하기 어려웠다. 역사교사의 인식이 실제 수업에 모두 반영되지 않을 수 있고, 역사수업의 실제가 언제나 역사교사가 의도한 결과라고 볼 수도 없다는 점을 감안한다면, 역사수업 현장을 구체적으로 이해하기 위해서는 역사교사의 인식과 실제 수업 실천을 모두 연구 대상으로 삼을 필요가 있다.

또한, 이 책은 역사교사와 역사수업뿐 아니라 사례 교사의 학생에 대한 연구도 진행하였다. 특히 학생들이 사례 교사와의 수업 경험을 통해 교사의 역사교육 목적을 무엇이라고 이해하고 있는지도 살펴보았다. 즉, 역사수업을 통해 학생과 역사교사의 역사교육 목적이 어떻게 접점을 이루거나 어긋나고 있는지 분석하였다. 이를 위해 학생들이 생각하는 역사학습 목적을 심층 면담을 통해 알아보고, 사례 교사의 역사교육 목적에 대한 학생의 견해를 들어보았다.

이와 같은 과정을 통해 다음의 물음에 답하고자 하였다. 첫째, 사례 교사들은 역사의 의미와 역사교육 목적을 무엇이라고 말하는가? 둘째, 사례 교사들은 자신들이 말한 역사교육 목적을 수

---

14 양호환 외, 『역사교육의 이론』, 책과함께, 2009, pp. 35-39.

업 실천에서 구현하기 위해 어떠한 노력을 해 왔는가? 셋째, 사례 교사들이 말한 역사교육 목적과 수업 실천 사이에는 일관성이 있는가? 넷째, 사례 교사들이 말한 역사교육 목적과 수업 실천 사이에 간극이 있다면 그 요인은 무엇인가? 다섯째, 이러한 물음들은 학생들과 어떻게 접점을 이루거나 어긋나는가?

이러한 연구 문제를 통해 이 연구는 역사교육 목적에 대한 기존 논의에서 구체적으로 연구되지 않은 역사교사들의 역사교육 목적을 이해하는 데 기여할 수 있다. 또한 역사교사가 자신의 인식과 실천 사이에서 보여 주는 연관 관계를 파악하고 그 맥락을 분석함으로써 역사교사 양성과 재교육 과정에 시사점을 제시하고자 한다.

2 주요 개념과 연구 방법

1) 주요 용어의 개념과 범주

❶ 중등 역사교사

우리나라는 유아교육법 제20조, 초·중등교육법 제19조, 고등교육법 제14조에서 교원을 직원과 구분해 명시하고 있다. 초·중등교육법 제19조에 따르면 교원은 교장, 교감, 수석교사, 교사로 구분되고, 교사는 정교사(1·2급), 준교사, 전문상담교사(1·2급), 사서교사(1·2급), 실기교사, 보건교사(1·2급), 영양교사(1·2급) 등으로 나뉜다.

2급 정교사에는 사범대학을 졸업한 사람, 교육대학원 또는 교육부장관이 지정하는 대학원 교육과에서 석사학위를 받은 사람, 대학에 설치한 교육과를 졸업한 사람 등이 해당한다. 또한 1급 정교사에는 2급 정교사 자격증을 가지고 교육대학원 또는 교육부장관이 지정하는 대학원 교육과에서 석사학위를 받은 사람으로서 1년 이상의 교육 경력이 있는 사람, 중등학교 정교사 자격증을 가지지 아니하고 교육대학원 또는 교육부장관이 지정하는 대학원

교육과에서 석사학위를 받은 후 교육부장관으로부터 중등학교 정교사(2급) 자격증을 받은 사람으로서 3년 이상의 교육 경력이 있는 사람, 중등학교 정교사(2급) 자격증을 가진 사람으로서 3년 이상의 교육 경력을 가지고 일정한 재교육을 받은 사람 등이 해당한다.

현행 초·중등교육법은 중학교와 고등학교에서 가르쳐야 할 교과를 "국어, 도덕, 사회, 수학, 과학, 기술·가정, 체육, 음악, 미술 및 외국어와 교육부 장관이 필요하다고 인정하는 교과"라고 명시하고 있다. 또한, 교육과학기술부 고시 제2012-31호「초·중등학교 교육과정 총론」에 따르면, 중학교 교육과정은 교과(군)를 국어, 사회(역사 포함)/도덕, 수학, 과학/기술·가정, 체육, 예술(음악/미술), 영어, 선택으로 규정하고, 고등학교 교육과정은 교과(군)를 국어, 수학, 영어, 사회(역사/도덕 포함), 과학, 체육, 예술(음악/미술), 기술·가정/제2외국어/한문/교양으로 정하고 있다. 즉, 중·고등학교 교육과정에서 역사는 별도의 '교과'로 명시되어 있지 않고 사회과 내의 여러 과목으로 편제되어 있다.

따라서 이 책에서 사용하는 '중등 역사교사'라는 개념은 교원자격검정령 시행규칙에 따라 교원자격증의 표시 과목이 '사회(역사)'이거나 '역사'인 1급 또는 2급 현직 정교사를 뜻한다. 또한 교원자격증의 표시 과목이 '공통사회'이면서 역사 전공으로 2012년 현재 역사 과목을 가르치는 1급 또는 2급 정교사도 포함된다. 이 연구에서 사례 교사를 선정할 때는 위의 기준을 충족하는 교사들 가운데 2012년 현재 중·고등학교에서 역사 과목, 즉 중학교 〈역사〉, 고등학교 〈한국사〉, 〈세계사〉, 〈동아시아사〉 중에 한 과목 이상을 가르치고 있는 교사로 한정했다. 즉, 교원자격증의 표시 과목이 '사회(역사)' 또는 '역사'일지라도 현재 역사 과목을 가르치지 않는 교사는 대상에서 제외하였다.

❷ 역사교육 목적

역사교육 목적은 이를 논하는 각 주체의 역사관, 신념, 정치적 지향, 이해관계 등에 따라 다양하게 제시되어 왔고, 이는 학교 역사교육의 목적이라는 의미와 동일시되어 왔다. 이 책에서는 '역사교육 목적'의 개념을 공교육 현장에서의 역사교육 목적으로 한정하고자 한다. 또한 '중등 역사교사의 역사교육 목적'이라는 개념은 역사교육 목적을 설정하는 주체를 중등 역사교사로 한정해 중등 역사교사가 '학교에서 가르치는 역사', 즉 역사 과목을 가르칠 때 지니는 교육적 의도를 뜻한다. 구체적으로는 "중등 역사교사가 자신의 역사 수업을 통해 학생들에게 어떠한 변화를 기대하는가?"라는 물음에 대한 답을 뜻한다. 교육은 의도된 행위이고 교육 행위에는 학습자에게 교육을 통해 모종의 변화가 있기를 바라는 교수자의 교육적 의도가 반영되기 때문이다.

교사의 역사교육 목적을 학생이 어떻게 인식하는지는 "학생이 자신을 가르치는 역사교사가 어떤 목적에서 역사를 가르치고 있다고 생각하는가?"라는 질문을 던짐으로써 파악할 수 있다. 이에 대해서는 학생에게 "○○○ 선생님이 자신의 역사수업을 들은 학생들이 이렇게 달라졌으면 좋겠다는 바람을 가지고 있을까요? 만약 그렇다고 생각한다면, 선생님은 어떤 바람을 가지고 있는 것 같아요?"라고 물었다.[15] 추가로, 평소 역사수업의 내용이나 방법을 통해 역사교사가 학생들에게 강조한다고 생각되는 메시지가 있는지에 관해서도 질문하여 역사교사의 역사교육 목적에 대한 학생의 인식도 살펴보았다.

❸ 학생의 역사학습 목적

학생들이 생각하는 역사학습 목적은 중·고등학생 15명을 대상으로 반(半)구조화된 면담[16]을 통해 알아보았다. 이에 관한 학생들의 인식이 학교 역사수업을 통해서만 형성된 것이 아닐 수 있다는 점을 고려하여 면담 질문을 구성하였다. 핵심 질문은 "역사를 왜 배운다고 생각하나요?"였다.[17] 면담 상황에서는 질문에 대한 학생의

---

15 반슬레드라이트(B. VanSledright)의 연구가 '학교에서' 역사를 가르치는 이유를 물은 것과는 다른 접근이다. '학교가' 역사를 가르치는 이유에 대해 물으면, 학생의 답변이 역사수업보다 학교교육의 일반 목적에 부합하는 답변으로 치우칠 것을 우려했기 때문이다.

16 면담법은 면담 진행 절차에 따라 구조화된 면담과 구조화되지 않은 면담, 그리고 반(半)구조화된 면담으로 나눌 수 있다. 구조화된 면담은 사전에 질문 내용, 구조화된 조사표, 질문 순서, 질문 방법 등에 관해 치밀한 계획을 세워 실시하는 것이다. 구조화되지 않은 면담은 목적만 명백히 하고 질문의 구성이나 순서, 방법 등을 면담자가 면담 상황에 따라 융통성 있게 진행하는 것이다. 반(半)구조화된 면담은 사전에 치밀한 계획을 세우되 면담할 때는 면담자가 융통성 있게 진행하는 방법으로, 구조화된 면담과 비구조화된 면담의 장점을 살리는 방식이라 할 수 있다(J. A. Hatch, 진영은 옮김, 『교육 상황에서 질적 연구 수행하기』, 학지사, 2008, pp. 156-161).

17 질문 내용 구성에는 반슬레드라이트의 연구를 참조하였다(B. VanSledright, "And Santayana Lives on: Students' Views on the Purpose for Studying American History", *Journal of Curriculum Studies*, Vol. 29(5), 1997, pp. 529-537). 그는 학생 총 30명(5학년 12명, 8학년 12명, 고등학생 6명)을 대상으로 미국사 학습 목적에 관해 "학교에서 왜 미국사를 가르친다고 생각하나요?"와 "미국사를 배우는 것이 학교 밖 생활에서 당신에게 어떤 도움이 되나요?"로 질문하였다. 연구 결과 역사학습의 이유는 연령, 흥미, 인종적 배경에 따라 다양했지만, '과거의 교훈을 배우는 데 실패한 사람들은 그 과거를 반복할 것'이라는 산타야나(George Santayana)식 답변이 공통적으로 등장했다. 또한 학생들은 역사를 사실로 추정되는 것들의 모음(collection)으로 생각하고, 학생들은 자신이 그것을 알아야 한다고 생각하는

이해를 돕고자 "중학교 2학년에 올라가는 동생이 중학교 〈역사〉 교과서를 새로 받아와서는 '역사를 왜 배워야 돼?'라고 물으면 뭐라고 대답하겠어요?"라는 추가 질문을 통해 알아보았다.[18]

❹ 수업 연구

'수업'이라는 단어는 한자로 受業과 授業의 두 가지가 있다. 전자는 배우는 것을 의미하며, 후자는 가르치는 것을 뜻한다. 영어로는 전자를 learning으로, 후자를 teaching으로 사용하고, 이를 각각 '학습'과 '교수'라는 말로 번역하기도 한다. 하지만 일각에서는 그 둘을 특별히 구분하지 않고 受業과 授業의 뜻을 모두 포함한 의미로 '수업'이라는 단어를 사용하기도 한다.

이러한 용례에 따르면, 수업에 대한 연구는 그 자체로 교수와 학습에 관한 이론 연구까지 포괄할 수 있다. 하지만 대다수의 수업 연구는 주로 학교 교실 상황을 연구 대상으로 삼아 왔다. '학교 수업 연구', '교실 수업 연구'라는 용어에서도 알 수 있듯이, 수업 연구는 주로 학교라는 제도적 공간 내에서 가르치고 배우는 행위가 일어나는 현장 상황을 연구한 것을 뜻한다. 교수와 학습 전반에 관한 이론 연구가 교실 수업과 연관되기는 하지만, 실제 교실 상황을 주요 대상으로 삼는 수업 연구와는 구분된다. 이와 같은 맥락에서 본 연구는 학교의 교실 수업을 대상으로 하는 연구를 수업 연구라고 본다.

점에서는 매우 안정되고 일치된 견해를 보여 주었다.

18 반슬레드라이트의 연구처럼 미국사, 즉 자국사인 '한국사'로 표현하지 않은 것은 학생들의 사고를 일국적·민족주의적 관점에 한정하지 않기 위함이었다.

본 연구에서는 사례 교사들의 수업 실천(classroom practice)을 관찰하여 분석했는데, 이는 교사가 자신의 수업을 연구하는 실행 연구(action research)[19] 또는 자기 연구(self-study)와는 구분된다.

2) 연구 대상과 연구 방법

❶ 연구 대상

소수의 표본을 깊이 있게 다루고자 하는 질적 연구에서 양적 연구의 확률적 표집을 적용하는 것은 부적절할 뿐 아니라 불가능하다. 질적 연구는 일반화나 대표성의 문제보다는 개인의 경험이 가지고 있는 고유성이나 특성을 중요하게 고려하기 때문이다.[20] 그렇다고 해서 연구 참여자를 무작위로 선정하거나 편의적으로 선정하는 것도 적절하다고만 할 수는 없다. 그간 많은 수업 연구들이 예산, 시간, 접근성을 고려하여 가장 신속하고 편리한 표본을 선정하는 편의적 표집 방식을 채택해 왔다.[21] 그러나 이는 해당 연구의 논리성이나 타당성을 떨어뜨리는 요인이 되기도 했다.

---

19 실행 연구, 행위 당사자 연구 등으로 번역되는 action research는 교수학습 상황에서 교사, 교장, 장학사 등 교육 현장의 구성원들이 학교 현장에 관해 탐구하는 활동 전반을 포괄한다. 국내에서는 교육 현장의 구성원들이 연구 주체라는 점에서 '현장 연구'라고 지칭하기도 한다.

20 Irving Seidman, 박혜준·이승연 옮김, 『질적 연구 방법으로서의 면담: 교육학과 사회과학 분야의 연구자들을 위한 안내서』, 학지사, 2009, pp. 115-121.

21 나장함, 「교과교육과 수업 연구에서의 질적 접근: 질적 연구 샘플링에 대한 고찰을 중심으로」, 『교육연구』 53, 2012.

따라서 이 연구는 목적 표집을 통해 서울과 경기 지역 중·고등학교에서 근무하는 5명의 중등 역사교사를 연구 대상으로 선정하였다. 목적 표집은 주어진 자원과 시간의 제약, 양적 연구에 비해 적은 수의 표본들만을 볼 수밖에 없는 질적 연구의 특성을 반영하여 풍부한 정보 자원을 찾고자 하는 논리적인 표집의 총칭이다.[22] 이 연구는 교직 경력, 최초 임용 방법, 현재 속한 학교급, 담당 과목과 학년, 주당 수업 시수 등이 역사교육 목적의 설정이나 수업 실천과 연관될 수 있다는 점을 고려하여 각기 다른 조건에 처한 교사들을 선정하였다([표 1] 참조).[23]

학생들은 사례 교사들이 당해에 가르치고 있는 학생들로, 서울과 경기 지역의 중학생 6명과 고등학생 9명, 총 15명이었다.[24] 연구자는 해당 역사교사들에게 연구 대상이 될 학생을 3명씩 선정해 달라고 요청하였다. 조건은 세 가지로, ① 해당 교사의 역사 수업을 두 학기 이상 들은 학생, ② 연구자가 수업을 참관한 학급의 학생, ③ 역사 과목을 싫어하지 않는 학생이었다. 단, 3명을 선정할 때는 학업성취도가 상·중·하에 속하는 학생을 1명씩 선정해 달라고 요청하였다. 이러한 선정 요건은 다음과 같은 점들을

22 위의 논문, pp. 94-95. 이 논문에서는 '의도적 샘플링'이라고 표현되었으나 본 책에서는 '목적 표집'이라고 칭하였다.

23 단, 고등학교 〈동아시아사〉를 가르치는 교사는 포함하지 않았다. 자료 수집을 진행한 2012년은 고등학교 〈동아시아사〉가 처음으로 개설된 해였다. 이 과목은 다른 역사 과목들과 달리 역사교사가 처음 가르치는 과목이라는 부담과 그에 따른 여러 여건이 수업에 상당한 영향을 미칠 것으로 예상하여 제외하였다.

24 15명 가운데 남학생은 10명, 여학생은 5명이었다. 이는 교사들이 재직 중인 학교 가운데 2개 학교가 남중, 남고였던 점이 반영된 것이다.

[표 1] 사례 교사 정보(2012. 3)

구분	교사 A	교사 B	교사 C	교사 D	교사 E
성별	여	여	남	남	남
연령	31세	34세	33세	51세	41세
정규 교원 연차	7년 차	10년 차	5년 차	25년 차	15년 차
교원 자격증 취득 경로	사범대	사범대	사범대	비사범대 교직 이수	사범대
학력	학사	학사	학사	석사	학사
최초 임용 방법	중등교원 임용시험	중등교원 임용시험	사립학교 자체 선발	사립학교 자체 선발	사립학교 자체 선발
근무 지역	서울	경기	서울	서울	서울
근무 학교	A고등학교 (남녀공학)	B고등학교 (남녀공학)	C중학교 (남중)	D중학교 (남녀공학)	E고등학교 (남고)
근무 학교의 설립 형태	공립	공립	사립	공립	사립
담당 과목	2학년 세계사	3학년 한국 근현대사	3학년 역사(하)	3학년 역사(하)	2학년 한국사
수업 학급 수	5	4	7	9	5
주당 수업 시수	20	16	17	18	15
주당 역사수업 시수	20	16	14	18	15
주당 학급별 수업 시수	4	4	2	2	3
담임 여부	담임	담임	담임	담임	담임

고려한 것이다. 우선, 역사 과목을 싫어한다는 의사를 분명히 표현한 적이 있는 학생들의 경우에는 이 연구의 주제인 역사학습 목적과 역사교사의 역사교육 목적에 관해 답하기를 어려워할 수 있

어 연구 대상에서 제외하였다. 또한 학업성취도는 역사수업에 대한 관심이나 수업 참여에 대한 성실함 등의 측면에서 과도하게 편중된 결과를 방지하고자 한 것이다.

❷ 자료 수집 방법

2장과 3장은 문헌 연구를 통해 작성했고, 4장과 5장은 2장과 3장의 문제의식에 기초하되 주로 질적 연구를 수행하였다. 질적 연구란 일반적으로는 "통계적 절차 방식 또는 다른 양화적인 방식으로 달성되지 않는 연구 결과를 산출하는 하나의 연구 종류"[25] 또는 "주관적이고 사회적으로 창조된 일상 세계를 귀납적·해석적인 방식으로 적용하는 것을 강조하는 하나의 연구 패러다임"[26]이라고 볼 수 있는데, 이에 해당하는 여러 종류의 자료 수집 방법 가운데 4장과 5장에서는 심층 면담과 참여관찰을 이용하였다.

참여관찰자는 문화기술지의 방법을 사용하는 연구자와는 달리 자신의 연구에 집중시키는 특정 관심과 특정 질문들을 가지고 현장에 들어간다. 면담에서는 개방형 질문을 하고 피면담자가 연구자에게 자신의 세계를 이해시키는 데 사용한 표현들을 통해 연구자는 특별한 종류의 이야기를 연구 결과로 도출할 수 있다. 면담에서 연구자는 미리 생각해 놓은 질문을 가지고 면담에 임하지만 피면담자의 반응이나 논의의 사회적 맥락, 확립되어 있는 상호 신뢰성 정도

---

25 A. L. Strauss and J. Corbin, *Basics of Qualitative Research: Grounded Theory Procedures and Techniques*, Newbery Park, CA: Sage, 1990, p. 17.

26 J. A. Anderson, *Communications Research: Issues and Methods*, New York: McGraw-Hill, 1987, p. 384.

에 따라 면담 중에도 질문을 만들 수 있다.[27] 또한 심층 면담 연구의 특성상 면담을 통해 드러낼 수 있는 한 사람의 경험적 깊이를 고려한다면, 피면담자 선정 과정에서 일반화나 대표성의 문제보다는 한 개인의 경험이 가지고 있는 고유성이나 특성이 더 중요한 고려 사항이 된다. 그러므로 연구자는 연구 참여자와 라포르(rapport)를 형성하고 피면담자의 경험을 깊이 있게 포착하고자 노력하였다.

연구자는 면담에 앞서 개인 신상, 교직 경력, 학교와 역사수업 환경 등에 관해 기초적인 설문조사를 실시하였고, 역사교사가 되기까지의 과정, 역사수업 경험과 이에 대한 의미부여, 자신의 역사수업 변화 경험, 역사의 의미와 역사교육 목적, 수업 실천과 반성 경험 등에 관해 면담을 세 차례 수행하였다([표 2] 참조). 특히 세 번째 면담에서는 연구자가 촬영한 사례 교사 본인의 수업 동영상 가운데 하나를 협의하에 선정하여 연구자와 교사가 함께 보면서 수업 실천의 반성에 관해 면담하였다. 교사 1인당 세 차례씩 진행된 심층 면담은 모두 반(半)구조화된 면담으로, 사례 교사가 근무하는 학교 안에서 이루어졌다.[28]

연구자는 이들의 수업을 2012년 1학기 동안 교사 1인당 최소 7회 이상 촬영하며 관찰하였다([표 3] 참조). 영상은 대체로 수업의 처음부터 끝까지 한 번에 촬영하였고, 연구의 초점이 역사교사의 수업 실천이므로 연구자는 교실 뒤편에서 교사의 행동과 학생들의 반응을 포괄하는 방식으로 촬영하였다.

27 J. A. Hatch, 진영은 옮김, 『교육 상황에서 질적 연구 수행하기』, 학지사, 2008, pp. 49-70.

28 면담 시간은 대체로 70분에서 90분 정도였다.

[표 2] 교사별 심층 면담 일자(2012)

구분	교사 A	교사 B	교사 C	교사 D	교사 E
1차 면담	5월 14일	5월 30일	5월 16일	6월 15일	5월 24일
2차 면담	7월 2일	6월 9일	6월 19일	7월 3일	7월 3일
3차 면담	7월 31일	7월 23일	7월 20일	7월 13일	8월 2일

[표 3] 교사별 수업 참관 일자와 참관 학급(2012)

구분	교사 A	교사 B	교사 C	교사 D	교사 E
담당 과목	고등학교 2학년 세계사	고등학교 3학년 한국 근현대사	중학교 3학년 역사(하)	중학교 3학년 역사(하)	고등학교 2학년 한국사
1차 참관	3월 6일	3월 6일	3월 7일	3월 8일	3월 5일
	2학년 7반	3학년 6반	3학년 7반	3학년 7반	2학년 1반
2차 참관	3월 6일	3월 6일	3월 7일	3월 9일	3월 5일
	2학년 1반	3학년 8반	3학년 3반	3학년 8반	2학년 3반
3차 참관	3월 27일	3월 29일	3월 26일	3월 30일	3월 28일
	2학년 7반	3학년 7반	3학년 3반	3학년 8반	2학년 1반
4차 참관	4월 17일	4월 19일	4월 20일	4월 20일	4월 18일
	2학년 7반	3학년 7반	3학년 3반	3학년 8반	2학년 1반
5차 참관	5월 8일	5월 17일	5월 7일	5월 11일	5월 16일
	2학년 7반	3학년 7반	3학년 3반	3학년 8반	2학년 1반
6차 참관	5월 29일	5월 30일	6월 4일	6월 1일	5월 30일
	2학년 7반	3학년 7반	3학년 3반	3학년 8반	2학년 1반
7차 참관	6월 19일	6월 28일	6월 25일	6월 15일	6월 20일
	2학년 7반	3학년 6반	3학년 3반	3학년 7반	2학년 3반

[표 4] 학생 15명의 심층 면담 일자

구분	학생(고2) A1, A2, A3	학생(고3) B1, B2, B3	학생(중3) C1, C2, C3	학생(중3) D1, D2, D3	학생(고2) E1, E2, E3
일자	2012년 11월 9일	2012년 12월 21일	2013년 2월 4일	2012년 12월 26일	2012년 12월 26일

이 밖에 수업에 관련된 공식 또는 비공식 텍스트를 수집하였는데, 주로는 수업 시간에 활용한 교재로서의 학습지, 수행평가 계획서, 사례 교사가 각종 매체에 기고한 글, 이번 연구보다 앞서 촬영된 사례 교사의 수업 동영상, 학생들의 수업 활동 결과물이나 과제물 등이었다.

5개 학교, 학생 15명과의 면담은 2012년 11월부터 2013년 2월까지 진행하였다([표 4] 참조). 선정된 학생들에게는 면담에 앞서 연구 제안서와 연구 참여 동의서를 배포했고 보호자의 동의를 구하여 연구 윤리를 준수하고자 했다. 이하에 등장하는 교사와 학생들에 관해서는 모두 익명성을 보장하고자 실명을 사용하지 않았다.[29] 면담 장소로는 학생들에게 익숙한 공간인 교실이나 상담실 등을 활용했고, 면담 시간은 1인당 30분 이내로 하였다. 심층 면담은 공통적으로 다음과 같은 방식으로 진행하였다.

① 면담 참여에 감사를 표하고 면담 목적을 설명한다.

② 역사에 대한 관심 정도를 알아보고, 역사에 관심을 갖게 된 계기

29 또한 학생이 말하는 역사교사의 역사교육 목적을 해당 역사교사와 관련지어 이해하기 쉽도록 표기하였다. 예를 들면, 교사 A의 학생 가운데 학업성취도 상·중·하인 학생을 각각 학생 A1, 학생 A2, 학생 A3와 같은 방식으로 표기하였다.

나 특성한 경험(학교 역사수업, 어릴 때 읽은 위인전, 영화 등)이 있는지 질문한다.

③ 역사를 왜 배운다고 생각하는가를 질문하고, 답변의 이유나 근거를 묻는다. 즉, 학생이 답한 역사학습 목적이 어떤 점에서 가치가 있다고 보는 것인지를 확인한다.

④ 자신의 역사 선생님이 학생들에게 왜 역사를 가르친다고 생각하는가를 질문하고, 답변의 이유나 근거를 묻는다. 구체적으로는, 선생님이 그렇게 생각할 것이라고 추론한 이유나 근거가 되는 수업의 내용과 방법 등 수업 상황에 관하여 묻는다.

⑤ 오늘 면담에 관해 느낀 점이나 더 하고 싶은 얘기가 있는지 물어보고, 면담 참여에 감사를 표한 뒤 면담을 마무리한다.

❸ 자료 분석

수업 관찰과 심층 면담 후 녹화·녹음된 자료를 반복해서 보고 들으면서 수업 관찰 내용은 필요에 따라 전사(transcription)하거나 관찰 기록을 남겼다. 심층 면담 자료는 모두 전사한 뒤 녹음 파일을 사례 교사에게 전자 메일로 발송해 부정확한 발음 등으로 인해 전사하지 못한 부분을 채워 넣기도 했다. 이후 전사 자료를 반복적으로 검토하면서 역사교사가 되기까지의 과정, 역사수업의 경험과 의미 부여, 자신의 역사수업 변화 경험, 역사의 의미, 역사교육 목적, 수업 반성 등으로 분류하여 분석하였다. 특히 3차 면담은 연구자와 사례 교사가 함께 수업 동영상을 보면서 교사가 수업 내용과 방법, 교사의 의도와 학생의 반응 등에 관해 어떠한 양상으로 수업 반성을 하는지 분석하였다.

학생의 심층 면담 자료도 모두 전사하여 반복적으로 검토하였고, 역사학습 목적과 학생이 생각하는 역사교사의 역사교육 목적, 해당 역사교사가 역사수업에서 강조한 내용 또는 방법 등으로 분류하여 분석하였다.[30]

30 단, 학생 D2에게서는 연구 질문에 관한 유의미한 답변을 얻지 못했다. 학생 D2는 역사에 관심이 많고 역사를 상당히 좋아하지만, 사람들이 흔히 알고 있는 역사지식은 모두 '거짓'이고 그들은 '진실'을 모르고 있다며 면담 시간 동안 연구자의 질문에 답하기보다는 자신이 알고 있는 '진실'의 사례들을 설파하는 데 초점을 두었기 때문이다.

제2장

역사교육 목적론과 역사교사

1 국가 교육과정과 역사교육 강화 담론

'역사를 왜 가르치고 배워야 하는가'에 대해서 역사교육 관련 국내 연구서들은 여러 가지로 답하고 있다.[1] 양호환은 흔히 언급되는 역사교육 목적을 다음의 다섯 가지로 정리하였다.[2]

① 역사교육은 그 자체로서 내재적 가치를 가진다. 내재적 가치란 학생들의 세계관 혹은 역사인식에 해당하는 것으로, 예를 들어 현재 문제의 기원과 발달에 대한 지식, 과거와 현재 사회에 대한 비교 인식, 현재와 미래의 문제를 해결하는 데 의미 있는 도움을 제공하는 것을 말한다.

② 역사교육이 갖는 교훈적인 성격이 곧 역사교육 목적이 될 수 있

1 이원순 외, 『역사교육론』, 삼영사, 1980; 양호환 외, 『역사교육의 이론과 실제』, 삼지원, 1997; 양호환 외, 『역사교육의 이해』, 삼지원, 2001; 최상훈 외, 『역사교육의 내용과 방법』, 책과함께, 2007; 전국역사교사모임, 『현장 교사들이 쓴 역사교육론: 우리 아이들에게 역사를 어떻게 가르칠 것인가』, 휴머니스트, 2002; 전국역사교사모임, 『역사, 무엇을 어떻게 가르칠까: 현장 교사들이 쓴 역사교육론』, 휴머니스트, 2008 등 참조.

2 양호환 외, 『역사교육의 이론』, 책과함께, 2009, pp. 31-32.

다. 역사를 배움으로써 인간의 집단적 경험을 활용하고 과거의 잘못을 반성함으로써 현재나 미래의 활동과 생활에 도움을 얻을 수 있다는 것은 동서양의 공통된 생각이다. 따라서 우리는 현재와 미래에 유용한 교훈을 얻기 위해 역사를 배워야 한다.

③ 역사를 아는 것은 하나의 상식을 갖추는 일, 즉 교양인의 자질을 갖추는 것이므로 역사를 배워야 한다.

④ 역사교육은 타 민족과 구별되는 고유의 유산이나 역사상을 통해 민족의 동질감, 민족적 주체성을 확립할 수 있기 때문에, 즉 민족 공동체 의식을 고취하는 데 도움을 주기 때문에 꼭 필요하다.

⑤ 역사교육은 역사의식 함양에 도움을 준다. 최근 많은 논자들은 역사교육의 궁극적 목적이 존재, 변화와 발전, 자아와 시간에 대한 의식을 역사에서 가르치는 것, 즉 역사의식의 함양이라고 주장한다.

역사교육 목적론에 관한 기존 연구는 활발하지 않았다. 광복 직후부터 사회과 통합 논란이 있기 전까지는 한국사를 중심으로 한 역사교과의 위상이 굳건했고 이에 따라 역사교육의 필요성을 당연하게 여겼기 때문일 수 있다.[3] 그러나 사회과 통합 이후에는 역사교육 목적에 관한 논의가 상대적으로 활발해졌다. 핵심적인 이유는 역사교육 목적을 명료화하면 국가 교육과정에서 역사교과를 독립시킬 근거가 마련된다고 보았기 때문이었다. 이러한 맥락

3 박지원, 「역사교육 목적·목표론의 연구동향」, 양호환 편, 『한국 역사교육의 연구동향』, 책과함께, 2011, pp. 129-137.

에서 논의된 역사교육 목적론에 바탕을 둔 연구는 역사가 '교과'로서 지니는 독립적 가치를 정당화하는 수단이 되었다. 즉, 국가 교육과정은 초·중등학교의 교육 '목적'과 이에 따른 교육 '목표'를 달성하기 위해 작성된 것이므로[4] 국가 교육과정에 역사교육의 목적과 목표를 다른 교과와 구별되게 명시할 수 있다면 역사교과 독립의 기초를 세울 수 있다고 여긴 것이다.

국가 교육과정의 총론에 따르면,[5] 우리나라 교육의 '목적'은 학생들에게 인격 도야, 자주적 생활 능력, 민주 시민으로서 필요한 자질을 가지게 하여 국가 발전과 인류 공영에 이바지하게 하는 것이다. 이에 따라 중학교 교육은 학습과 일상생활에 필요한 기본 능력과 바른 인성, 민주 시민의 자질 함양에 중점을 두는 것을, 고등학교 교육은 학생의 적성과 소질에 맞는 진로 개척 능력과 세계 시민으로서의 자질 함양을 '목표'로 삼고 있다.[6] 이 같은 「초·중등학교 교육과정 총론」의 하위 항목에는 교과별 교육과정인 사회과 교육과정이 있고 그 하위 항목으로 사회과 내 과목들의 교육 목표가 각각 제시되어 있다. 이에 따르면, 2012년 현재 중

---

4 국립국어원의 『표준국어대사전』에 따르면, 목적은 '실현하려고 하는 일이나 나아가는 방향'으로, 실현하고자 하는 목표의 관념 또는 목표로 향하는 긴장을 뜻한다. 목표는 '어떤 목적을 이루려고 지향하는 실제적 대상'이므로, '목적'의 하위 개념이다. 흔히 역사교육 목적에 관한 연구들에서는 역사교육의 목적과 목표를 엄밀히 구분해 사용해 오지 않았으나, 이 책에서는 '목적'을 '목표'의 상위 개념으로 설정해 사용한다.

5 연구 당시를 기준으로 2009 개정 교육과정 총론에 근거하였다. 2015년에는 2015 개정 교육과정이 고시되었다.

6 교육과학기술부 고시 제2012-31호(2012. 12. 13) 별책1, 「초·중등학교 교육과정 총론」.

등 역사 과목은 중학교 〈역사〉, 고등학교 〈한국사〉, 〈동아시아사〉, 〈세계사〉이다. 그런데 사회과 교육과정에는 사회과에 공통으로 적용될 만한 교육 목표가 제시되어 있지 않다. 다시 말해, 총론에 기초한 사회과의 공통 목표가 설정되어 있지도 않고, 총론과 사회과의 목표에 맞춰 각 과목들의 목표가 설정된 것도 아니다. 중등학교 역사 과목의 교육 목표는 사회과라는 '교과'를 기준으로 삼기보다는 각각의 '과목'이 모(母)학문으로 삼고 있는 과목의 내용과 특징에 따라 제시되어 있다.

교육과정의 체계가 총론-교과-과목으로 구성되어 있어 마치 '과목'이 '교과'의 하위 개념이고 '교과'가 '총론'의 하위 개념인 것처럼 보이지만, 실제 총론-교과-과목의 교육 목적과 교육 목표는 그런 위계 속에 있지 않다. 오히려 역사 과목은 주로 각 과목에 해당하는 시대나 문화적·지리적 범주처럼 가르칠 내용에 따라 목표가 설정되어 있다. 예를 들면 고등학교 〈세계사〉 과목은 "국민 국가를 탐구 단위로 삼는 '한국사'나, 지역을 탐구 단위로 삼는 '동아시아사'와 달리, 지구상에서 살아온 인류 전체의 역사 발전을 탐구하는 것을 목적으로 한다."라고 밝히고 있다.[7] 또한 역사 과목들은 가르칠 내용인 역사적 사실의 시대나 지역의 범주에 기초하고 있을 뿐 아니라 각 과목의 교육 목표는 역사학의 탐구 목적과 관련이 깊은 사항들을 포함하고 있다. 예를 들어 중학교 〈역사〉 과목은 "과거에 대한 다양한 해석과 시각이 존재할 수 있음을 인식하게" 하고, "역사에 대한 통찰력"을 가지게 해야 한다고 그 목표

---

7 교육과학기술부 고시 제2012-14호(2012. 7. 9) 별책7, 「사회과 교육과정」.

를 제시한다. 고등학교 〈한국사〉 과목은 "역사적으로 사고"하고 "역사적 탐구력, 역사적 상상력, 역사적 판단력 등을 토대로" 학습자의 "역사 인식을 함양"한다는 목표를 제시하고 있다. 고등학교 〈동아시아사〉는 "역사적 사고력과 역사의식을 기르"는 것을, 고등학교 〈세계사〉는 "세계가 어떻게 그리고 왜 오늘날과 같은 상태에 이르게 되었는지를 이해"하는 것을 교육 목표에 포함하고 있다.[8]

특정 교과를 독립적인 교과로 가르칠지 다른 교과에 통합해 가르칠지, 필수여야 하는지 선택이어야 하는지, 어느 시기에 얼마만큼의 비중으로 가르칠지를 정하는 것은 교육과정 연구자의 몫이고,[9] 학문과 교과를 구별해 교과로서의 가치를 정당화하는 것은 교육과정 연구자의 전문성에 해당한다는 견해가 있다.[10] 즉, 교과의 가치를 정당화하는 것과 각 교과가 교육의 일반 목적에 부합하는지 여부를 따지는 것은 교육과정의 총론 개발을 맡고 있는 교육과정 연구자들이 해야 할 일이고, 총론-교과-과목의 교육 목적과 교육 목표 설정을 포함해 그 위계를 정당화할 수 있는 주체는 교육과정 연구자라는 것이다. 또한 교과의 목적이나 내용을 어떻게 규정하고 선정하느냐에 따라 각 교과의 내용과 방법 등이 달라지므로 교과별 교육과정에 제시된 교육 목표나 교육 내용이 더욱 상세하고 구체적으로 수정·보완되어야 한다는 견해도 있다.[11]

---

8 교육과학기술부 고시 제2012-14호(2012. 7. 9) 별책7, 「사회과 교육과정」.

9 홍후조, 「교육과정학의 정체성 확립을 위한 탐구영역의 규명과 그 정당화(II): 교육과정결정의 세 요인을 중심으로」, 『교육과정연구』 22-4, 2004, pp. 34-41.

10 이에 대한 비판적 견해로는 김성자, 「교육과정 개발의 중립성과 전문성」, 『歷史敎育』 98, 2006, pp. 7-17 참고.

11 백순근, 「교과교육평가의 이론적 기초」, 백순근 외, 『교과교육평가의 이론과 실제』,

이와 달리 역사를 교과로서 독립시켜야 한다고 보는 견해들 가운데 일부는 역사교육의 목적과 목표를 국가 교육과정에 설득력 있게 제시해 교과로서의 가치를 정당화하려 했다. 또한 관련 연구들은 '역사의식'이나 '역사적 사고'에 주목하여 '역사적 사고'가 일반적인 역사 연구의 목적과는 구별되는 영역이라고 보면서 동시에 '역사적'이라는 용어를 통해 영역 고유성을 지킬 수 있다고 보았다.[12] 이러한 접근은 우선 국가 교육과정에 역사교육의 목적과 목표를 설정하여 이를 학교급별 교육 목표로 계열화하려는 시도로 이어졌다.[13] 이에 따라 '역사의식'이나 '역사적 사고'와 같은 용어가 국가 교육과정 내 역사 과목들의 교육 목표에도 포함되었다.

그러나 역사학계나 역사교육계가 역사교육의 목적이나 목표를 명시적으로 제시하면 역사가 독립 교과로서 지니는 가치를 정당화할 수 있다는 주장은 현실화되기 어렵다. 예를 들면, '역사의식'이나 '역사적 사고'와 같은 단어가 가치중립적인 것처럼 보이지만 이런 용어들은 어떠한 역사관과도 결합될 수 있다는 점이 간과되고 있기 때문이다. 그뿐 아니라 '역사의식'이나 '역사적 사고'와 같은 단어는 그 의미가 매우 포괄적이어서 교과로서의 가치를 정당화할 수 있는 개념인가 하는 우려도 있다.[14] 또한 역사를 왜 가

원미사, 2003, pp. 4-8.

12 김한종, 「역사적 사고력의 개념과 그 교육적 의미」, 『역사교육의 이론과 방법』, 삼지원, 1997, pp. 312-343.

13 최상훈 외, 『역사교육의 내용과 방법』, 책과함께, 2007, pp. 15-48.

14 양호환 외, 『역사교육의 이론』, 책과함께, 2009, p. 37.

르치는가의 문제는 역사학의 특성상 역사 해석의 대립과 갈등이 없는 상태에서 논의되기는 어려운데, 역사교육 목적을 국가 교육과정에 명시하여 역사를 독립된 교과로 만들려는 시도는 역사교육 목적을 본질화하는 오류를 범할 수 있다. 설령 그 갈등을 최소화하는 방식으로 역사교육 목적을 설정하고 이를 국가 교육과정에 우선적으로 반영하고자 하더라도, 이는 상이한 역사교육 목적들이 공론화·쟁론화하는 것을 후순위로 미루는 효과를 가져올 수도 있다.

또한, 최근 10여 년째 제기되고 있는 '역사교육 강화방안'에 관한 논의들은 상이한 역사교육 목적이 쟁론화하는 것을 회피하게 하는 경향이 있다는 점도 짚어 볼 필요가 있다.

역사교육을 강화해야 한다는 주장은 학계뿐 아니라 대중 매체에서도 흔히 접할 수 있다. 이는 대체로 〈국사〉가 사회과에 통합되고 〈한국사〉가 필수 과목에서 선택 과목으로 변경되거나, 일본을 비롯한 주변국이 역사를 왜곡하면서 이에 대한 대응으로서 제기되어 왔다. 역사교육을 강화하는 방안으로는 주로 국가 교육과정 개정과 역사의 독립 교과화, 역사 과목의 필수화, 역사 수업 시수의 증대, 역사 과목의 대학수학능력시험 필수화 등이 제시되어 왔다. 이러한 견해는 역사 과목을 사회과로 편제하는 것이 역사교육을 약화시키고, 역사를 독립 교과나 필수 과목으로 지정해 수업 시수를 확대하는 것이 역사교육을 강화하는 데 기여한다고 보는 것이다.[15]

---

15 이에 대해서는 역사가 '독립/필수 교과가 아니기 때문에 위기이고 그 대안은 교과

최근 몇 년 사이 역사교육 강화방안을 여러 차례 발표해 온 정부의 정책도 앞에서 언급한 역사교육 강화를 위한 조처들과 크게 다르지 않다. 대체로 이러한 정책들은 일본의 역사교과서나 중국의 동북공정 같은 주변국의 역사 왜곡 심화, 독도를 비롯한 동아시아 내 영토 분쟁 심화 등을 역사교육 강화방안의 배경으로 제시하였다. 2005년, 2011년, 2013년에 각각 발표된 정부의 역사교육 강화방안의 목적을 살펴보면 다음과 같다.

2005년 역사교육 강화방안은 "중국의 고조선·고구려사 왜곡 및 일본의 역사교과서 왜곡 등에 장기적으로 대응하기 위하여" 역사교육을 강화해야 하고, "세계화 및 동북아 시대에 능동적으로 대처하기 위하여 타 민족 및 타 국가의 역사와 문화에 대한 이해가 필요"하다는 점을 그 배경으로 제시하였다. 주요 내용은 한국 근현대사 교육을 강화하고 세계사와 한국사를 통합해 역사 과목으로 독립 운영하는 방안을 추진하겠다는 것이었다.[16] 이러한 내용들은 2007 개정 교육과정을 만드는 데 영향을 끼쳤다.

2011년 역사교육 강화방안은 "G20의 성공적 개최 등 국격

독립/필수화'라는 식의 순환논리를 제시하는 경우도 있고, 국가 교육과정을 바꾸면 역사교육 '위기'의 상황이 해결될 것처럼 보는 경우도 있다. 이러한 입장은 역사 과목을 필수화하거나 수업 시수를 늘리면 현재 교육과정 체제상에서는 일반사회 교육이나 지리교육을 상대적으로 약화시킨다는 점에서 반발에 부딪히기도 한다. 한국사회과교육학회, 한국도덕윤리과교육학회, 대한지리학회를 포함해 사회·도덕·윤리·지리 관련 학회, 교수협의회, 교사모임 등 24개 단체가 발표한 성명서가 이에 해당한다. 「한국사만을 필수로 환원한 교과부의 발표 및 국회 상정 개정법률안에 대한 성명서: 도덕·사회 과목 폐지 및 수능탐구과목 축소 계획을 철회하라」(2011. 4. 27) 참조.

16 교육인적자원부, 「역사교육 강화방안」(2005. 5).

제고에 부합하고, 학생들이 우리 역사에 대한 자긍심을 키울 수 있도록" 하려는 것으로, 우리 사회에 다문화, 다민족, 글로벌적인 변화가 급격히 진행됨에 따라 "새로운 환경에 적합한 국가 정체성 교육을 강화"할 필요가 있다는 점을 추진 배경으로 제시하였다. 또한 "독도 문제 등 주변국의 지속적인 역사 왜곡"에 대해서도 "최근 전개되고 있는 주변 상황을 바르게 인식할 수 있도록 역사교육을 강화"할 필요가 있다고 제시하였다. 이에 따라 고등학교 〈한국사〉 과목을 필수화했는데, 이는 2011년 교육과정 개발 중에 제시된 것으로 2011년 역사과 교육과정은 2011년 역사교육 강화방안의 정책적 범주 안에 있다고 볼 수 있다. 이 외에도 신규 교원 임용 시험에는 전공 교과에 관계없이 한국사 능력 검정 시험 3급 이상 인증 취득자에 한해 응시 자격을 주기로 하고, 대학 입학이나 각종 공무원 선발 전형에 '한국사'를 시험 과목으로 반영하는 것을 협의한다고 밝혔다. 이를 통해 "국격 제고에 부합하고, 우리 역사에 자긍심을 키울 수 있는 역사교육"을 실현할 것으로 기대하며, "건전한 안보·역사의식을 제고"할 수 있을 것으로 보았다.[17]

2013년 역사교육 강화방안(안)은 "현안 중심 대응으로는 학생들의 올바른 역사인식 확립에 한계"가 있다고 보았다. 국회가 한국사 수능 필수과목 지정을 위한 관련 법령 개정(안)을 발의하고 한국사 수능 필수과목 선정을 위한 1백만 서명 운동이 진행되는 등 "역사교육 강화에 대한 국가 사회적 요구가 증대"되었으므로 "올바른 역사인식을 가진 창의 인재 양성"을 목표로 역사교육

17 교육과학기술부, 「역사교육 강화방안」(2011. 4).

을 강화해야 한다는 것이다. 이에 따라 고등학교 〈한국사〉 과목의 시수를 확대하고 〈한국사〉를 사회교과(군)에서 분리하며, 대학에도 한국사 필수 이수 또는 한국사 관련 평가 인증을 권장하는 등의 조처를 역사교육 강화방안으로 제시하였다.[18]

이처럼 학계나 대중 매체뿐 아니라 정부도 역사교육을 '강화'해야 한다며 그 방안으로 교과 독립, 교육과정 내 필수화, 대학수학능력시험 필수화, 시수 확대 등을 제안해 왔다. 그러나 역사교육이 '위기'라고 진단하는 이유가 모두 같을 수는 없듯이 역사교육을 강화하려는 목적까지 모두 같을 수는 없다. 다시 말해 역사교육 강화 담론 내에는 서로 이질적이거나 모순적인 역사교육 목적이 공존할 뿐 공론화 또는 쟁론화되지는 않고 있다.

예를 들어 2013년 8월에 교육부가 개최한 '역사교육 강화 전문가 토론회'에서는 발제자와 토론자 전원이 고등학교 〈한국사〉 과목을 대학수학능력시험에서 필수화하는 데 찬성하는 입장을 밝혔다.[19] 그러나 이들 각자는 역사교육이 중요하다고 생각하는 이유나 역사를 왜 가르쳐야 하는가의 문제, 즉 역사교육 목적 면에서는 견해가 사뭇 달랐다. 발제자는 모든 학문이나 교과가 나름대로 유용성과 중요성을 주장할 수는 있지만 "사람을 사람답게 만들고 지혜롭게 만드는 데 역사보다 더 효과적인 학문이나 교과가

18 교육부, 「역사교육 강화방안(안)」(2013. 8).

19 교육부 주최 '역사교육 강화 전문가 토론회'(2013. 8. 8). 발제자는 서원대학교 역사교육과 최상훈 교수, 토론자는 한국교육과정평가원 진재관 연구위원, 강원대학교 사학과 손승철 교수, 국사편찬위원회 박홍갑 편사부장, 서울청량고등학교 민병관 교장, 한국교원단체총연합회 김무성 대변인이었다.

있을까"라면서 역사교육의 당위성을 주장하였다. 토론자들은 각기 역사교육이 민족 주체성 함양과 자아 정체성 정립에 필수적이라거나, 우리 역사에 대한 기초지식이 부족하여 젊은이들의 역사인식 수준이 최악의 상황으로 치닫게 되었다며 한국사 교육을 강화해야 한다고 강조하기도 하고, "한국사에 대한 올바른 인식은 우리나라 존립 기반과 직결"되므로 당위적으로 중요할 뿐 아니라 "대한민국 정체성 확립을 위해" 한국사 교육이 정상화되어야 한다고 보았다.

이들은 모두 역사교육을 강화해야 한다는 점과 그 방안으로 고등학교 〈한국사〉를 대학수학능력시험의 필수 과목으로 지정해야 한다는 점에서 같은 목소리를 냈다. 그럼에도 이들 각자가 생각하는 역사교육 목적은 이질적이거나 서로 충돌하기도 한다. 이처럼 역사교육 강화 담론 내에는 경쟁 또는 갈등하는 역사교육 목적이 존재함에도 이를 둘러싼 대립과 갈등은 역사교육 목적을 둘러싼 논쟁으로 가시화되지는 않았다.[20] 즉, 각자가 생각하는 역사교육 강화 담론의 숨은 전제로만 남아 있을 뿐 이에 관해서 쟁론화되지는 않은 것이다. 학생들이 '올바른' 역사인식을 가져야 한다고 할 때 과연 무엇이 '올바른' 역사인식인가에 대한 논의부터 이

20 이는 역사교과서의 서술 내용을 둘러싼 논란에서도 마찬가지다. 예를 들어 과거 금성출판사가 발행한 고등학교 〈한국 근현대사〉 교과서나 교학사가 발행한 고등학교 〈한국사〉 교과서를 둘러싼 논란을 보면, 어느 교과서에 '오류가 많다'거나, 어느 교과서가 '편향적'이라거나, 어느 교과서가 '교육과정의 내용 체계와 영역 및 학습 내용 성취 기준이나 집필 기준을 더 지키지 않았다'는 식의 문제제기가 가장 흔하다. 그러나 정작 각 교과서의 집필진이 학생들에게 어떤 역사를 왜 가르치려 하는가에 대한 논의는 활발하지 못했다.

루어져야 한다. 또한, 학생들이 '알아야 할' 역사도 모르고 있는 것이 문제라고 제기하려면 학생들이 '알아야 할' 역사적 사실의 기준은 무엇인가부터 논의되어야 한다. 국가 교육과정을 개정해 역사교육을 강화하자는 논리 속에는 학교에서 어떤 역사를 왜 가르쳐야 하는가에 관한 각기 다른 역사교육 목적론이 전제되어 있지만, 실제로는 '역사교육 강화방안'에 관한 논의만 주로 다루어 온 것이기 때문이다.

따라서 역사교과를 독립시키려는 노력의 일환으로 역사교육 목적을 본질화하는 것이나, '역사교육 강화방안'에 대한 합의를 이루기 위해 상이한 역사교육 목적을 쟁론화하지 못하는 것은 어떤 역사를 왜 가르칠 것인가의 문제를 면밀하게 검토하기 어렵게 한다. 또한 이러한 역사교육 목적 논의는 무엇보다 역사수업 현장을 구체적으로 고려하지 않는다는 점에서 약점을 가지고 있다.

2 역사교육 목적 설정 주체로서의 역사교사

앞에서 살펴본 것처럼 역사교육 목적을 둘러싼 기존 논의는 주로 국가 교육과정을 개정하면 역사수업이 달라질 것이라는 하향식 접근을 전제하고 있다. 그러나 국가 교육과정을 개정한다고 해서 그 개정 의도와 일치하는 방식으로 역사교육의 실제가 달라지는 것은 아니다. 역사를 통해 배움이 일어나는 현장인 역사수업은 역사교사와 학생들이 어떠한 환경에서, 무엇을 내용으로 하여, 어떠한 상호작용을 하느냐에 따라 달라지기 때문이다.

그럼에도 그간 역사교육 연구의 상당수가 역사교육의 현장인 학교 역사수업과 상당히 괴리되어 왔음을 부인하기 어렵다. 이는 역사교육 목적을 논하는 데에서도 마찬가지였다. 특히 역사교사가 역사의 의미를 무엇이라 생각하는지, 역사교사가 역사를 가르칠 때 어떠한 교육적 의도를 가지고 있는지 등은 거의 주목받지 못했다. 따라서 이 절에서는 역사교육 목적에 대한 기존 논의가 학교 역사수업과 괴리되어 진행되어 온 데에는 역사교사에 대한 어떠한 관점 또는 전제가 작용했기 때문인지를 짚어 보고, 향후 역사교육 목적 연구에서 역사교사의 의도나 관점을 어떤 맥락에서 주목해야 할지를 살펴보고자 한다.

우리나라의 교사들은 연간 계획으로서 가르칠 내용을 선택할 때 국가 교육과정을 기준으로 만든 교과서를 활용하는 경우가 일반적이다.[21] 즉, 학교 차원에서 사용하기로 결정한 검정 교과서의 내용 '전체'를 1년 동안 가르치는 것을 목표로 삼고 이를 주당 수업 시수에 맞게 배분하는 것이다.[22] 검정 교과서는 국가 교육과정에서 각 교과별로 명시한 교과의 성격과 목표, 학년별·영역별 내용과 수업 방법, 평가 방법, 연간 이수 시수 등을 충실히 반영하고 있는 것으로, 개별 수업도 교과서의 내용과 서술 순서에 따르는 경우가 일반적이다.[23]

이를 고려하면 모든 교사가 국가 교육과정이 제시하는 동일

---

21 2005년에 98명의 역사교사를 대상으로 한 설문조사에 따르면 역사교사의 49%가 '전적으로 교과서에 의존한다'고 답했고, 43%가 '어느 정도 사용한다', 7%가 '전혀 사용하지 않는다'고 답했다(양정현, 「중등 역사교사의 역사교과 지식 생산과 소통」, 『역사와 경계』 59, 2006). 또한, 2010년에 69명의 역사교사를 대상으로 한 설문조사에 따르면, '교과서를 주교재로 하고 요약한 학습지를 사용한다'가 40.6%, '교과서를 적극적으로 재구성하고 필요한 학습지를 만들어 사용한다'가 33.3%, '교과서 내용을 요약한 학습지를 사용한다'가 8.7%, '교과서에 구애받지 않고 대안적 해석을 담은 교재를 개발하여 사용한다'가 7.2%, '교과서에 전적으로 의존한다'가 4%였다(역사의식조사 교사팀, 「역사의식조사 워크샵: '2010 교사의 역사교육 이해 조사' 결과 분석」, 『역사와 교육』 4, 2011, p. 96). 이 두 설문조사는 모두 임의 표집 방식을 택한 연구로서 대표성을 가지기는 어렵지만 이를 통해 적어도 교과서를 전혀 사용하지 않는 역사교사의 비중이 매우 작을 것으로 추정할 수 있다.

22 참고로, 역사교사가 역사 과목의 학습 목표를 정할 때에도 역사교과서의 영향을 가장 크게 받는다는 설문 결과가 있다. 2006년부터 2007년까지 전국 역사교사 356명을 대상으로 한 조사에서 50.6%가 '교과서의 중요 부분'을, 33.4%가 '교사용 지도서와 교과서에 제시되어 있는 학습 목표'를 기준으로 역사 과목의 학습 목표를 정한다고 답했다(남한호, 「역사수업에서 교사와 학생 간 교육목표의 일치성 검토」, 『歷史教育論集』 45, 2010, p. 43).

23 김한종, 「국사수업에 나타난 교사의 설명 방식」, 『사회과학교육연구』 3, 1999.

한 교육 목표를 달성할 수 있는 조건인 것처럼 보인다. 또한 국가 교육과정이 검정 교과서라는 매개체를 통해 각 교실 현장에 동일하게 적용되는 것처럼 보인다. 이는 마치 국가 교육과정이 각 교실의 수업을 효율적으로 관리하고 통제하는 것처럼 보이기도 하고, 대다수 교사가 학생들에게 이해시켜야 할 지식의 내용을 검정 교과서의 내용으로 한정해 가르치는 것처럼 보이기도 한다.[24]

이처럼 국가 교육과정이 교과서의 내용을 결정하고 교사는 대체로 교과서를 통해 수업을 구성한다는 측면만 보면, 학생도 국가 교육과정과 교과서의 수용자라고 전제하게 된다. 이러한 경향은 교육과정과 교과서를 중심으로 하는 다수의 연구에 반영되어 있다. 예를 들어 교과서가 교수학습 내용의 방향과 범위를 "결정하고 통제한다"고 보거나 "동일함을 증명할 수 있는 사람들의 집단적이고도 합법적인 지식의 비전을 구체화"한다고 보는 견해에는 학생이 교과서를 통해 결정되어 공식화된 지식을 수용하는 존재로 대상화되고 있다.[25] 교육과정과 교과서의 목표 및 내용에 따라 학생들이 성취해야 할 수준을 정하고 이에 따라 목표-교수학습-평가의 일관성을 확립해야 한다는 견해도 마찬가지다.[26] 이러한 견해는 교사뿐 아니라 학생도 대상화하는 것으로, 교육과정과 교과서의 변화가 학생들의 지식이 변하는 데에 가장 중요한 역할

---

24 이를 두고 교사가 사전에 정해진 각본에 따라서 움직이는 배우라거나 어떤 종류의 액체이건 들어온 그대로 변질이나 손실 없이 전달할 수 있는 매끈한 송유관 같다고 비유하기도 한다(서근원, 『수업에서의 소외와 실존』, 교육과학사, 2009, p. 99).

25 이종국, 『한국의 교과서상』, 일진사, 2005, p. 21, p. 67.

26 이명희, 「역사교육평가」, 『교과교육평가의 이론과 실제』, 원미사, 2003, pp. 165-168.

을 할 것이라고 전제한다.

이러한 관점에는 모든 학생들에게 공통적으로 가르쳐야 할 절대적인 진리가 존재한다고 보는 객관주의적 사고가 전제되어 있다. 이에 따르면, 지식은 교육과정이나 교과서 등 학생 외부의 조건에 따라 결정되고 학생은 지식을 수동적으로 수용하는 존재다. 또한 학생은 수업의 일반적 목적이나 목표를 설정할 수 없는 존재로서, 정부·학교·교사가 의도하는 교육 목적이나 목표가 얼마나 수용됐는지 확인시켜 주는 수동적 대상일 뿐이다. 이 같은 경향은 학생을 객관적으로 관찰 가능한, 겉으로 드러나는 반응과 행동을 중심으로 탐구하는 행동주의적 관점에서 연구하는 결과를 가져왔다.

이러한 관점을 교수학습 이론에 적용한 연구들은 주로 과정-산출적 접근(process-product approach)이나 실험-모형적 접근(experiment-model approach) 방법을 취하였다. 과정-산출적 접근은 상황 및 예상 변인(교사의 경험과 훈련, 교사의 특성, 학생의 경험과 특성, 교실 수업 등), 과정 변인(교사와 학생의 교실 행동, 학생 행동 변화 등), 산출 변인(학생의 학업성취)의 상관관계를 연구한 것으로, 이러한 변인들 사이의 가설적 관계를 검토하여 학업성취에 효과적인 수업은 무엇인가 하는 점에 주목했다.[27] 학생의 학업성취도를 주제로 한 연구들의 상당수에서 채택하는 실험-모형적 접근은 효과적인 교수학습 모형을 기획하고 이를 실제 수업에 적용한 결과를 검토하는

27 M. J. Dunkin and B. Biddle, *The Study of Teaching*, New York: Holt, Rinehart and Winston, 1974.

방법이다. 이는 이른바 '바람직한 수업' 또는 '바람직한 교사'를 먼저 설정하고 그렇지 않은 경우와 비교하는 방식으로 연구를 진행한다.[28]

이러한 접근들은 교사를 통한 효과적인 교수학습이 학생의 학업성취를 향상시킨다고 보고, 학업성취를 높이기 위한 교수 전략들을 연구하였다. 이러한 연구들 가운데 일부는 교사와 학생의 상호작용 유형을 조사하기도 했지만, 이는 수업에서 관찰되는 교사와 학생의 외현적 행동만을 분석하는 데에 그쳤다. 이 같은 행동주의적 관점은 행동이나 표현에는 드러나지 않아 연구자가 포착하지 못한 내용을 분석에서 제외하기 때문에 수업에 참여하는 교사나 학생의 인식 및 사고에는 주목하지 않았다. 또한 수업이 아닌 교실 안팎에서 일어나는 교사와 학생의 교류는 사실상 무시한다는 비판을 받기도 했다.[29]

따라서 과정-산출적 접근이나 실험-모형적 접근과는 달리, 교사와 학생의 행동뿐 아니라 그들의 인식이나 사고도 주목할 필요가 있다. 교사가 국가 교육과정을 적극 활용해 수업하거나, 독자적으로 교육과정을 만들어 수업하는 경우 모두 교사 자신의 인식과 교육적 의도를 반영해 수업을 한다. 교과서에 대해서도 마찬가지다. 교사는 국가 교육과정에 의거해 제작된 검정 교과서를 활용할 수도 있고 활용하지 않을 수도 있다. 즉, 검정 교과서를 수업에서 활용한다면 얼마만큼 또는 어느 부분을 어떤 이유에서 활용

28 조영달 편, 『한국 교실수업의 이해』, 집문당, 1999, pp. 17-20.
29 김영천·조재식 편, 『교과교육과 수업에서의 질적 연구』, 문음사, 2004, pp. 76-81.

할 것인가, 검정 교과서 이외의 교재 가운데 무엇을 활용할 것인가를 결정한다. 때로는 교사 본인이 직접 만든 별도의 교재를 활용하기도 한다. 그리고 교실에서 수업이 이루어지기까지 또는 수업이 진행 중인 상황에도 교사는 수많은 결정을 내린다.[30]

교사는 예상하지 못한 사태에 직면하기도 하고, 중요하다고 판단한 내용 가운데 어떤 것을 선택하거나 포기할지 결정해야 하는 상황에 직면하기도 한다. 이를 두고 교사가 업무와 수업 사이에서 기능적 딜레마를, 진도와 학습 사이에서 구조적 딜레마를, 객관과 주관 사이에서 인식론적 딜레마를, 한계와 가능성 사이에서 존재론적 딜레마를 겪게 되며 이에 대해 나름의 여러 전략을 선택한다는 견해도 있다.[31] 또한 교사는 학생, 교육과정, 교육환경이라는 여건을 바탕으로 교과서 진도와 시험에 대한 효율성을 우선 고려해 가장 효과적이자 최선인 방법으로 "최적화(된) 행동"을 한다고 보는 견해도 있다.[32]

그럼에도 교사는 가르칠 내용 그 자체에 대한 자신의 인식이나 교육적 의도에 따라 수업 실천을 달리할 수 있다. 예를 들어 수학수업 사례를 살펴보면, 어느 초등교사는 "분수의 나눗셈의 계산 원리를 이해하고 그 계산을 할 수 있다."라는 학습 내용 성취 기준에 관해 분수의 나눗셈 계산 원리를 이해하면 그것을 그림으로 나

---

30 이러한 선택의 폭과 깊이를 교사의 전문성과 자율성에 해당하는 것으로 보기도 한다(오욱환, 『교사 전문성: 교육전문가로서의 교사에 대한 논의』, 교육과학사, 2010, pp. 122-125).

31 서근원, 「교사의 딜레마와 수업의 의미」, 『아시아교육연구』 6-2, 2005.

32 조영달, 『한국 중등학교 교실수업의 이해』, 교육과학사, 1999, pp. 260-265.

타낼 수 있어야 한다는 생각으로 수업을 기획하고 운영하였다. 교사는 학생들에게 1/2 나누기 1/12을 그림으로 나타내 보라고 주문했고, 여러 명의 학생들이 오류를 반복하다가 결국 한 학생이 교사가 기대했던 방식으로 정답을 맞혔다.

> 선강: 원을 그려서 12개로 나누어요. 한 개가 1/12인데, 그거를 1/2에 대보면 6개가 나와요. […]
>
> 교사: 선강이는 1/12의 크기를 미리 정한 다음에, 그거를 가지고 1/2에 대보아서 나눈 거예요. 그래서 몇 조각이 나왔어요?
>
> 아이들: 6개요.
>
> 교사: 앞으로는 그런 방법으로 하세요. 만약에 1/10 나누기 1/5이라면, 1/5의 크기를 먼저 구한 다음에 그것으로 1/10을 나눠 주는 거예요. […]
>
> 교사: 뒤에 나누는 수가 …
>
> 아이들: 자연수이면 작아지고.
>
> 교사: 뒤에 나누는 수가 …
>
> 아이들: 분수이면 커진다. […][33]

분수의 나눗셈에 관한 이 수업에서 교사는 분수의 역수를 곱하면 정답을 낼 수 있다는 공식을 설명하고 암기시키는 데 주안점을 두고 있지 않다. 교사는 분수의 나눗셈이 뜻하는 바가 무엇인

---

33 서근원, 『수업을 왜 하지?: 꼼꼼하게 들여다본 아홉 개의 수업 장면』, 우리교육, 2003, pp. 188-200.

지를 그림으로 그릴 수 있다면 그것이 바로 분수의 나눗셈에 관한 수학적 원리를 이해하는 것이라 보고 이를 강조하였다.

이처럼 교사가 가르칠 내용 그 자체에 대한 자신의 인식이나 교육적 의도에 따라 수업 실천을 달리할 수 있는 것은 역사 과목에서도 마찬가지다. 그럼에도 역사교사의 역사인식이나 교육적 의도는 수학교사와는 차이점을 보인다. 역사수업은 수학수업과는 달리 국가 교육과정에 명시된 내용을 가르치더라도 역사교사가 설명하는 역사적 사실 자체가 다를 수 있다는 점이다. 수학수업에서는 학생들이 국가 교육과정 내용을 각기 다른 교사에게 배우더라도 같은 문제에 대한 '정답'을 맞힐 수 있는 능력을 기르는 것이 가능하고 같은 원리를 적용해 다른 문제의 정답도 맞힐 수 있다. 그러나 역사수업에서는 그렇지 않다. 수학교사는 특정한 수학적 전제하에 '1+1=2'와 같이 참 또는 거짓을 구분할 수 있는 명제를 가르칠 수 있지만, 역사수업에서 가르칠 내용인 역사적 사실은 명제적 성격뿐 아니라 해석적 성격도 지니기 때문에 이는 역사교사의 인식에 따라 달리 설명될 수 있다.

국가 교육과정에 의거해 만든 검정 역사교과서일지라도 서술 내용이 똑같을 수 없고, 같은 역사교과서로 가르치는 역사교사들이 교과서 서술 내용 그대로 동일하게 가르칠 수도 없다. 따라서 역사수업이 국가 교육과정과 이에 기초한 검정 교과서를 중심으로 진행된다 하더라도 학생들 모두가 역사적 사실을 수학의 정답처럼 똑같이 기억하거나 똑같은 역사 해석을 내릴 수가 없는 것은 역사학이라는 학문의 특징에서 기인한다고 볼 수 있다.

그러므로 가르치는 내용인 역사적 사실들 사이에는 정답이 있기보다는 경쟁하는 역사 해석들이 있으며, 한 가지 역사적 사실을 배운다고 해도 다른 사실에 적용해 같은 결론을 내릴 수도 없다.[34] 예를 들어 제7차 사회과 교육과정 〈한국 근현대사〉에는 "갑신정변이 실패한 원인…을 설명할 수 있다."라고 되어 있다. 이에 관해, 갑신정변의 실패 원인이 '일본과의 결탁과 민중의 지지 기반 결여'에 있다고 서술한 하나의 교과서를 가지고 갑신정변에 대한 역사인식이 서로 다른 3명의 교사가 수업을 진행한 경우, 실제 이들이 가르친 갑신정변의 실패 원인은 각기 달랐다. 즉, 갑신정변의 실패 원인으로 한 교사는 "청의 개입과 국민의식 부족"을 들었고, 다른 한 교사는 "주체 세력의 형성 실패와 민중의 지지를 받지 못함" 때문이라고 했으며, 나머지 한 교사는 "전근대적 정변 방식"을 꼽았다.[35]

또한 수학수업의 경우, 자연수끼리의 나눗셈을 할 수 있어야 분수의 개념을 알 수 있고 분수의 개념을 알아야 자연수를 분수로 나눌 수 있으며, 이러한 단계를 모두 학습하면 분수끼리의 나눗셈 문제도 풀 수 있다. 그러나 역사수업에는 이와 같은 필수적 단계가 수반되지 않는다. 오히려 역사수업은 역사교사가 이해하는 역사의 의미나 역사교육 목적 등에 따라 수업에서 강조하는 내용이나 수업 방법이 달라진다. 예를 들어 어떤 역사교사는 "지금까지의 역사교육은 결국 집권 세력의 편향된 의식을 바탕으로 구성된 역사를, 교육과정과 교과서를 통하여 마치 가장 진실한 역사인 듯

---

34 양호환, 「역사적 사실의 특징과 역사교육의 특수성」, 『歷史教育』 113, 2010.
35 권정애, 「역사교사의 갑신정변 인식과 역사수업」, 『역사교육연구』 7, 2008.

강요하는 과정"이었다고 인식하여 "학생들이 역사에 대해 자기 의견을 가질 수 있도록 도와야 한다."라는 목적을 가지고 주제 발표 방법을 선정해 수업을 한다. 또 어떤 교사는 "스스로 사회를 보고 어떤 것이 사회와 미래를 위해 좋은 것인가 판단하는 능력"을 학생들에게 길러 주고자 "다양한 의견 추출이 가능한 사료"를 통해 학생들이 자기 생각을 표현하는 수업 방식을 채택한다. 또한 "역사는 나의 삶"이라고 인식하는 교사는 학생들에게 각자가 살아가고 있는 지금의 모습이 어쩌면 훗날 역사에 그대로 담길 수 있다는 것을 보여 주고자 "조상들의 삶을 현재로 끌어내고 그것을 체험해 보는 활동"을 수업 방법으로 채택한다.[36]

따라서 이러한 맥락에서 역사의 의미와 역사교육 목적에 대한 역사교사의 인식이나 특정 역사적 사실에 대한 역사교사의 해석 등은 역사교사와 역사수업 연구에서 중요하게 다룰 만한 가치가 있다. 아직 이러한 점에 주목한 국내 연구는 미흡한 편이지만, 이에 관한 시사점을 제공하는 국내 연구로는 두 가지를 꼽을 수 있다. 하나는 초등 역사교사가 '말로 표현하는 역사교육관'에 관한 연구이고,[37] 다른 하나는 역사교사들이 자신의 수업 실천을 글로

36 전국역사교사모임, 『현장 교사들이 쓴 역사교육론: 우리 아이들에게 역사를 어떻게 가르칠 것인가』, 휴머니스트, 2002, pp. 22-63.

37 강선주, 「역사교육의 목적과 초등학교 교사의 역사교육관」, 『歷史敎育』 108, 2008. 강선주는 '교사의 역사교육관'을 "교사가 학생들의 현재 삶과 역사가 어떤 관계를 맺도록 유도하는가, 즉 학생들이 역사를 통해 과거를 어떻게 형상화하게 유도하고, 학생들의 현재의 삶에 어떤 실천적 의미를 부여하며, 그들의 미래와 관련하여 어떤 사명을 제시하는가"로 정의했다. 좀 더 구체적으로는 "교사들이 기억시키고자 하는 과거는 무엇이고, 그러한 과거를 어떤 의도, 동기에 의해 선택하여 어떤 목적으로 활용하고자 하는가"이다.

정리한 자료를 분석하여 역사교육 목적과 관련 수업 내용을 연구한 경우다.[38]

초등 역사교사가 '말로 표현하는 역사교육관'에 관한 연구는 학교에서 추구되는 역사의 의미를 ①보존과 전승으로서의 역사, ②위대함의 재생화로서의 역사, ③덕목으로서의 역사, ④유추·본보기를 통한 현재 문제해결로서의 역사, ⑤현재로의 진화로서의 역사, ⑥해체로서의 역사, ⑦지식에 접근하는 방법으로서의 역사, ⑧사회와 인간에 대한 통찰력으로서의 역사 등 여덟 가지로 분류한다. 그리고 학부나 대학원 과정에서 사회교육이나 역사교육을 심화과정으로 전공하지 않은 초등학교 교사 5명을 대상으로 심층 면담과 서술형 설문지를 활용하여 각 교사가 '말로 표현하는 역사교육관'을 분석하였다. 연구 결과, 이들은 공통적으로 민족과 전통의 보존과 전승이라는 관점에서 집단적 기억을 회고하고 집단적 사명을 형상화였지만, 역사가들이 말하는 사회와 인간에 대한 통찰력이라는 측면은 주목하지 않았다. 이는 초등 교사들이 가르치는 역사가 한국사에 국한되기 때문일 수도 있고, 초등학생에게 통찰력을 기대하기는 어렵다는 전제 때문일 수도 있다.[39]

또한 전국역사교사모임의 교사 회원들이 발행한 회보, 자료집, 보고서, 단행본 등에 실린 수업 사례를 수집하고 이 수업 실천들이 '살아 있는 삶을 위한 역사교육' 운동을 표방하는 교사 한 명

38 김환수, 「교사의 역사 인식과 새로운 역사 체계의 생성」, 『역사교육연구』 1, 2005.
39 강선주, 「역사교육의 목적과 초등학교 교사의 역사교육관」, 『歷史教育』 108, 2008, p. 67.

의 수업 실천이라고 전제한 연구는 역사교사들이 역사를 삶의 차원에서 접근하려 하고 역사공동체의 고통을 극복하고자 선인의 실천을 계승하려 한다고 보았다.[40] 그러나 이 연구에서 역사교사들은 학생들에게 "나 자신의 삶과 과거인의 삶의 연관성을 찾게" 하려 하거나, "타자의 고통을 나의 고통으로" 느껴 그 같은 불행을 누구도 다시는 느끼지 않게 하려 하거나, "과거인의 삶 속에서 이상 사회를 이루기 위한 노력을 찾아 역사 흐름으로 파악"해 "현재의 삶에서 올바른 삶을 모색"하게 하거나, 국정 교과서에 실린 역사 체계에 대한 대안을 모색하게 하는 등 부분적으로는 이질적인 역사교육 목적을 드러내고 있다. 이 때문에 교사들은 자신의 목적을 구현하는 데 적절한 방법으로 가족사 쓰기, 일본군 위안부 할머니들의 수요 시위에 참가하기, 사료를 통해 갑신정변을 둘러싼 서로 다른 이상(理想)의 충돌을 파악하기, 조선 건국에 대한 국정 교과서의 역사 해석을 둘러싸고 재판극을 진행해 봄으로써 경쟁하는 역사 해석의 존재 알기 등을 채택하였다.

이러한 연구들은 역사교사들이 여러 종류의 역사교육 목적을 표방하고 있다는 점, 각기 다른 역사교육 목적을 표방하는 교사들이 자신의 역사교육 목적에 맞는 수업 방법을 채택했다는 점을 보여 주는 사례들이다. 이는 역사교사가 역사적 사실의 중립적 전달자일 수 없고, 자신이 가지고 있는 역사의 의미나 역사교육 목적에 대한 인식을 자신의 수업에 반영하는 존재라는 점을 보여 준

40 김환수, 「교사의 역사 인식과 새로운 역사 체계의 생성」, 『역사교육연구』 1, 2005, p. 156.

다. 또한 이러한 점은 역사교사를 역사교육 목적 설정의 한 주체로서 연구할 의의가 있다는 점을 뒷받침한다. 더불어 역사교사들의 인식이 평소 수업 실천에서 어떻게 드러나는지도 연구될 필요가 제기된다. 따라서 다음 장에서는 역사교사를 중심으로 하는 역사수업 연구의 필요성과 연구 초점들을 살펴보고자 한다.

제3장

역사교사에 초점을 둔 역사수업 연구

1 역사수업 연구의 필요성

같은 교재로 가르치더라도 수업의 양상은 교사마다 다르고, 같은 교사가 가르치더라도 학생들의 조건과 상황에 따라 수업 양상은 달라질 수 있다. 이러한 상황을 반영하듯, 교사들이 자신의 수업에서 개선할 점에 대해 알고자 할 때 가장 궁금해하는 것 가운데 하나가 다른 교사들은 어떻게 가르치는가 하는 점이다. 능동적인 교사일수록 자신의 수업에 적용할 만한 문제의식이나 수업 방법, 수업 자료 등을 다른 교사의 수업 경험에서 배우고자 한다. 역사는 다른 과목에 비해 가르칠 지식의 양이 방대한 편이므로, 다른 역사교사의 수업 사례와 수업 자료(문자 사료, 사진, 그림, 지도, 도표, 동영상 등과 이를 재구성한 학습지나 배움책 등)를 검토하는 것은 수업 준비에 들이는 시간과 노력을 줄일 수 있고 수업에 대한 여러 문제의식을 배우는 기회가 될 수 있다. 모범으로 삼든, 반면교사로 삼든 수업 사례를 공유하는 것은 교사들에게 서로 유익하다.[1]

1 많은 역사교사들이 '전국역사교사모임'에 가입하는 이유 가운데 하나는 수업 자료와 수업 방법을 공유할 수 있기 때문이기도 하다(전국역사교사모임 20주년 기념

그러나 공식적인 '수업 공개'처럼 특별한 경우를 제외하고는, 수업에 참여하는 교사와 학생 이외의 다른 사람이 그 수업의 실제를 알기는 어렵다. 또한 교원능력개발평가, 이른바 교원평가제가 시행되면서 수업 공개가 의무화될 뿐 아니라 교사 평가로 이어지는 상황임을 감안할 때 교사들이 평소 수업 공개를 곤란해하거나 수업을 공개하더라도 심리적 압박을 느끼는 것은 불가피하다.

이러한 이유로 교사들은 다른 역사교사들이 수업을 어떻게 하는지 알고자 할 때에는 직접 참관하는 것 외에도 '수업 동영상'을 확보하여 시청하기도 한다. 또는 전국역사교사모임이 발행하는 회보나 수업 자료집, 계간 『우리교육』처럼 수업 사례를 비교적 꾸준히 다루는 잡지들을 통해 수업 사례를 공유하기도 한다. 특히 전국역사교사모임의 간행물들은 주로 학생의 흥미와 관심을 유발하는 수업, 교과서 내용에 비판적으로 접근하는 수업, 교사의 일방적 강의보다는 학생의 다양한 참여 방법을 제시하는 수업, 교사가 직접 만든 학습지나 배움책을 활용하는 수업을 소개하여 이에 대한 교사들의 갈증을 해소하는 데 기여해 왔다.[2]

이 외에 수업 연구 결과물들도 수업 경험을 공유하는 데 기여할 수 있다. 특히 교사들의 대학원 진학률이 높아짐에 따라 교사들이 자신 또는 동료의 수업을 사례로 다룬 학위 논문이나 학술지 논문을 통해서도 다른 교사의 수업 경험을 공유할 수 있게 되

사업위원회 역사편찬위원회, 『전국역사교사모임 20주년 백서』, 전국역사교사모임, 2008, pp. 8-11).

2 위의 책, pp. 103-112.

었다. 그 밖에도 전문 연구자들이 역사 교수학습의 이론적 쟁점을 다루면서 수업 관찰 결과를 연구한 논문들 역시 다른 역사교사의 수업 경험을 공유하는 데 기여한다. 특히 수업 연구 결과물들은 수업 동영상이나 수업 자료에 비해 체계적이고 이론적인 방식으로 수업 경험을 공유하게 한다는 장점이 있다.

다른 수업 사례를 공유하며 느낀 점을 좀 더 구체적이고 엄밀하게 따져 이론화하려는 시도는 교사 자신의 수업뿐 아니라 연구자들의 연구 발전에도 유익할 수 있다. 물론 교사들이 흔히 말하는 것처럼, 수업 공개나 수업 연구 결과물을 통해 다른 교사의 수업을 보고 감탄하거나 문제점을 지적하기는 쉬워도 그런 점들을 자신의 수업에 반영하는 것은 어렵다. 이는 다른 교사의 수업 내용이나 방식에 공감할 수 없어서일 수도 있겠지만, 많은 경우에는 교사들이 각자 처한 상황과 조건의 차이로 인해 다른 교사의 수업을 자기 수업에 그대로 적용하기 어렵다고 느껴서일 수도 있다. 이 점에서 수업 연구가 수업 경험의 공유라는 차원에서 한 발 더 나아갈 필요성이 제기된다. 즉, 어떤 상황에서 수업 전개가 왜 그와 같이 되었는가도 연구할 필요가 있다.

역사교사들뿐 아니라 일부 역사교육 연구자들도 역사수업의 실제를 연구하고자 한다. 역사교육 연구자들의 입장에서는 교육과정과 교과서를 둘러싼 문제들을 분석하거나 교수학습 이론에 관한 체계적 논의를 진전시켜 나가더라도 이론적 논의가 실제 수업에 어떻게 반영되고 수업에서 어떤 문제를 겪는지를 고려하고 검토하지 않는다면, 그 이론이 현실과 부합하는지 확인하기 어렵기 때문이다. 특히 역사교육 연구에서 이론과 현장의 이분법적 시각이라고 불리는 접근이 타당하지 않다고 생각하는 역사교육 연구자들일수록 수업의 실제를 공유할 필요성을 더 중시한다. 이는 역사 교수학습에 관한 연구가 주로 특정 수업 모형의 유용성을 제기하고 해당 수업 사례를 제시해 특정 수업 모형이 어떻게 실행되는가를 보여 주는 데 초점을 맞추었고, 수업 모형 중심의 연구들 가운데는 역사교육 연구에서 내용과 방법의 문제라는 이분법적 구도를 전제한 경우가 적지 않았기 때문이다. 즉, 역사교육 내용은 역사학에서, 역사교육 방법은 교육학에서 차용하는 식의 접근이 상당했다.

이에 대한 비판적 문제의식의 발현으로 역사 교과의 독립적 이론 체계를 세우려는 노력이 이어졌고, 역사교육 연구의 대상으로서 역사수업을 연구할 필요성도 제기되었다. 즉, 역사학이라는 모(母)학문의 연구 방법과 인식론을 반영하는, 역사 교과에 특정적인 이론의 필요성이 제기되었다. 또한, 역사교육이 교육학의 방법론적 하위 분야가 아니라 독자 체계로서 고유한 연구 대상과 방법론이 필요하다는 인식에 기초해 역사수업을 역사교육 연구의 대상으로 삼을 필요성도 제기되었다.

한편, 양호환은 역사교육 연구의 대상이 무엇이고 그것이 어떠한 교육적 가치를 가지고 있으며, 어떠한 시각과 방법으로 그것을 다룰 것인가 하는 문제의식에서 출발해 역사라는 학문의 교육적 의미를 폭넓게 담아내고자 '역사교과학'이라는 개념을 제안한 바 있다.[3] 그리고 역사교과학이 필수적으로 포함해야 할 구성 영역의 첫째로 학교 현장의 효율적인 역사수업을 위한 교육이론과 교수학습 방법의 개발을 꼽았다. 역사교수법은 역사학과 교육학의 기계적 결합이 아니라 역사 교과의 특성과 내용의 구조를 전달해야 한다는 취지였다. 그는 많은 역사교육 연구가 내용은 역사학에서, 방법은 교육학에서 가져오는 식의 이분법적 접근을 해 왔음을 비판하며 역사 교과의 특성을 살린 교수학습론과 이를 통한 역사수업에 대한 기여를 강조했다.

또한 김한종은 '역사교육론'은 이론이며 '역사수업'은 실천이라고 보는 이분법적 견해를 비판하면서 이론에 맞춰 역사교육 현장을 설명하는 것보다 현상들을 이론적으로 설명하는 것이 역사교육의 학문화에 더 중요하다는 입장에서 역사수업 이론의 필요성을 제기했다.[4] 더불어 역사수업이 역사교육의 가장 중요한 관심 대상이고 이에 대한 이론적·체계적 설명이 역사교육의 주된 분야여야 한다는 견해를 제시하였다.[5]

이처럼 역사수업이 역사교육 연구의 주요 대상 가운데 하나여야 함을 인지하고 강조해 온 연구자들이 적지 않음에도, 역사수업이 역사교육 연구에서 차지하는 의미에 관한 논의들이 대체로 이론과 현장이라는 이분법적 구도하에 놓여 있었음을 부인하기는 어렵다. 이론과 현장이 구분되어야 할 별도의 영역이 아니라 교사나 연구자가 서로 문제를 제기하고 서로를 성찰의 대상으로 삼아 보완하는 연속체라면,[6] 역사수업을 문제화·이론화하는 것은 불가

---

3 양호환, 「역사교육의 연구와 방법론」, 『歷史敎育』 55, 1994; 양호환, 「'역사교과학'의 성과와 숙제」, 『歷史敎育』 57, 1995.

4 김한종, 「역사수업이론의 재개념화」, 『역사교육연구』 5, 2007.

5 김한종, 「역사교육의 담론과 학문적 가능성」, 『歷史敎育』 97, 2006.

6 양호환, 「역사교육의 담론: 지속과 변화」, 양호환 외, 『역사교육의 방향과 국사교육』, 솔출판사, 2001.

피할 뿐 아니라 절실하다.

수업 연구의 이론적 경향에 대해 슐만(L. Shulman)은 교수 연구(study of teaching)의 패러다임을 ① 과정-산출(process-product) 연구, ② 학생의 인지와 교수 활동의 매개 과정 연구, ③ 교실생태학(classroom ecology), ④ 인지과학적 연구 등 네 가지로 구분한 바 있다.[7] 이는 흔히 과정-산출 패러다임, 매개 과정 패러다임, 교실생태 패러다임, 인지과학 패러다임으로 불리기도 한다.

1963년 게이지(N. L. Gage)가 수업 과정 연구를 학생의 성장과 연관 지어 고찰한 이래로 교실 수업의 효율성에 대한 연구가 확대되었다. 게이지는 교사의 개념적·인지적 과정과 행동을 연구하였고 이것이 학생의 개념적·인지적 과정이나 행동과 어떻게 연관되는지에 주목하였다. 그는 교사와 학생이 상호작용하는 공간으로서의 교실 수업에 주목하고 이를 단순화하여 수업 연구의 초기 모델을 구축하였다. 이후 1974년 던킨(M. J. Dunkin)과 비들(B. J. Biddle)은 교실 수업의 연구 모델을 전조(presage) 변인(교사의 특성, 경험, 훈련 등), 상황 변인(학생, 학교와 지역사회, 수업의 특성), 과정 변인(교사와 학생의 수업행동), 결과 변인(학생의 지적·사회적·감성적 성장에 미치는 즉각적이고도 장기적인 효과)으로 체계화하였다.[8]

이러한 연구 경향은 실증주의 연구의 한 갈래인 과정-산출

---

7 L. Shulman, "Paradigms and Research Programs in the Study of Teaching: A Contemporary Perspective", M. C. Wittrock (ed.), *Handbook of Research on Teaching*, New York: Macmillan, 1986.

8 M. J. Dunkin and B. Biddle, *The Study of Teaching*, New York: Holt, Rinehart & Winston, 1974.

연구 패러다임에 큰 영향을 미쳤고, 이 경향은 행동주의 심리학의 원리를 수업 효율성에 적용하기 시작한 1960년대 초부터 발전하기 시작했다고 볼 수 있다. 이 연구 패러다임은 교사의 행동이 수업의 산물, 즉 학생의 학업성취와 상관이 있다고 본다. 이 경향은 수업을 교사의 행동과 그 결과로 나타난 학생들의 학습으로 보기 때문에, 교사들의 수업을 직접 관찰하고 교사와 학생의 행동을 분석해 이를 학생의 학업성취도와 연관 지어 수업의 효율성을 검증하고자 했다. 그러나 과정-산출 연구 패러다임은 교사의 행동 가운데 외형적인 측면만 중시한다는 비판을 받았다. 교사의 신념이나 의도가 수업에 중요한 영향을 미칠 수도 있는데, 이러한 점들은 교사의 행동으로는 드러나지 않아 연구자가 포착하지 못하면 분석에서 제외되는 경우가 많았기 때문이다. 또한, 수업이 아닌 교실 안팎에서 일어나는 교사와 학생의 교류를 경시한다는 비판을 받기도 했다.

이러한 문제점을 극복하고자, 학생의 인지와 교수(teaching) 활동의 매개 과정을 연구하는 경향이 등장했다. 이 경향은 과정-산출 연구 패러다임이 다루지 못한 학습자의 심리적 요인(학습자의 자아 개념, 사고방식, 주의력, 집중력 등)을 강조한다. 과정-산출 연구 패러다임이 교사 변인을 중시한다면, 매개 과정 연구 패러다임은 학습자 변인을 중시한다. 이는 학습의 효과가 교사가 아닌 학습자에 의해 결정된다고 보는 견해로, 학습자의 특성이 교수 활동을 매개한다고 본다. 따라서 이와 같은 매개 과정 연구 패러다임은 개성, 자아 개념, 주의 집중 시간, 시간 사용 등을 연구하는 데 초점을 두었다. 매개 과정 연구 패러다임은 학생 자신의 목표 의식 또는 성취동기가 학업성취에 중요한 역할을 한다고 보고, 학업성취도가 높은 학생과 그렇지 않은 학생의 학습 전략에 차이가 있다는 점을 밝히기도 했다. 슐만은 매개 과정 연구 패러다임이 학습자의 사고 과정이나 주변 세계에 대한 반응, 학습동기 등 학습자의 내면을 파악하기 어렵다고 비판하였다. 예를 들면, 교사가 학습 과제를 제시할 때, 제시된 과제의 성격이나 수업의 형태가 학습자의 매개 과정에 어떻게 작용하는지 밝히기가 쉽지 않다는 것이다.

다음으로는 교실생태학적 연구 패러다임이 있다. 이 연구 경향은 교사와 학생뿐 아니라 이들을 둘러싼 교실, 학교, 가족, 지역사회, 문화 등의 변인 간 상호작용에 주목한다. 이 경우 수업 연구의 목적은 교수학습 과정의 특성 이해 또는 교실 생활의 발견과 이해 그 자체다. 교실생태학은 문화인류학 분야에서 흔히 사용하는 연구 방법을 주로 활용하는데, 교사와 학생 사이에서 관찰할 수 있는 점뿐 아니라 관찰할 수 없는 점도 분석 자료로 활용하는 질적 연구를 주로 수행한다. 해밀턴(S. F. Hamilton)은 교실생태학적 연구의 특성을 네 가지로 나눴다.[9] 첫째, 사람과 환경, 특히 교사와 학생의 상보적(reciprocal) 관계에 주목한다. 즉, 교사와 학생의 관계를 단순하고 직접적인 인과관계로 보지 않는다. 둘째, 교수와 학습을 몇 가지 요인으로 분리하거나 원인과 결과로 단순하게 규정하기보다는 지속적인 상호작용 과정으로 본다. 셋째, 수업

9 S. F. Hamilton, "The Social Side of Schooling: Ecological Studies of Classrooms and Schools", *The Elementary School Journal* 83(4), 1983, pp. 313-334.

을 교실 그 자체에서 관찰 가능한 다른 맥락들(학교, 지역 사회, 가족, 문화 등)이 둥지를 튼 공간으로 본다. 넷째, 수업 참여자들의 사고, 태도, 감정, 인식 등 관찰하기 힘든 과정을 중요한 자료로 취급한다. 이 같은 교실생태학적 연구는 과정-산출 패러다임이 다루지 못한 사회·문화적 측면이나 특정 상황에 관심을 가진다는 측면에서 유용하지만 해당 연구 결과를 일반화하기 어렵다는 점에서 비판을 받기도 한다.

교실생태학적 연구에 덧붙여 슐만은 수업 과정에 대한 인지과학적 연구를 소개했다. 1960년대 중반에 등장한 인지과학은 학습이 개개인에 의해 추진된 인지 과정의 결과라는 점에 주목했다. 이 연구 경향은 인지 과정이나 인지 구조를 변인으로 삼아 연구 대상들이 수집하는 정보가 무엇인지, 그 정보들이 어떻게 조직되는지, 그 결과 개인의 판단과 의사결정이 어떻게 이루어지는지에 관심을 갖는다. 슐만에 따르면 이 경향은 특정 교육과정의 내용이나 수업 내용 등을 경시한다는 비판을 받았다. 또한 대체로 교사의 관점은 무시하고 주로 학생들에게만 초점을 맞춘다는 비판을 받기도 했다.

슐만은 수업 연구의 네 가지 경향을 정리하면서 교사의 인지와 의사결정의 중요성을 강조했다. 즉, 가르치는 행위의 전과 후, 그 중간 과정에서 일어나는 교사의 사고 과정을 연구해야 한다는 것이다. 그는 이를 위해 교과 지식, 교수 지식, 교육과정 지식이 교사에게 필요하다고 강조했다.[10]

슐만이 이 같은 수업 연구 경향을 제시한 이후에도 구성주의 패러다임, 비판적·페미니즘적 패러다임 등이 등장했다. 구성주의 패러다임은 보편적이고 절대불변의 실재는 알 수 없는 세계로 가정하고, 개인적 관점이나 실재의 다양한 구성을 연구 대상으로 삼는다. 즉, 지식을 구성하는 의미와 가치가 학습자에게서 분리될 수 없고, 사람들은 자신의 경험이나 관점에 의거하여 의미를 부여하며, 학습자들의 세계는 자신들의 해석에 의존한다는 것이다. 의미라는 것이 어떤 사람에게는 중요하지만 다른 사람에게는 그렇지 않을 수 있으므로, 구성주의 패러다임은 결론이나 대안 제시보다 더 나은 수업을 위한 이해나 비판, 즉 해석적인 의미를 강조한다. 그래서 구성주의적 수업 연구는 특정한 효과를 검증하기 위한 연구 도구를 사용하기보다는 연구자 자신이 교육적 조처의 의미를 탐구한다. 이 때문에 이러한 경향의 연구 결과물은 대체로 해석학적 원리를 적용한 사례 연구나 내러티브적 서술을 주로 채택한다.

또한 비판적·페미니즘적 패러다임은 비판 이론과 페미니즘의 문제의식을 바탕으로 인간의 사회적 행동을 인종, 성별, 계층 등에 근거한 것으로 여긴다. 이와 같은 연구 경향은 지식이 주관적이고 본래 정치적이므로, 연구 결과를 통해 인종, 성별, 계층 때문에 억압받는 사람들의 의식을 고양시키고자 한다. 이를 통해 비판적·페미니즘적 패러다임의 연구 결과물은 사회 변화를 이끌 수 있는 이해를 제공하고자 하며, 주로 자본주의 경제학과 남성 헤게모니 등을 비판한다. 비판적·페미니즘적 패러다임은 연구 방법

10 이에 관한 소개와 국내 수용 과정에 대해서는 양호환 등이 쓴 『역사교육의 이론』(책과함께, 2009)의 '제1부 역사교육의 개념과 연구 영역'을 참조할 수 있다.

면에서 기존의 질적 연구 방법을 주로 활용하고 있다.[11]

지금까지 살펴본 수업 연구의 경향은 국내 연구 경향과도 연결되는 측면이 있다. 교실 수업을 주요 대상으로 삼은 기존 국내 연구의 상당수가 대체로는 교수학습 이론을 통해 수업 모형을 기획하고 이를 실제 수업에 적용한 결과를 평가하는 방식을 취했고, 주로 과정-산출적 접근과 실험-모형적 접근을 시도해 왔다. 과정-산출적 접근은 교사와 학생의 행위를 학업 성적과 연관해 그 상관관계를 분석하고, 실험-모형적 접근은 이른바 '바람직한 수업' 또는 '바람직한 교사'를 먼저 설정하고 그렇지 않은 수업과 비교하는 경우가 많았다. 교과를 불문하고 수업을 연구 대상으로 삼은 경우, 전문 연구자들의 연구 결과뿐 아니라 적지 않은 수의 학위 논문이 이런 방식을 취해 온 점은 부인할 수 없다. 따라서 이런 접근 방식은 교실 수업의 실제 양태를 보여 주지 못한다는 비판의 맥락에서 질적 연구를 강조하는 주장들이 제기된 지는 오래다.[12]

특히 1990년대 이후 국내에서 수업 연구의 중요성을 강조하는 경향은 기존의 수업 연구 방법들을 비판하며 이에 대한 대안적 연구 방법으로 민족지학적 연구 또는 문화기술적 연구와 같은 질적 연구를 강조해 왔다. 이러한 경향은 1990년대 이래로 꾸준히 등장해 왔고 2000년대에 들어서 문화기술적 연구를 표방하는 논

11 J. A. Hatch, 진영은 옮김, 『교육 상황에서 질적 연구 수행하기』, 학지사, 2008.

12 수업 연구에 대한 질적 연구의 중요성을 강조한 국내 연구를 일부 소개하면 다음과 같다. 이혁규, 「교실수업과정의 연구 경향 검토」, 『시민교육연구』 20, 1995; 김영천, 『네 학교 이야기: 한국 초등학교의 교실 생활과 수업』, 문음사, 1997; 조영달, 「교과 교실수업 연구의 학문 동향과 학술연구 발전 방향: 질적 연구를 중심으로」, 『교육인류학연구』 1, 1998; 조영달 편, 『한국 교실수업의 이해』, 집문당, 1999.

문들은 계속 늘어나는 추세다.

그러나 문화기술적 연구를 표방한다고 밝힌 수업 연구들의 경우에는 수업의 여러 요소를 개별적으로만 분석하거나 특정 수업 방법의 적용 가능성과 그 효용성을 강조하고 주로는 수업 개선을 위한 제언을 제시하면서 문화기술적 연구의 애초 취지와 달라진 연구들도 적지 않았다.[13] 연구 방법의 측면에서 문화기술적 연구를 표방한다고 밝힌 연구들의 목적 자체는 과정-산출적 접근이나 실험-모형적 접근과 크게 다르지 않았다. 즉, 문화기술적 연구를 표방한다고 밝힌 연구들도 연구자 스스로 더 효과적인 수업, 더 좋은 수업의 상(象)을 이미 상정한 상태에서 사실상 자신의 가설을 입증하는 방식을 취하였다. 이러한 연구들의 경우, 대체로는 연구자가 사례로 든 수업이 효과적이고 좋은 수업에 해당한다는 것을 보여 주는 데 목적이 있어서, 깊이 있는 질적 연구를 통해 상황을 묘사하고 분석해 의미를 부여하는 데 집중하지 못한 연구도 적지 않았다.

국내 역사수업 연구의 경우도 이러한 상황과 크게 다르지 않다. 역사수업 연구에서도 과정-산출적 접근이나 실험-모형적 접근이 해결하지 못하는 문제들이 존재해 왔고, 그동안 역사수업을 대상으로 한 연구들이 방법론상의 취약점을 보여 준 것도 사실이다. 이러한 문제는 대체로 연구자의 문제의식에 비해 방법론 훈련이 부족한 데서 기인한 것이기도 하다. 또한 현재까지의 역사수업 연구는 수업 사례를 보고하는 수준에 그치거나, 엄밀하거나 일

13 김한종, 「역사과 교실수업연구의 동향과 과제」, 『사회과학교육연구』 4, 2001.

반화된 문제 제기를 하지 못하는 경우도 있고 이론화에 실패하기도 했다. 이는 '수업 사례 연구', '수업 사례 분석', '수업 실천 사례' 등의 제목으로 작성된 논문들 가운데 일부가 학술논문으로 적절하지 않은 형식적 결함을 가지고 있고, 방법론상의 오류를 드러낼 뿐 아니라 논리적 일관성과 분석의 타당성을 결여하고 있다는 지적이기도 하다.

그러나 수업을 주요 연구 대상으로 삼는다는 것은 한 차시 수업을 대상으로 하든, 한 교사의 여러 차시 수업을 대상으로 하든, 여러 교사의 여러 차시 수업을 대상으로 하든 간에 일종의 사례 연구 형태일 가능성이 높다. 이러한 사례 연구 결과를 다른 수업에도 보편적으로도 적용할 수 있는 가능성이 얼마나 되는가 하는 문제 제기가 흔하다. 이에 따르면 실제 적용에서는 여러 변수들로 인해 일반화 가능성을 타진하기가 쉽지 않은 것도 사실이다. 사례 연구가 현실적 맥락에서 현재적 현상을 탐구하는 경험 연구이고, 연구 대상의 특성을 자세히 연구하거나 인간의 내면과 동기를 보여 주는 데 유용하기도 하지만,[14] 위와 같은 문제들로 인해 과학적 연구에서는 사례 연구가 보조적 기능만 하는 것으로 취급되기도 한다. 이러한 문제 제기를 수용하여 사례 연구를 주요 방법으로 채택한 연구들이 구성적 타당성, 내적 타당성, 외적 타당성, 신뢰성 등을 충족시켜 사례 연구도 과학적일 수 있음을 입증하려 한 시도도 있었다. 예를 들면, 구성적 타당성, 즉 연구하고자

14 Robert K. Yin, *Case Study Research: Design and Method*, Beverly Hills: SAGE, 1984, p. 23.

하는 개념을 정확하게 측정했는지에 관해서는 조사 목적을 명확히 하고 적절한 가설과 분석 단위를 만든 뒤 조사 설계를 엄밀히 한다. 내적 타당성, 즉 독립변수와 종속변수 사이의 타당한 인과관계가 수립되는지에 관해서는 유형 일치 분석 등의 방법을 사용하기도 한다. 외적 타당성, 즉 연구 결과가 일반화될 수 있는가에 관해서는 다중 사례 설계나 비교 사례 연구를 하기도 한다.

사례 연구의 결과가 대표성을 갖거나 이를 일반화하기 어렵다는 비판은 분명 일리가 있지만, 그렇다고 해서 이 비판에 대해 사례 연구 자체도 과학적임을 보여 주려는 시도가 이론화와 일반화의 가능성을 보장하지는 않는다. 수업 연구의 경우, 수업 사례를 전수 조사 방식으로 연구하는 것이 사실상 가능하지 않고, 수백 개의 수업 사례를 통해 일반화하려는 시도가 수십 개의 수업 사례를 통해 일반화하려는 것보다 나은가도 분명하지 않다. 또한 특정한 시간과 장소에서 일어난 사건이 똑같이 반복될 수 없듯이, 특정한 조건과 환경에서 특정한 교사와 학생이 참여한 수업이 다른 곳에서도 똑같이 일어날 것이라고 기대하기는 어렵다. 더구나 수업 사례 연구의 경우, 연구된 수업 사례와 똑같이 수업을 실행해 보라고 권유하는 데 그 목적이 있는 것도 아니다.

무엇보다 수업 사례 연구에 대한 비판들이 수업 연구의 필요성 자체를 깎아내리는 것은 아니다. 오히려 수업 사례들을 통해 무엇을 보여 주려고 하는지 연구 목적을 분명히 하고 그에 걸맞은 방법론으로 연구를 설계하는 것이 중요하다. 따라서 수업 연구의 목표를 경험적 일반화로서의 결론 내리기나 일례를 보여 주기 그 자체에 두기보다는 수업 상황의 복합적 인과관계, 즉 수업 상황의 메커니즘을 규명하는 데 둘 필요가 있다.[15] 즉, 역사수업 주체들의 행위뿐 아니라 의도가 연구되어야 하고 그들을 둘러싼 조건과 환경도 함께 연구되어야 한다. 또한 이에 걸맞은 참여관찰과 면담 등의 연구 방법을 강화할 필요도 있다. 이는 역사수업의 메커니즘을 규명하고 이론화하는 데 기여할 수 있다.

사회과에서는 이혁규가 '사회과 교과 현상'을 규명하는 교실 수업 연구가 필요하다고 제기한 바 있다.[16] 그에 따르면, 사회과 교사들은 다른 영역의 교사들과 어떻게 다른가, 사회과 교실에서 다루는 내용의 특성은 다른 교과와 어떻게 다른가, 사회과 교실 수업의 상호작용은 다른 교실 수업의 상호작용과 어떻게 다른가, 교실의 학생들은 다른 과목에 비해 사회과에 대해 어떤 반응을 보이는가 등의 질문에 답할 필요가 있다는 것이다. 즉, 사회과 수업에 나타나는 영역 특정적 성격을 살펴볼 필요가 있다는 주장이다.[17] 사회과 수업 연구 가운데 교사의 수업 활동 이해에 초점

---

15 '비판적 실재론(Critical Realism)'으로 유명한 영국 철학자 바스카(R. Bhaskar)는 사례 연구의 핵심 목표는 경험적 일반화가 아니라 복합적 인과관계, 즉 메커니즘 규명에 있다고 본다. 그에 따르면, 사례 연구는 과학적 실험 같은 반복 없이도 인과관계를 밝힐 수 있고, 경향성이 어떻게 경험적인 사건이 되는지를 이론을 통해 보여 줄 수 있다. 또한 사례 연구의 주요 목표가 예측은 아니지만, 힘과 성향이 드러나는 특정 조건을 밝힘으로써 예측에 기여할 수 있다고 본다. 비판적 실재론의 입장에서 사례 연구가 갖는 이론적 지위를 탐색한 연구로는 이영철, 「사회과학에서 사례연구의 이론적 지위: 비판적 실재론을 바탕으로」, 『한국행정학보』 40-1, 2006, 비판적 실재론에 관해서는 R. Bhaskar, 이기홍 옮김, 『비판적 실재론과 해방의 사회과학』, 후마니타스, 2007 참조.

16 이혁규, 「사회과 교실 수업 연구의 동향과 과제」, 『초등사회과교육논총』 3, 2001, p. 16.

17 위의 논문, p. 17.

을 둔 연구들은 많지만 이런 연구들은 주로 교사의 수업 효율성 추구, 즉 최적화 이론을 보여 주는 데 초점을 두고 있고, 사회과 수업 내용과의 연관성이나 사회과 수업의 특성을 규명하지는 못하고 있다는 것이다.[18]

역사교육계에서는 '역사교과학' 개념이 등장하면서 모(母)학문인 역사학이 가지는 인식론적 특성이 강조된 바 있다.[19] 역사교과학이라는 용어가 현재로서는 널리 사용되고 있지 않지만, 역사교과학의 문제의식은 역사교육이 교육학의 방법론적 하위 분야가 아니라 모(母)학문인 역사학의 연구 방법과 인식론을 반영하는 체계여야 한다는 것이었다. 즉, 어떤 수업 모형이나 학습 이론을 도입해 이용할 것인가에 머무르지 말고, 어떤 역사 내용을 왜 가르쳐야 하는가를 고려한 방법이 필요하다는 측면을 강조했다.[20] 이와 같은 문제의식을 반영해 본다면, '역사수업'이기 때문에 다른 교과 수업 연구와 상이한 측면이 있을 수 있고 이것을 포함한 연구가 활성화될 필요가 있다. 또한 역사교사가 역사수업을 진행할 때, 이에 영향을 끼치는 특정한 환경적 요소에 대한 연구도 필요하다. 이러한 연구는 역사수업 환경을 검토하고 이를 개선하는 데

18 김순희, 「사회과 교실 수업 연구의 한계와 가능성」, 『사회과교육』 47-3, 2008, pp. 231-232.

19 역사교과학은 역사학의 내용을 교육적 목적으로 이해하고 조직하는 데 관련된 지식과 연구의 체제로서 광의의 그리고 내용 중심의 역사교육을 지칭하며, ① 학교 현장의 효율적인 역사수업을 위한 교육이론과 교수학습 방법 개발, ② 역사 교과의 가치 정당화, ③ 대중 매체 등 일상생활에서 역사의 역할과 위상, ④ 역사의식을 학습의 구조와 과정으로 개념화하는 연구 등의 구성 영역을 포함한다(양호환, 「'역사교과학'의 성과와 숙제」, 『歷史教育』 57, 1995).

20 양호환, 「역사학습의 인식론적 모색」, 『歷史教育』 75, 2000, p. 4.

도움이 될 수 있다.

특히 역사수업 환경에 관해 연구할 때 고려할 점을 몇 가지 살펴보고자 한다. 첫째, 전국적 수준에서는 국가 교육과정, 역사 검정 교과서, 전국 단위 시험의 역사 과목 출제 범위 등이 역사수업에 어떤 영향을 끼치는지 연구할 필요가 있다. 이러한 요소들은 역사교사의 의도와 관점에 대한 장애물로 보일 수도 있고 교사들이 상당히 의존하고 있는 수단처럼 보일 수 있다. 실제 교사의 의도와 관점은 교육과정, 교과서, 전국 단위의 시험과 어떤 타협 또는 조율을 이루고 있을 수 있다. 역사수업을 준비할 때 고려하는 요소로 흔히 교육과정과 교과서가 꼽히기도 하지만, 수업 내용을 선정할 때 교육과정보다는 교과서가 더 구체적이고 강한 영향력을 발휘할 수도 있고, 교과서 속 역사적 사실들 가운데 가르칠 내용으로 선정되는 것은 전국 단위 시험의 출제 범위와 빈도를 고려한 결과일 수도 있다.

어떤 교사들은 국가 교육과정을 고려하되 교과서는 거의 고려하지 않고 전국 단위 시험의 출제를 염두에 둔 학습지를 만들기도 하고, 어떤 교사들은 국가 교육과정을 고려해서 교과서를 활용하되 자체적인 교육과정을 만들어 연간 수업 계획을 적극적으로 재구성하기도 한다. 또한 어떤 교사들은 국가 수준의 교육과정이 사실상 의미가 없다고 판단해 자체적인 교육과정을 만들기도 한다. 국가 교육과정, 교과서, 전국 단위 시험의 출제 범위 등은 그 밖에도 수없이 많은 경우의 수로 조합을 이루어 역사수업에 반영된다.

예를 들면, 김민수는 역사과 교육과정의 개발과 내용 구성에 대한 정치권력의 통제, 교과서 집필에 대한 검정제의 양면적 기능, 역사교사의 수업 내용 재구성 양상 등을 연관시켜 연구하였는데, 현장에 가까울수록 정치권력의 통제력이 약화되고 교육 주체들의 자율성은 증대될 여지가 많다고 보았다.[21] 이 연구에는 교육과정의 성취 기준, 시도 교육청 연합 모의고사 등을 고려한 교사의 판단이 수업에 끼치는 영향이 일부 언급되어 있다. 이러한 연구는 국가 교육과정, 검정 교과서, 전국 단위 시험의 출제 범위 등이 역사수업에서 어떤 구체적 조합으로 드러나는지에 관해 시사하는 바가 있다. 여기에서 한 발 더 나아가 이러한 구조가 역사수업에서 교사와 학생에게 어떤 양상으로 영향을 끼치는지도 연구될 필요가 있다.

둘째, 개별 학교 수준에서는 역사교사 1인당 수업 시수, 담당 교과 수와 학년 수 등도 고려할 대상이다. 역사교사들이 해마다 한 학년에서 한 과목만 가르치거나, 자신이 가르치는 반에 대해서만 평가를 한다면 좋겠지만, 실제로는 그렇지 못한 경우가 허다하다. 여기에는 여러 가지 요인이 작용하는데, 한정된 교사가 많은 수의 학생을 감당해야 함에 따라 불가피하게 2명의 교사가 한 학년을 나눠서 가르치기도 하고, 그러다 보면 1명의 교사가 두 학년, 두 과목을 가르치는 경우도 생긴다. 이러한 조건들은 역사교사들에게 한정된 시간 내에 두 배의 수업 준비를 요구하는 것이 되어 수업 준비의 부담을 가중시키고 수업 내용과 방법 선정에 영향을

21 김민수, 「학교 역사지식의 구성: 고등학교 '한국사' 교육과정과 교과서를 중심으로」, 부산대학교 박사학위논문, 2012.

미치기도 한다.

이 외에도 집중이수제,[22] 교과교실제, 블록타임제 등도 역사 수업 환경이라는 측면에서 고려할 점들이며, 이 같은 학교 내 환경이 역사수업에 어떠한 영향을 미치고 어떻게 반영되고 있는지도 역사수업 연구의 주제로 삼을 필요가 있다. 이는 향후 수업 개선을 위한 방향 모색에도 유익할 것이다.

22 역사 과목에 대한 집중이수제는 2009 개정 교육과정에 따라 시행되었다가 중단된 상태다.

2 역사교사의 인식과 수업 실천

역사교과서, 역사과 교육과정, 역사수업 방법, 역사교육관 등에 관해 역사교사가 어떤 견해를 가지고 있는가에 관해 설문조사나 면담을 진행한 연구들은 꾸준히 발표되고 있다.[23] 또한 역사교사의 전문성에 주목하는 취지에서 역사교사의 교수내용지식이 어떤 배경을 통해 형성되고 수업에서 어떻게 표현되었는지를 연구한 결과물도 비교적 여러 편 발표되었다.[24] 교수내용지식이라는 개념

23 김환수, 「교사의 역사 인식과 새로운 역사 체계의 생성」, 『역사교육연구』 1, 2005; 박진동, 「현장 역사교육 50년, 중등 역사교사 구성의 추이와 문제점」, 『歷史教育』 97, 2006; 양정현, 「중등 역사교사의 역사교과 지식 생산과 소통」, 『역사와 경계』 59, 2006; 정경희, 「고등학교 역사교사의 기록물 이용행태 사례 연구」, 『한국도서관정보학회지』 38-4, 2007; 강선주, 「역사교육의 목적과 초등학교 교사의 역사교육관」, 『歷史教育』 108, 2008; 송인주, 「역사 개념에 대한 교사들의 인식과 역사교육과정의 정체성」, 『歷史教育論集』 43, 2009.

24 조철수, 「역사수업에 나타난 내용교수지식의 유형과 원천」, 한국교원대학교 석사학위논문, 2001; 민윤, 「사회과 역사수업에서 초등 교사의 교수내용지식에 대한 이해」, 한국교원대학교 박사학위논문, 2003; 박해현, 「역사과 교실 수업에 나타난 교수내용지식」, 『전남사학』 21, 2003; 허은, 「경력에 따른 역사교사의 내용지식과 교수내용지식에 대한 이해」, 고려대학교 석사학위논문, 2009; 천은수, 「어느 역사교사의 '가르치기 위한 지식(Pedagogical Knowledge)' 연구: 내용교수지식과 교수학적 전환, 그리고 실천 지식」, 『역사교육연구』 10, 2009.

의 정립과 이를 적용한 연구는 가르치는 일, 즉 교수 행위에서 교사의 지식이 학생들에게 어떻게 표현되고 적용되는가에 주목한 결과라고 볼 수 있다. 이러한 연구들은 대체로 교사 대상 설문이나 교사의 수업 표현을 살펴 교수내용지식의 원천 또는 변환 양상을 연구하는 방식으로 이루어져 왔다.

그러나 역사교사에 관한 이러한 연구들 가운데 정작 역사수업의 행위 주체인 역사교사의 의도나 관점과 함께 역사수업을 연구한 경우는 아직 찾아보기 어려운 실정이다.[25] 역사교사를 대상으로 설문조사나 면담만 진행한 경우, 그 자체로서도 연구의 의의가 있겠지만 교사의 수업 실천이 설문이나 면담에서 진술한 내용과 일치한다는 보장은 없다. 왜냐하면 교사 자신의 관점이나 의도를 수업 실천에 관철시키는 데에는 여러 제약 요인과 변수가 따르기 때문이다. 또한 수업의 행위 주체인 교사를 면담하지 않고서 역사수업을 녹음 또는 녹화한 자료만으로 분석하는 경우에는 어떤 의도에서 그와 같은 수업을 하게 되었으며, 무엇은 의도해 준비한 것이고 무엇은 우연적인 것이었는지, 교사 본인의 의도는 무엇이었는데 실제로 실행이 되었는지 또는 실행되지 않았는지 등을 파악하기 어려운 경우가 많다. 따라서 이런 점들을 규명하려면, 역사수업의 행위 주체 가운데 하나인 역사교사의 인식과 수업 실천을 함께 연구하는 것이 필요하다.

교과와 상관없이 교사의 인식과 수업 실천을 함께 연구한 경

25 중등 역사교사의 역사인식과 수업 실천을 함께 연구한 국내 논문은 권정애, 「역사교사의 갑신정변 인식과 역사수업」, 『역사교육연구』 7, 2008 외에는 찾아보기 어렵다.

우는 아직 많지 않다. 또한 실제 수업을 참관하며 연구하기보다는 수업 경험에 대해 교사를 면담하거나 설문하여 수업 실제에 접근하려 한 연구들이 많은 편이다. 이러한 연구들의 경우, 교사의 인식을 교사 신념, 교수 신념, 인식론적 신념 등으로 규정한 바 있다.[26] 또한 수업 실천은 교실 수업행동, 교수실제, 교수행동, 현장 적용성 등의 개념으로 연구된 바 있다.[27]

교사의 인식과 수업 실천에 관한 연구들은 교사의 신념이 교수행동과 직접적으로 관련이 있다거나 거의 없다는 견해로 양분되어 있다. 또한 교수행동과 신념의 일치 여부는 교수 효과성에 긍정적 혹은 부정적이라는 양극적인 결과를 보여 준다.[28]

교사의 신념에 관해서는 학습자관(학습자에 대한 이해와 배려의 정도, 관계 형성의 대상으로서 학습자 이해도), 교과관(교과에 대한 교사의 이해, 교재에 대한 이해, 수업에서 교과내용의 선택과 조직), 교수학습관(교수

---

26 '신념'이란 자기가 생각한 것에 대하여 굽히지 않으려는 정신적인 태도 혹은 태도의 지적인 형식을 말하는 것으로 의지적인 행위를 수반한다. 교사의 신념에 관해서는 유아교육 분야의 연구가 상대적으로 많은 편이다(단현국, 「유치원 교사의 성격 특성과 교사 신념」, 『유아교육연구』 18-1, 1998; 최미숙, 「교사 경력 및 기관 유형에 따른 유아교사의 교육신념 연구」, 『유아교육연구』 24-1, 2004 등).

27 교사의 인식과 수업 실천의 관계를 연구한 논문으로는 박기용·조자경, 「교사의 인식론적 신념과 교실 수업행동」, 『한국교원교육연구』 27-1, 2010; 최진영·이경진, 「교직경력에 따른 초등교사들의 신념과 사회과 교수실제의 관계」, 『한국교원교육연구』 24-2, 2007; 유종열, 「사회과 교수·학습에서 인식론적 신념의 역할 논의」, 『사회과교육연구』 13-2, 2006; 민용성, 「초등학교 교사의 교수행동과 신념에 관한 사례 연구」, 『학습자중심교과교육연구』 9, 2005; 조인진, 「중학교 교사들의 교육적 신념의 현장 적용성에 대한 연구」, 『한국교원교육연구』 22-2, 2005 등이 있다. 이 가운데 실제 수업 상황을 연구 대상으로 삼은 것은 박기용·조자경의 연구와 민용성의 연구뿐이다.

28 민용성, 「초등학교 교사의 교수행동과 신념에 관한 사례 연구」, 『학습자중심교과교육연구』 9, 2005.

학습을 이끌어 가는 데 있어서 행동적 특성, 교수학습과정에 대한 이해) 등으로 나눠 측정한 연구가 있다.[29] 이 연구에 따르면, 교사들은 학습자관에서 "한 학급 내에서도 학생의 능력 차를 고려한 수업을 하고 있다."라는 항목에 대해 이상성과 현실 적용성 간의 차이가 큰 경향을 보였고, 교과관에서는 "교사가 자신만의 교수를 위한 노하우가 있어야 한다."라는 점에는 원칙적으로 동의했으나 현실적으로는 그렇지 못한 경향을 보였다. 교수학습관에서는 "교수학습 능력 향상을 위해 교사들 간에 다양한 정보를 공유해야 한다."라는 점에는 동의하지만, 실제로 정보를 공유하는 정도는 낮은 것으로 분석되었다. 따라서 교사들이 가지는 신념과 그것을 현실에 적용하는 정도에는 차이가 있는 것으로 볼 수 있다. 교사들은 자신의 신념을 수업에 적용하기 어려운 이유로 학생 수가 많아 상호작용이 어렵고, 잡무로 인해 수업 준비와 교재 연구 시간이 부족하다는 점 등을 들었다.

또 다른 연구는 교직 경력에 따라 신념의 차이가 있는지, 교직 경력에 따라 신념과 교수 실제의 관계가 어떠한지를 알아보기 위해 초등교사 700명을 대상으로 사회과 교수 실제에 관해 설문조사를 실시하였다.[30] 이 연구에 따르면, 학습자 중심 신념[31]을 가

29 조인진, 「중학교 교사들의 교육적 신념의 현장 적용성에 대한 연구」, 『한국교원교육연구』 22-2, 2005. 이 연구에서는 서울시 11개 교육구청별로 1개교씩 무선 표집을 하여 11개 중학교 교사 총 298명을 대상으로 설문을 실시하였다. 또한 6개월 뒤에 동일한 설문을 실시하되 다만 현장 적용 정도를 알아볼 때에는 '실제 수업에서', '실제 학생과의 관계에서'라는 용어를 사용하였다.

30 최진영·이경진, 「교직경력에 따른 초등교사들의 신념과 사회과 교수실제의 관계」, 『한국교원교육연구』 24-2, 2007.

지고 있는 교사들은 교직 경력에 따른 차이를 보이지 않았으나, 전통적 신념[32]을 가지고 있는 교사들은 교직 경력에 따라 차이를 보였다. 특히 교직 경력 20년 이상인 교사들은 다른 교사들보다 전통적 신념에 강하게 동의하는 것으로 나타났다. 또한 이 연구는 학습자 중심 신념과 교수 실제의 상관 관계는 교직 경력과 상관없이 매우 낮다는 점을 보여 주었다. 즉, 교사가 학습자 중심 신념을 가지고 있든 전통적 신념을 가지고 있든 간에 교수 실제로 나타나는 것과는 상관성이 거의 없다는 것이다.

교사의 인식론적 신념과 교실 수업행동을 면담과 실제 수업 관찰을 통해 연구한 민용성은 3명의 초등교사를 대상으로 실제 교수행동(동기유발, 질문, 학습관리, 수업목표 달성 전략, 설명, 수업 내용의 구조화)이 교사 자신의 이상적인 신념과 일치하지 않는다는 점을 밝혔다.[33] 이 연구는 ① 교사의 성격 및 적성 문제, 교육적 소신과 열의 부족, 도덕적 책무성 부재, 업무 과다로 인한 피로, 교수매체 발달에 따른 의존성 증가 등 '교사의 개인적 특성 요인', ② 학교

31 해당 연구에서 학습자 중심 신념이란 '사회과 수업에서 다루는 문제를 다양한 관점으로 바라보는 것이 중요하다', '문제를 직접 탐구해 보고 가능한 여러 해결 방법을 찾아봄으로써 사회과를 잘 배울 수 있다', '사회 과목을 잘하기 위해서는 자신의 생각에 대한 근거를 제시할 수 있어야 한다', '교과서는 사회과 수업을 위한 하나의 자료다' 등의 견해를 뜻했다.

32 해당 연구에서 전통적 신념이란 '사회과 지식은 객관적인 사실로서 받아들여져야 하며 학생들은 이를 암기할 필요가 있다', '교과서에 나오는 지식 및 해석은 항상 옳다', '사회 과목을 잘하기 위해 교과서에 나오는 중요한 이름, 날짜, 지역과 같은 사실을 암기하는 것이 중요하다', '학생들은 사회과 교과서를 통해 가장 잘 배운다', '학생들은 선생님의 설명을 통해 가장 잘 배운다', '역사적 사실에 대해서는 한 가지 해석만을 가르치는 것이 학생들의 혼란을 막을 수 있다'와 같은 견해를 뜻했다.

33 민용성, 「초등학교 교사의 교수행동과 신념에 관한 사례 연구」, 『학습자중심교과교육연구』 9, 2005.

내 인사 관계, 교육 경력에 따른 업무 기대감, 학교 평가 체제, 교과교육 외의 업무 부담, 교육과정 운영상의 시간 부족 등 '학교 구조 요인', ③ 공교육 경시 풍조, 교실 붕괴 현상, 학부모의 압력, 가치관 변화 등 '사회적 배경 요인'이 신념과 실제의 차이를 야기한다고 보았다.

이와 달리, 박기용과 조자경은 수업 전개와 선행학습 상기, 연습 등의 과정에서 '세련되고 혼합된 신념'을 가진 교사들이 '미숙한' 교사들보다는 좀 더 효과적인 수업행동을 한다는 점을 밝혔다.[34] 이는 교사의 인식론적 신념과 교실 수업행동이 밀접한 관련이 있으며, 교사의 인식론적 신념이 교실 수업행동에 영향을 미친다는 점을 뒷받침하였다. 이 연구는 인식론적 신념의 차원을 지식의 확실성, 권위/전문가에 의한 지식, 고정된/타고난 능력, 학습 노력/과정으로 나눈 선행 연구[35]를 참고하여 설문 문항을 만들고 이러한 인식론적 신념을 명확하게 나타내는 초등교사 6명을 선정하였다. 그리고 이들의 수업을 1시간씩 촬영하여 7명의 평가자

---

34 박기용·조자경, 「교사의 인식론적 신념과 교실 수업행동」, 『한국교원교육연구』 27-1, 2010.

35 ① 지식의 확실성은 '지식은 임시적이며 변하고 있다/지식은 확실하며 애매하지 않고, 변하지도 않는다', ② 권위/전문가에 의한 지식은 '지식이 개인의 경험이나 판단에 의해 비롯된다/지식의 원천이 전문가와 권위에 의해 좌우된다', ③ 고정된/타고난 능력은 '개인의 능력은 타고나지 않으며 변할 수 있다/개인의 능력은 타고나며 고정되어 있다', ④ 학습 노력/과정은 '학습은 노력이 필요하지 않고 학습 과정보다 사실을 아는 것이 더 중요하다'/지식 습득은 '노력이 요구되고 사실들을 아는 것보다 학습 과정이 더 중요하다' 등으로 구분된다(K. W. Chan and R. G. Elliotte, "Relational Analysis of Personal Epistemology and Conceptions about Teaching and Learning", *Teaching and Teacher Education* 20(8), 2004, pp.817-831에서 차용).

들이 분석한 결과다. 수업행동은 아홉 가지 수업 사태(instructional events)[36]에 따른 교실 수업행동 평가 체크리스트를 통해 분석하였다. 결과적으로 이 연구는 수업행동에서는 그 자체의 기술이나 기법이 중요한 것이 아니라, 지식과 학습을 올바르고 세련된 방식으로 바라보는 관점이 중요하다고 지적했다.

이러한 연구 결과들만으로는 교사의 인식과 실천 사이에 특정한 경향이 있다고 판단하기에는 불충분하다. 또한 국어교사가 국어과 교육을 언어 사용 신장을 우선으로 하는 교과로 보느냐, 문학 감상을 통해 인간성을 함양하는 교과로 보느냐에 따라 교수 실제가 달라진다는 연구 결과[37] 같은 특정 교과 교사들의 인식과 실천에 관한 연구는 매우 미흡한 실정이다. 따라서 역사교사의 인식과 수업 실천을 주요 연구 대상으로 한 연구에서는 위의 연구 결과들을 고려하되 역사라는 교과의 특정한 점에 주목할 필요성이 있으므로 다음과 같은 연구 초점들이 검토되어야 한다.

첫째, 역사의 의미나 교수학습 목적에 관한 역사교사의 인식이다. 역사수업의 행위 주체인 역사교사가 역사를 무엇이라고 생각하는지, 역사를 왜 가르쳐야 하는지, 학생들이 역사를 왜 배워야 하는지를 묻고 이에 대한 역사교사의 의도가 수업에 반영되는지를 알아볼 수 있다. 예를 들면 다음과 같은 물음을 역사교사들

---

36 이는 수업을 아홉 가지 수업 사태로 나눈 가네(R. M. Gagné)의 연구를 따라 수업의 '도입부'는 주의집중, 수업목표 제시, 선행학습 상기, '전개부'는 자극 제시, 학습안내 제시, 수행유도, '정리부'는 피드백 제공, 수행평가, 파지 및 전이 증진으로 나눈 것이다.

37 정혜승, 『국어과 교육과정 실행 연구』, 박이정, 2002.

에게 던져 볼 수 있다. 역사란 무엇인가?[38] 역사를 가르치는 목적은 무엇인가?[39] 역사와 다른 교과의 공통점 또는 차이점을 무엇이라고 생각하는가? 학생들이 역사를 배워야 하는 까닭은 무엇인가?[40] 이런 물음에 대한 역사교사의 인식을 수업 실천과 함께 연구하면 양자 간에 일관성이 있는지, 일관성이 있다면 그 일관성이 특정 역사적 사실을 가르칠 때 수업 내용과 방법 선정 및 조직에 어떤 영향을 끼치는지를 알 수 있고, 일관성이 드러나지 않는다면 그 원인이 무엇인지를 파악할 수 있다.

교사들에게 역사교육 목적에 관해 물으면 대체로 자신의 실천과는 무관한 추상적 근거들로 답을 한다는 지적이 있는데,[41] 만약 이러한 현상이 일반적이라면 왜 그런가를 규명할 필요도 있다. 예를 들면 역사교사가 역사의 의미를 무엇이라고 보는지와 교사의 수업 실천이 일치하지 않는다는 연구가 있다. 설문조사와 면담을 통해 역사교사가 역사의 의미를 어떻게 인식하고 있는가를 알아보고 역사교사를 다섯 가지 유형으로 나눈 에번스(R. Evans)는 역사를 가르치는 것이 교사 자신이 과거를 보는 방식과 현재에 관한 신념을 표현하는 수단일 수 있다고 파악했다.[42] 그는 후속 연

38 과거 그 자체인지, 과거에 남긴 기록인지, 과거 기록을 둘러싼 해석인지 등.

39 과거 사실을 탐구하는 방식 자체를 알려 주려는 것인지, 오늘날의 문제를 해결하는 데 교훈으로 삼게 하려는 것인지, 사회 정의나 민주주의 등의 가치를 구현하는 데 기여하게 하려는 것인지 등.

40 역사를 배우면 학생이 처한 문제를 과거에 비춰 스스로 해결하는 데 도움이 된다고 생각해서인지, 다양한 경험을 간접 체험하게 하려는 것인지 등.

41 K. C. Barton and L. S. Levstik, *Teaching History for the Common Good*, Mahwah, NJ: L. Erlbaum Associates, 2004, pp. 253-254.

42 R. Evans, "Teacher Conceptions of History", *Theory and Research in Social*

구에서 그 다섯 가지 유형의 전형이라고 보았던 교사 5명의 수업도 관찰했는데, 교사 2명은 자신이 설문과 면담에서 답한 점들과 대체로 일치하는 수업을 보여 주었으나, 다른 3명은 설문 및 면담 내용과는 거리가 먼 수업을 보여 주었다. 게다가 대부분의 학생들은 각 교사의 영향으로 사회에 관한 신념을 바꾼 경우가 거의 없었다. 이 때문에 에번스는 각 유형의 전형적인 실행자를 찾지 못했다고 평가했고,[43] 역사교사가 자신들이 의도하거나 실행하고 있다고 말한 것과 관찰자나 학생이 보는 것과는 자주, 그리고 매우 다르다는 결론에 도달하였다.[44]

이러한 연구 결과가 교사들이 설문이나 면담에서 솔직하지 못함을 뜻하는 것은 아니다. 오히려 교사들이 평소 자신이 생각하는 역사의 의미와 교수학습 목적을 수업에서 실행하지 못하는 이유에 주목해야 할 필요성을 제기한다. 교사들은 자신의 평소 생각을 수업에서 실행하는 데서 여러 장애 요인이나 변수를 맞닥뜨릴 수밖에 없다. 물론 이러한 장애 요인이나 변수 가운데는 앞서 언급한 연구들에서 밝힌 바와 같이 교과와 무관하게 발생하는 점들, 예를 들면 학교 행정 업무의 과중함, 재교육 프로그램 부족 등이 있을 수 있다.

그러나 역사교사가 자신이 생각하는 역사의 의미와 교수학

Education 17(3), 1989, p. 238. 이 연구는 역사교사를 대상으로 한 71개의 설문지를 분석하고 일부를 면담한 결과에 기초하여 역사교사를 이야기꾼(storyteller), 과학적 역사가, 상대주의적 개혁가, 우주론적 철학자, 절충주의자로 유형화했다.

43 R. Evans, "Teacher Conceptions of History Revisited: Ideology, Curriculum, and Student Belief", *Theory and Research in Social Education* 18(2), 1990, p. 105.

44 *Ibid.*, p. 124.

습 목적을 수업에서 구현하기 어려운 또 다른 이유로는 역사수업에서 교사가 가르칠 내용이 매우 다양하고 광범하다는 점을 들 수 있다. 물론 많은 교사나 연구자들은 잘 알아야 잘 가르칠 수 있고, 교과 내용에 대한 지식이 충분해야 가르칠 방법도 잘 선택할 수 있다고들 말한다. 때로는 교사가 역사적 사실에 대한 지식을 얼마나 많이 알고 있는지가 유능함의 척도로 표현될 때도 있다. 또한 교과 내용에 관한 교사의 준비와 연구가 역사교사 개인의 능력 문제로 치부되기도 한다. 그러나 역사교사들은 세계사는 말할 것도 없이 한국사에 관해서도 자신이 한 번도 자세히 공부해 본 적 없는 시대나 장소, 사건을 수업에서 다뤄야 할 때가 많고 설령 많은 것을 알고 있다고 하더라도 알고 있는 모든 내용을 다 가르칠 수도 없다.

따라서 둘째, 가르칠 내용의 중요성에 대한 역사교사의 인식을 연구할 필요가 제기된다. 이는 수많은 역사적 사실들 가운데 무엇을 수업에서 가르치고 무엇을 생략할 것인가를 판단하는 문제와도 연결된다. 역사학이라는 학문의 특성상 역사적 사실을 둘러싼 서로 다른 해석들이 상존하기 마련이다. 증거에 따른 역사해석은 잠정성을 가지며, 사건의 인과관계와 상호 관련성을 파악해 역사지식을 생성하는 데에는 관점과 해석이 중요한 영향을 끼친다. 이러한 점들은 역사가뿐 아니라 역사교사에게도 해당된다.[45] 따라서 역사가가 역사적 사실에 기초하더라도 관점과 해석을 통해 역사지식을 만들 듯, 역사교사가 자신의 관점과 해석을

45 양호환, 「역사학습의 인식론적 모색」, 『歷史教育』 75, 2000, p. 19.

반영해 수업을 실행하는 것을 피할 수 없다. 이때 반영되는 역사교사의 관점과 해석은 수업에서 가르칠 내용의 중요성을 판단하는 데 영향을 끼친다고 볼 수 있다.

수많은 역사적 사실 가운데 무엇을 가르칠 것인가를 결정하는 문제는 교사가 그것을 왜 가르칠 것인가를 판단하는 것과 연결된다. 즉, 가르치는 행위 주체인 역사교사가 가르칠 내용을 선정할 때 자신의 목적, 관점, 해석을 투영하는 것은 불가피하다. 더군다나 가르칠 내용인 역사적 사실은 기록을 남긴 주체의 의도나 관점, 당대의 상황이나 조건과 떼려야 뗄 수 없는데, 이렇게 여러 주체들의 의도와 관점이 중층적으로 작용해 형성된 역사적 사실을 가르치려면, 역사교사는 가르칠 내용의 중요성을 스스로 판단해 수업 내용을 선정할 가능성이 높다. 따라서 역사교사가 수업에서 가르칠 내용인 특정 역사적 사실이 왜 중요하다고 판단하는가에 관한 연구가 필요하다. 이를 수업 실천과 연결해 연구하려면, 수업 실천 이후에 왜 어떤 사실은 선택해서 설명하고, 어떤 사실은 생략했는지, 어떤 사실은 강조한 데 비해 어떤 사실은 강조하지 않았는지 등을 교사에게 묻는 것이 효과적일 수 있다. 또는 수업 실천 이전에 내린 중요성 판단이 수업 실천에서는 어떻게 나타났는지를 살펴볼 수도 있다.

다른 한편으로는 역사교사가 어떤 맥락과 배경에서 중요성을 판단해 특정 자료를 선정하고 활용하는가도 연구할 수 있다. 특히 수업 자료 선정에 관해서는 역사교사가 어떤 과정으로 자료를 편집하고 설명하는지를 주목할 필요가 있는데, 그 자료들에도 다양한 주체의 의도와 관점이 반영되었다는 점을 어떤 측면에서 고려하고 있는지, 하나의 자료를 둘러싼 여러 해석이 가능하다는 점에 관해서는 어떻게 설명하거나 대응하고 있는지도 살펴볼 수 있다.

셋째, 역사교사가 학생의 역사 이해를 돕고자 역사적 사실을 어떻게 설명하고 표현하는가의 문제의식에 기초하여 역사수업의 방법에 관해 연구할 필요가 있다. 역사교사가 중요하다고 판단해 가르치려고 하는 역사적 사실은 학생들이 더 효과적으로 이해할 수 있게 하려는 의도 아래 변형된다. 이때 교사는 자신의 의도에 적절하다고 판단하는 표현 또는 설명 방식을 채택한다.

이에 관해 와인버그(S. Wineburg)와 윌슨(S. Wilson)은 교사가 역사를 학습하는 앎의 방식을 중요하게 여기면 그 설명 방식이 인식론적 표현 형태를 띠고, 역사적 사실에 대한 이해를 강조하면 맥락적 표현 형태를 띤다고 보았다.[46] 또한 양호환은 역사교사의 설명 방식은 교과 내용에 대한 지식, 학습자에 대한 이해, 일반 교육학 지식 등이 반영된 것으로 교수내용지식의 산물이라고 보았으며, 그 예시로 유추와 감정이입을 들었다.[47] 김한종은 역사교사의 설명 방식으로 기존의 기억을 유도해 내기 위한 연상, 역사적 사실과 현대의 사실을 비교하는 유추, 개념이나 용어의 풀이 등을 제시하기도 했다.[48] 양호환과 김한종의 두 연구는 모두 실제 수업 사례를 인용하면서, 양호환은 학생들의 감정이입 실패 사례와 그

---

46 S. Wineburg and S. Wilson, "Subject-matter Knowledge in the Teaching of History", J. Brophy (ed.), *Advances in Research on Teaching*, Vol. 2, New York: JAI Press, Inc., 1991, p. 333.

47 양호환, 「역사교과 교육이론의 가능성과 문제점」, 『歷史教育』 53, 1993, pp. 11-17.

48 김한종, 「국사수업에 나타난 교사의 설명 방식」, 『사회과학교육연구』 3, 1999.

원인을, 김한종은 교사의 설명 내용 자체가 역사적 사실과 맞지 않는 경우를 지적하였다. 이는 연구자뿐 아니라 역사교사도 자신의 수업을 성찰하는 과정을 통해 설명 방식과 표현이 본인의 의도와 내용에 맞는 적절한 것이었는지 돌아볼 필요를 제기한다.

따라서 넷째, 역사교사의 수업 반성도 역사교사의 인식과 수업 실천 연구에서 중요한 연구 초점이 될 수 있다. 이는 지금까지 제기한 주제들을 포함하여 역사교사가 자신의 수업을 어떻게 성찰하는가에 관한 연구라고 볼 수 있다. 이에 관해서는 교사의 수업 성찰과 반성 양상을 다른 연구자가 연구할 수도 있고, 교사 본인이 자신의 수업 반성을 직접 연구 결과물로 작성할 수도 있다.

수업 반성은 성공적인 수업을 수행하기 위한 의사결정의 연속을 뜻하기도 하고,[49] 교사가 수업에서 일어난 일을 되돌아보고 사건, 감정, 성과 등을 재구성·재실행하며 다시 생각해 보는 것으로, 전문가가 경험에서 배우는 일련의 과정을 뜻하기도 한다.[50] 이러한 두 가지 접근은 '행위 중 반성'과 '행위 후 반성' 가운데 어느 한쪽을 좀 더 강조한다는 점에서 차이는 있지만, 수업 전에는 수업을 계획하고, 수업 중에는 자신의 교수 행위와 학생들과의 상호작용을 생각해 보며, 수업이 끝난 후에는 수업 상황에서 일어난 자신의 교수 행위를 회상하며 그 행동에 대한 이유와 원인을

---

49 M. Van Manen, "Reflectivitiy and Pedagogical Moment: The Normativity of Pedagogical Thinking and Acting", *Journal of Curriculum Studies* 23(6), 1991, pp. 507-536(한상훈 외, 「수업반성 연구 경향 고찰」, 『학습자중심교과교육연구』 8-2, 2008에서 재인용).

50 L. Shulman, "Knowledge and Teaching: Foundations of New Reform", *Harvard Educational Review* 57(1), 1987, pp. 1-2.

진술·평가하고, 결과적으로는 수업의 질을 향상시키기 위한 자기 성찰과 향상의 과정이라고 볼 수 있다.[51]

사회과 수업 반성 양상에 관한 최희정의 연구는 역사, 지리, 일반사회과 교사 20명을 대상으로 심층 면담을 진행하여 중등 사회과 교사의 수업 반성을 다음의 다섯 가지로 유형화하였다.[52] ① 변화나 개선은 되지 않지만 습관적 행위로서 반성을 하는 '습관적 반성', ② 수업 중에 상황적 문제가 있다고 판단할 때 하는 '수업 상황의 반성', ③ 수업 방법이나 기술의 효과성과 효율성에 관심을 가지는 '수업 기법의 능숙함을 위한 반성', ④ 수업을 하는 교사 자신의 전반적인 문제 상황이나 교육과정, 교육제도에 대해 인지하고 문제를 해결하려는 '문제 인지의 반성', ⑤ 수업의 주요 활동이나 내용을 교육적 목적이나 수업 타당성, 당위성에 초점을 두어 돌아보는 '교육 목적 지향의 반성'이다. 이 연구에서 사회과 교사의 수업 반성 내용은 교수 활동에 관한 것이 주를 이루며, 교육제도 및 문화, 교육 목적과 같은 수업을 둘러싼 교육환경에 대한 반성은 부족하다고 보았다. 또한 여러 수준의 반성이 상호 보완적으로 작용해야 수업이 개선될 수 있다면서 교사들이 수업 반성의 방향과 내용을 배우고 적절히 훈련해야 함을 강조하였다.

이러한 연구와 같이 외부의 연구자가 교사의 수업 반성을 연구하는 것이 가능하면, 교사 스스로 자신의 수업을 반성하고 이를 연구 대상으로 삼아 결과물을 작성할 수도 있다. 특히 이러한

---

51 최희정, 「사회과 교사의 수업 반성에 대한 분석」, 『사회과교육』 51-2, 2012, p. 80.
52 위의 논문, pp. 81-83.

경우는 반성적 행위자로서의 교사에 주목하는 실행 연구(action research)로, 교사 스스로 자신의 수업을 연구하고 성찰하는 것이다. 실행 연구는 교사와 연구자를 분리하지 않고 교사의 현장 연구를 장려해 교사도 연구 공동체의 일원으로 참여하게 한다는 데 의의가 있다. 또한 실행 연구는 외부자의 수업 관찰이 갖는 한계를 극복하려는 시도의 일환이기도 하다. 그럼에도 예비 교사나 현장 교사를 위한 연구방법론 훈련이 부족한 상황이어서 해당 연구들에서 방법론상의 약점이 적지 않은 것이 사실이다.[53] 이 때문에 사범대학이나 교육대학에서 예비 교사를 위한 연구방법론 수업을 개설하고 교사 스스로 현장 연구, 즉 실행 연구를 할 수 있게 하는 재교육 프로그램이 필요하다는 지적도 있다.[54] 이러한 실행 연구와 수업 반성에 관한 연구의 축적은 역사교육 연구의 저변을 확대하는 계기로 작용할 수 있고, 역사교사의 전문성에 대한 이론 구축의 기초를 쌓을 수 있다는 점에서 필요하다.

이 외에도 역사교사의 인식과 수업 실천을 초점으로 하는 역사수업 연구는 역사교사 개인의 학생 시절 역사수업 경험, 역사 연구 공동체 경험 등이 교사의 판단과 수업 실천에 영향을 미치는지, 또한 역사교사가 학생들의 이해 수준을 고려해 수업 내용과 방법을 어떻게 조정하는지 등도 그 주제로 다룰 수 있을 것이다. 이 책에서는 이와 같은 점들을 고려하여 사례 교사들을 연구하였고 이를 4장과 5장에서 분석하였다.

---

53 김민정, 「역사교사의 현장연구 방법론 모색: 실행연구를 중심으로」, 『歷史教育』 103, 2007, p. 71.

54 위의 논문, pp. 94-95.

제4장

교사들이 말하는 역사수업 경험과 역사교육 목적

1 역사수업 경험과 환경

1) 교사 A

교사 A(여, 31세)는 교직 경력 7년 차로, 현재 재직 중인 학교가 두 번째 근무 학교다. 현재 서울 북부 지역[1]의 남녀공학인 공립 고등학교에서 2학년 학급의 담임을 맡고 있고 5개 학급에서 〈세계사〉를 가르치고 있다.

역사와 지리를 좋아했던 교사 A는 고등학교 때 역사교사가 되고 싶다는 생각을 하게 되었고 역사교육과에 진학하였다. 그가 중등교원 임용시험을 준비하던 대학 3학년 때에는 공통사회과 교사 선발 인원이 역사교사 선발 인원보다 훨씬 많아서 역사교육과 졸업생들이 대체로 공통사회과에 응시하던 때였는데도, 교사 A는 역사과에 응시해 재수 끝에 합격했다.

1 서울의 경우 동부, 서부, 남부, 북부, 중부로 구분하였다. ① 동부: 동대문구, 중랑구, 성동구, 광진구; ② 서부: 강서구, 양천구, 구로구, 금천구, 마포구, 은평구, 서대문구, 영등포구; ③ 남부: 강남구, 서초구, 강동구, 송파구, 관악구, 동작구; ④ 북부: 강북구, 성북구, 노원구, 도봉구; ⑤ 중부: 종로구, 중구, 용산구.

대학 시절에는 동양사, 특히 중국사에 관심이 많았고 교육학 과목들에는 별다른 흥미를 느끼지 못했다. 기간제 교사 경험이 없다는 그는 학부 재학 당시 대학 인근 중학교의 방과 후 프로그램과 연계한 교육심리학 수업 활동에 참여하면서 학생들과 직접 교류할 기회를 가진 뒤 '새로운 수업'을 해 보고 싶다는 의욕을 갖게 되었다. 그는 당시 자신이 하고 싶어 하던 수업을 "재미있는 수업", "활동적인 수업"이라고 표현했다.

> 그때까지만 하더라도 나름대로 학생들의 얘기를 잘 들어주고, 뭐라고 해야 될까… 학생들 눈높이에 맞추고 많이 이해해 주는 교사가 돼야 한다고 생각했어요. 막상 나와 보니까 그게 아주 어렵고 엄청나게 힘든 일이라는 걸 알았지만, 그때는 무조건 얘기를 다 들어주고 학생들 편에 서 주고, 재미있는 수업, 활동적인 수업을 해야 되지 않을까 생각을 했죠.(1차 면담)

그는 지금도 학생들과 눈높이를 맞추고 이야기를 잘 들어주는 교사, 학생들이 재미있어 하는 수업을 하는 교사가 되고 싶다고 했다. 그러나 지금은 자신이 옳다고 생각하는 점을 학생들에게 강요하고 있다고 생각한다.

> 학생들 말에 귀를 잘 기울이기보다는 내가 중요하다고 생각하거나 '너희한테 도움이 되는 거야'라는 어른들의 입장 있잖아요, 자꾸 그런 입장이 되고… 사실 학생들도 다 나름대로 자기들 길을 찾아가고 있는 건데 성급하게 먼저 답을 내려주고, 이렇게 해야 된다고 강

요히는 그런 교사가 되더라고요. 며칠 전에 어떤 학생이 "이거 하는 게 좋은 건 알겠는데, 저는 안 하고 싶어요. 선택권을 주세요." 이런 얘기를 하는 거예요. 그런 얘기를 들으면 잘되라고 하는 건데 왜 내 마음을 몰라주나 하는 생각이 드는 거예요. 그러면서 내가 학생들의 선택권을 존중하지 않고 있구나, 내가 옳다고 생각하는 걸 강요하고 있구나 하는 생각을 하게 된 거죠.(1차 면담)

이러한 문제의식 때문에 그는 학생들이 교사의 견해나 사회의 지배적 담론에 무조건적으로 순응하기보다는 의구심을 가져보고, 스스로 결론을 내리기를 바란다. 그래서 그는 학생들 스스로 판단할 기회를 좀 더 주고자 학생들이 활동에 많이 참여하는 수업을 하려고 한다. 이는 임용 첫해 때 수업 경험에 대한 반성에서 비롯했다.

초임 때는 제가 말을 많이 했어요. 그리고 아주 어려운 학습지, 지금 봤을 때는 너무한 거 아닌가 싶을 정도로 많은 내용이 담겨 있는 학습지로 진도를 다 나갔죠. 지금 그런 학습지를 주면 학생들이 〈세계사〉를 다 손놓을 거예요. 그 정도로 대학 때 임용시험 준비를 하면서 얻은 지식을 학생들한테 다 쏟아내려고 했던 것 같아요.(1차 면담)

그는 임용 첫해에는 '새로운 수업'을 시도하고자 교과서대로 수업을 하면 안 될 것 같다는 생각과 학생들에게 교과서 내용 이상을 가르쳐 주고 싶다는 생각에서 학습지를 만들어 사용했지만,

시간이 갈수록 학습지를 활용하는 목적이 달라졌다. 학생들에게 나눠주는 낱장의 추가 자료들이 버려지지 않게 하고, 학생들이 필기하는 시간을 줄여 교과서 내용 가운데 교사가 중요하다고 생각하는 점들 위주로 수업을 하기 위해 학습지를 만들게 되었다.

> 노트 필기처럼 뭔가를 써야지 용어가 익숙해지는데, 처음부터 끝까지 노트 필기를 하게 하면 시간이 많이 걸리잖아요. 그러다 보니까 제가 요약해서 주게 되고… 교과서에 없는 색다른 지문이나 책의 일부를 복사해서 자료로 나눠 주면 좋긴 한데, 그럴 경우에는 너무나 많이 버려져서… 제가 아예 특정 부분만 따 와서 학습지에 넣다 보니까 학습지가 필요하겠다는 생각이 든 거죠. 그리고 처음에는 뭔가 교과서대로 하면 안 될 것 같다는 강박관념 같은 게 있었어요. 역사에는 뭔가 이거보다 더 많은 게 있을 텐데 하고… 초임 때는 더 많이 알려줘야겠다는 욕심이 있었던 거죠. 자세하게 가르치려고 하다 보니까 학습지로 수업을 하는 게 점점 당연하게 됐던 거죠. 그리고 제가 교과서에서 중요하다고 생각하는 부분이나 더 가르쳐야 된다고 생각하는 부분이 있고, 안 해도 된다고 생각하는 부분이 있다 보니까, 어쨌든 제 방식대로 수업을 하려다 보니까 학습지를 만들게 된 것 같아요. 교과서대로 안 가고, 내용은 교과서면서 취사선택 같은 거죠. (2차 면담)

이러한 이유로 교사 A의 학습지는 점점 쉽고 소략해졌다. 특히 학생들이 자신의 역사수업을 어려워한다는 점을 체감한 뒤, 학생들이 어려워할 거라고 예상되는 내용을 생략해 왔다. 교사 A는 학생들이 수업을 어렵게 느끼지 않게 하는 것을 중요하게 여겨 왔음에도, 학습지를 제작할 때에는 가르칠 내용의 쉽고 어려운 정도보다는 교사 자신이 중요하다고 생각하는 점들을 우선적으로 고려해 왔다. 예를 들어 교사 A가 중요하다고 생각하는 '중요한 인물', '중요한 용어', '역사적 용어' 등은 학습지를 통해 교과서를 요약하거나 빈칸을 채우는 방식으로 반영된다. 그 밖에는 역사적 사건의 배경을 교과서에서 찾아 쓰게 하거나, 교과서에는 없지만 교사가 생각할 때 교과서에 나오는 역사적 의의 외에도 더 알았으면 하는 의의들을 다른 책이나 다른 역사교사들이 만든 수업 자료에서 가져와 학습지에 반영했다.

> 옛날에는 제도 같은 걸 세세하게 많이 가르쳤던 것 같아요. 그런데 지금은 역사적 용어가 너무 많다 보니 학생들이 다 이해도 못하고 제가 다 이해시키기도 역부족이고 해서 제도사는 최소화해서 다루려고 하거든요. 물론 시험 문제에 많이 나오는 지정은제나 일조편법 같은 건 얘기를 하지만, 예를 들면 명대 황제 독재 체제 같은 것들은 간략하게만 다루고, 서유럽도 봉건제 같은 경우는 설명을 깊게 안 하고 넘어가려고 하거든요. [⋯] 학생들이 다 이해를 못하는 것 같기도 하고. [⋯] 그거보다 저는 어느 나라 다음에 어느 나라가 나오는지 정도만 알아도 정말 훌륭하다, 시대 흐름이나 최소한 어느 시기에 어느 나라가 같이 있었다, 이걸 이해하는 게 더 필요하지 않을까 해서 [⋯] 교과서에 나오는 인물들도 전부 다 가르치려고 하지 않고⋯ 학생들은 많다고 생각할지 모르지만 저는 살짝 언급만 하고 넘어가는⋯ (2차 면담)

이에 따르면 교사 A는 가르칠 내용을 선정할 때 지역 세계마다 있었던 국가들을 연대기 순으로 기억하는 것을 중요하게 생각하고, 제도와 행정에 관한 내용은 소략하게 다루고자 했다. 인물의 경우에도 교과서에 언급되는 많은 인물 가운데 극히 일부만 다루었다. 그럼에도 이와 같은 학습지를 활용한 수업을 학생들이 어려워한다는 점은 달라지지 않았다. 그래서 교사 A는 학생들의 〈세계사〉 학습 의욕이 낮거나 〈세계사〉를 어려워하는 것을 보며, 학습지를 만들 때 새로운 자료를 추가하거나 많이 가르치기보다는 가르치는 내용을 더 줄여야 한다고 생각하고 있었다.

> 저는 수업을 하면 꼭 학습지를 가지고 했고, 교과서에 있는 것만 알아도 충분한 면이 있기 때문에 교과서 보고 찾아 쓰게 하고 읽기자료를 나눠 주는데, 그 수준이 상위권 학생들에게 맞춰져 있는 게 아닌가 하는 생각이 들기도 해요. 정말 쉬운 문장부터 읽게 해야 하는데 그게 안 되다 보니까 되는 학생들만 하고 안 되는 학생들은 관심 없이 앉아 있고…(1차 면담)

교사 A는 자신이 가르칠 내용을 더 줄이는 다른 이유로 수업을 준비할 시간이 부족하다는 점을 들었다. 고등학교 〈세계사〉를 오랜만에 가르치게 되어 수업 준비를 더 많이 해야 하는데 주당 수업 시수가 너무 많고 담임 업무가 과중해 가르칠 내용을 줄이게 됐다는 것이다.

> 〈세계사〉 20시간 수업을 나 혼자 다 하겠다고 고집을 부렸는데 주

당 20시간 수업을 하면서 담임에 동아리까지 하는 건 무리였던 것 같아요. 〈세계사〉 수업을 오랜만에 하다 보니까 하루 벌어서 하루 먹고사는 식의 하루살이 패턴이 나타나기 시작하면서 큰 안목에서 보는 게 되게 어려워지더라고요. […] 작년엔 15시간이었는데 올해는 20시간이 되니까. 금요일에는 1교시부터 6교시까지 수업을 하고 동아리까지 하면 앉아서 뭔가를 하기가 벅차더라고요. 학습지도 수업 한두 시간 전에 만들어서 들어가고, 수행평가니 뭐니 하면서 학생들한테 시간을 주다 보니까… 이번 주차에는 뭘 하고 이 단원은 뺀다든가 하는 걸 처음부터 좀 더 구체적으로 계획을 세우고 실천을 했어야 하는데 그게 안 되다 보니까 제 계획대로 잘 안 되고.(2차 면담)

사실 교사 A의 주당 수업 시수가 지난해보다 5시간이나 많아진 것은 혼자서 한 학년을 다 가르치려고 했기 때문이다. 그가 그런 선택을 한 것은 다른 역사교사와 학급을 나눠서 가르칠 때보다 가르칠 내용의 선정이나 평가에서 좀 더 자율성을 가질 수 있기 때문이었다. 또한 20시간을 자신이 모두 맡지 않았다면 다른 역사교사가 두 학년의 두 과목을 동시에 가르쳐야 하는데, 그렇게 되면 그 교사의 수업 준비 부담이 두 배로 늘어나기 때문이기도 했다. 그래서 결국 교사 A는 주당 20시간 수업을 선택하게 되었는데, 정작 수업 시수가 너무 많아 수업을 준비할 시간이 부족해져서 가르칠 내용도 줄이고 있다는 것이다.

초임 때는 두 과목을 동시에 가르쳐야 해서 수업 준비가 힘들었다면, 지금은 담임 업무를 좀 더 중요하게 생각하여 관련 업무를 더 열의 있게 하고 있고, 이 때문에 한 과목을 가르치더라도 일과 시간 내에 수업 준비까지 하는 것은 거의 불가능하다고 판단하고 있다. 담임 업무는 그가 교직에 나오기 전에는 미처 생각하지 못했던 문제로, 그는 담임으로서 학생지도에서 여러 우여곡절을 겪다 보면 심리적으로도 힘들지만 관련 업무까지 많아서 퇴근 이후나 주말에도 바쁘다고 했다.

> 한 달에 한 번씩 통계를 내요. 출결 통계는 당연히 내는 거고, 담임 선생님들은 에듀팟이라는 창의적 체험활동 기록 시스템에 학생들이 올린 거를 승인해 줘야 하고, 아침에 한문 쓰기와 더불어서 낭독해서 책 읽기를 하고 있는데, 그걸 생활기록부에 기록해 놨다가 독서활동과 봉사활동 입력한 걸 정리해서 부모님들한테 문자 메시지를 보내요. 예를 들면, 김○○ 학생은 5월에 개근을 했고 봉사활동 실적은 몇 시간이고, 이런 식의 학부모 대상 알림 활동이나, 아까 말씀드린 에듀팟 승인이라든가, 그런 자잘한 담임 업무들이 의외로 많아요. 다른 선생님들이 요청하는 것도 있고 야간자율학습 신청자부터 해서 장학금 등 그때그때 닥치는 일들이 많아서요. 부모님께서는 항상, 네가 능력이 없어서 주말에 일을 하는 거다, (웃음) 원래 일은 업무 시간 내에 다 끝내야 되는 거라고 하시지만, 그런 자잘한 업무들을 하느라고 시간을 많이 보내죠. (2차 면담)

교사 A는 담임 업무가 과중해서 수업 준비에 더 많은 노력을 기울이지 못하는 점을 안타깝게 여긴다. 학습지가 교사 본인이 가르칠 내용을 선정한 결과물이자 학생들을 고려하여 쉽고 소략하게 만든 수업 자료이지만, 학생들은 학습지를 여전히 어려워하고 수업에 집중하지 못하는 실정이었다. 이와 같은 상황이 반복되고 있음에도 교사 A가 수업이 잘되고 있다고 느끼는 때는, 학생들이 교사의 말에 집중하거나, 교사의 설명을 알아듣는 듯한 반응을 보일 때라고 했다.

> 학생들이 집중해서 보고 있는 표정이 나오잖아요, 눈으로 교사를 바라보고 뭔가 열심히 쓰거나 […] 고개를 끄덕끄덕하는 걸 보면 알아들은 것 같고, 그러면 잘됐다는 생각이 들죠. […] 제가 생각한 것과 근접한 답을 말하는 학생들을 보면 학습지에 이걸 쓴 의도를 파악했나 보다 하는 생각이 들면서 다른 학생들한테도 알아들었다는 표정이 나타나면 수업이 잘됐다는 생각이 드는데… 옆사람이랑 떠들거나, 제가 설명을 하고 있는데 계속 질문하는 경우, "선생님, 아까 빈칸이 뭐라고요?" 저는 Ⓒ를 설명하고 있는데, "선생님, Ⓐ가 뭐예요?" 5분 전에 Ⓐ를 설명했는데 그걸 지금 물어보고, 그런 학생들이 여러 명이면, […] 기운이 빠지고 수업이 잘 안 됐다는 생각이 드는 거죠.(2차 면담)

이러한 이유들로 인해, 교사 A는 〈세계사〉가 가르칠 내용이 너무 많아서 자신이 중요하다고 생각하는 점을 중심으로 간략하게 가르치려고 하고 있었다. 그나마도 수업을 준비할 시간은 너무 부족하고 학생들은 여전히 〈세계사〉 수업에 집중하지 못하거나 어려워한다는 점 때문에 그는 앞으로 학생들이 수업 시간에 직접 연구하고 그 결과물을 발표하게 하는 방향으로 수업 방식을 바꾸려고 한다.

> 주제 발표 같은 걸 결국 학기 끝에 몰아서 하게 되다 보니 제가 원하는 만큼 발표가 안 나왔어요. 그래서 주제 발표를 수업 시간 중에 연구할 시간을 주고 […] 인터넷에서 대충 긁지 말고, 책을 보고 요약하게 해서, 이건 정말 내가 수업 시간에 연구한 거라는 의미로 발표를 하게 하고 […] 쉬운 거라도 좋으니 스스로 정리해 보는 시간을 학생들에게 줘야겠다, 뭔가 할 시간을 주고 수업 시간 중에 결과물을 만들어 낼 수 있도록 더 해야겠구나 하는 생각이 들었어요.(2차 면담)

이렇게 생각이 바뀐 이유는 그가 '잘된 수업'으로 기억하는 수업 경험을 지속하려는 것과도 연관이 있다. 학생들이 역사수업에서 배우려고 노력하고 집중하여 스스로 의미를 만들어 가는 수업을 '잘된 수업'으로 생각하며, 이를 반영하여 수업 방법에 변화를 주고자 한다.

> 조선시대 풍속화를 한 장씩 주고 모둠별로 이것의 스토리를 만들어 보라고 했더니 학생들이 정말 좋아하더라구요. 수업 시간이 끝났는데도 발표하고 싶어하고… 그때 정말 많이 느꼈던 게, 학생들한테 뭔가 시켜 보고 많은 의미를 찾지는 못하더라도 이런 걸 해보는 게 좋겠다는 생각이 들었죠. 그리고 시간 순서대로 왕조를 외우는 것도 중요하고 역사에서 어떤 의미를 찾는 것도 중요하지만, 학생들이 수업 시간에 몸으로 표현해 본다든가 자기 머리를 굴려서 시나

리오를 써 본다든가 하는 게 훨씬 의미 있는 경험이 아닐까 하는 생각을 했어요.(1차 면담)

그가 이처럼 수업 방법을 바꿔 보려는 데에는 현재 재직 중인 학교가 교과교실제와 블록타임제를 시행한다는 점도 영향을 끼쳤다. 교과교실제와 블록타임제가 학생들이 주제 탐구나 발표 수업을 하기에 유리한 환경이라고 판단한 것이다. 즉, 교과교실이 있으면 학생들은 역사수업에 유익한 참고 도서를 수업 시간 중에 바로 활용할 수 있고, 교사는 운반하기 불편한 수행평가 자료를 지속적으로 활용할 수 있으며, 모둠 수업을 위한 책상 배치를 원래대로 바꾸지 않아도 되므로 여러 가지 불편함을 줄일 수 있다고 보았다.

일반 교실에서 수업을 하면 제가 원하는 만큼 자료를 들고 갈 수가 없어요. 예를 들면, 수행평가 하나를 하려고 해도 필요한 자료나 과제물을 제가 다 들고 교실로 가야 되는데, 그런 것도 고역이죠. 그래서 수행평가를 하는 데 교과교실이냐 일반 교실이냐 하는 점도 중요한 것 같아요. […] 제가 만약 여러 반을 대상으로 모둠 수업을 연속으로 하고 싶다고 하면, 교과교실에서는 책상 배치를 바꿔 둔 상태로 학생들만 왔다 갔다 하면 되니까, 그런 것도 교과교실이 있어서 편한 것 같아요.(1차 면담)

또한 블록타임제는 학생들이 발표 준비를 하는 시간과 발표하는 시간을 연달아 배치할 수 있어 효과적이라고 했다. 간단한 연극수업을 하는 경우에도 1교시에는 대본을 준비하고 2교시에는 발표를 하는 식으로 이어서 할 수 있어서 수업의 맥이 끊어지지 않아 도움이 된다고 했다. 우리나라의 대다수 중등학교 수업은 중학교 45분, 고등학교 50분이라는 제한 속에서 진행되는데, 블록타임제는 45-50분 내에는 할 수 없던 수업 방법을 가능하게 해주는 요인이 될 수 있다는 것이다.

지금까지 교사 A의 수업 경험과 환경을 살펴보았다. 교사 A는 교과서 내용을 모두 가르치기에는 수업할 내용이 너무 많다고 보고, 학습지를 통해 가르칠 내용을 한정해 왔다. 가르칠 내용을 줄여도 학생들이 역사수업을 어려워한다고 판단되자 가르칠 내용을 특정 인물이나 역사 용어, 시대와 국가 순서를 알게 하는 데 초점을 맞추고 수업을 해 왔다. 그러나 이러한 수업조차 준비할 시간이 부족한 교사 A는 학생들이 스스로 주제를 탐구하고 이해한 내용을 발표하는 수업으로 전환하는 것을 모색하고 있다. 이러한 변화에는 교사 A가 '잘된 수업'으로 기억하는 경험도 영향을 미쳤고, 그가 재직 중인 학교가 교과교실제와 블록타임제를 시행하고 있어 교사 A가 해 보려는 방식의 수업에 유리한 환경이라는 점도 영향을 끼쳤다.

그러나 과연 가르칠 내용이 줄어들면 학생들은 역사수업이 쉽다고 느낄 것인가 하는 문제는 여전히 남는다. 또한 교사가 수업을 준비할 시간이 부족하다고 느껴서 가르칠 내용을 줄일 때, 취사선택의 기준은 무엇이 되는가의 문제도 돌아볼 여지가 있다. 마지막으로 학습지 중심의 수업, 발표 중심의 수업이라는 방법을 가르칠 내용에 해당하는 역사적 사실과 무관하게 지속할 수 있는

가의 문제도 남아 있다.

2) 교사 B

교사 B(여, 34세)는 정규 교원으로서는 교직 경력 10년 차로, 현재 근무 중인 학교가 시간 강사 경험을 포함해 네 번째 근무 학교다. 그는 현재 경기 동부 지역의 남녀공학인 공립 일반계 고등학교에서 3학년 학급의 담임을 맡고 있고, 4개 학급에서 〈한국 근현대사〉를 가르치고 있다.

그는 어릴 때부터 역사에 대한 흥미가 많아서 한때 사학과에 진학하고 싶었지만 대학 입시 직전 이른바 IMF 경제 위기에 맞닥뜨려 직업적 안정성이 강한 교직을 희망하게 되었다. 중등교원 임용시험을 준비하며 시간 강사를 했고, 교사 A와 마찬가지로 공통사회과 교사를 역사교사보다 더 많이 선발하는 시기에 역사과로 응시하여 두 번째 응시한 시험에서 합격했다.

교사 B는 자신이 역사교사가 된 데에는 "교사보다는 역사에 방점이 더 찍혀 있었"고, "정말 역사를 잘 가르치고 싶은 마음이 컸다."라고 했다. 이런 생각을 갖게 된 여러 계기 중 하나로 고등학교 시절 역사수업을 들으면서 "이렇게 재미있는 내용을 왜 저렇게 재미없게 가르치실까?" 생각했을 때를 꼽았다. 당시 교사 B를 가르친 역사교사는 교과서를 읽듯이 수업하고 교과서에 밑줄 칠 부분을 알려주는 식의 수업을 했다. 이 때문에 역사를 잘 모르지만 잘만 배우면 재미있어 할 것 같은 친구들이 수업 시간에 지루한 표정으로 앉아 있는 것을 보는 것은 교사 B에게 상당히 힘든 경험이었다.

교사 B는 시간 강사가 되고 나니 가르치는 일이 상당히 많은 것을 알아야 할 수 있는 일이라는 점과, 쉽고 재미있게 가르치려 할수록 더 많은 걸 알아야 한다는 점을 깨달았다. 그는 정규 교원이 되던 첫해에는 담임을 맡지 않았고 당시 학교는 초임 교사에게는 어렵지 않은 행정 업무를 맡겨서 주 20시간 수업을 하면서도 여러 가지 방법을 시도하며 수업을 할 수 있었다. 2년 차 교사가 되었을 때에는 여러 수업 방법을 경험하며 "모둠 수업 할 건 모둠 수업으로 하고, 강의식으로 할 건 강의식으로" 할 수 있게 되었다. 덕분에 담임 업무에 집중할 여력이 생겼지만, 담임으로서 생활 지도를 하는 것은 매우 힘든 일이었으며 특히 집단 괴롭힘과 같은 문제를 해결하는 일 등이 매우 곤혹스러운 경험이었다고 회고했다. 그럼에도 교사 B는 정규 교원으로 근무한 첫 학교에서는 다양한 방법으로 수업을 할 수 있어서 만족스러운 수업을 했다고 평가했다.

> 강화도 조약을 공정한 조약으로 만들어 보기라든가, 또 동학농민운동에서 다양한 인물의 역할을 담당한다면 역할극까지는 못 하더라도 가상 일기를 쓴 다음에 가장 잘된 것을 골라서 조원들이 그 일기를 풍부하게 만들어 보는 것도 좋았고… 그 다음에 근대 문물 수용을 가지고 그림일기 그리기를 해봤는데, 근대 문물에 관련된 그림일기를 그려야 되니까 당시 상황을 생각해 보게 되고, 박정희 경제개발을 어떻게 볼 것인가에 관한 토론 수업도 해봤었는데, […] 토

론 자체가 잘됐다기보다는 토론을 하기 위해서 학생들이 각자 조사해 오고 이런 것들이 좋았어요. 그 다음에, 광주민주화운동 관련해서 5·18 당시에는 제대로 된 기사가 한 줄도 실리지 못했는데, 우리가 제대로 된 호외 신문을 만들어 보자, […] 그것도 학생들이 되게 잘 만들었고.(1차 면담)

이러한 경험을 토대로 교사 B는 학생들이 역사수업에 직접 참여하는 활동을 통해 스스로 역사에 관한 이미지를 형성해 가는 수업을 '잘된 수업'이라고 보았다. 그런 생각을 하게 된 이유에 대해서 교사 B는 다음과 같이 답했다.

강의식 수업을 해보면 학생들이 수동적이거든요. 그냥 제 얘기를 듣고 있어요. 그러다 보니까, 들을 때는 알더라도 돌아서면 잊어버리는데 […] 신문이나 역할극을 만들고, 대본을 쓰는 과정에서 연구할 수밖에 없거든요. 왜냐면 자기가 이걸 다른 학생들한테 전달해야 되니까 찾아보게 되는 거죠. 지금도 졸업한 학생들이 가끔 그 얘길 하거든요. 그때 찾아본 건 지금도 안 잊혀진다고. 어느 선생님이 '다 가르치려고 들지 마라, 감동적인 어떤 순간을 제대로 가르쳐서 학생들이 그 역사에 대해서 인상을 가지는 것이 매우 중요하다'라는 말씀을 하셨는데, 그런 순간들인 것 같아요.(1차 면담)

그러나 이러한 수업을 시도하는 것이 어려운 상황에 처하게 되었다. 근무 학교를 옮기면서 가르치는 과목의 학급당 수업 시수가 줄어들자 수업 방법에 제약이 생긴 것이다.

[정규 교원으로 근무한] 두 번째 학교에서는 시수가 주당 3시간으로 줄었어요. 사탐 시간을 줄이고 국영수 시간이 늘어나다 보니까, 그 전에는 주중에 사흘은 진도를 나가고 하루 정도는 모둠 수업을 할 수 있는 여유가 있었거든요. 거기는 〈한국 근현대사〉가 계속 3시간이었어요. 국사는 2시간. 그래서 그런 활동을 못한 게 아쉬웠어요. 그리고 이 학교[현재 근무학교] 와서는 고3을 맡다 보니까 4시간이어도 다른 걸 못하는 거 같아요. (1차 면담)

이러한 제약에도 불구하고, 교사 B는 교사가 잘 알아야 잘 가르칠 수 있다는 점을 가장 중요하게 생각한다. 그래서 "잘 모르는 내용을 강의식으로 가르칠 때"를 '안된 수업' 경험으로 꼽았다. 이러한 어려움에 직면했을 때 그에게 "빛과 소금"이 된 것은 대학 시절 공부했던 개설서들이었고, 잘 모르는 내용을 알고자 노력하는 것은 같은 과목이어도 새로운 교과서로 가르쳐야 할 때마다 반복되는 일이었다.

계속 새로운 교과서로 가르쳤던 것 같아요. 2002년에는 그해 처음 나왔던 국사 교과서로 가르쳤고, 2003년에는 그때 처음 나왔던 근현대사 교과서로 가르쳤고, 2005년에 다시 국사로 돌아왔을 때 근현대사가 다시 들어온 거예요, 국사에. 준비가 덜 되어 있는 사람이 계속 새로운 교과서로 가르쳐야 되는 상황에 직면했던 거죠.

잘 모르는 내용을 강의식으로 가르칠 때가 힘들었던 것 같아요. […] 저는 나름대로 대학 때 공부를 열심히 했다고 생각했는데, 일제강점기 독립운동에서 무장 투쟁은 정말 저도 모르는 내용이었어요. […] 조선의용대가 얼마나 파란만상하게 살았는지, 그 삶은 모른 채 교과서에 나오는 내용을 가르쳐야 되니까 너무 힘들었어요. 저는 텍스트를 줄줄 읽는 수업 방식을 별로 좋아하지 않고, 실제로 어떤 일이 있었는지 일어난 상황을 드라마나 사극처럼, 아, 저런 얘기구나, 이렇게 느껴지게 하는 걸 중요시 여기는데, 저 스스로가 텍스트를 줄줄 읽고 있으니 참 힘들었죠. 저 자신이 독립운동사를 정말 너무 모른다는 생각을 했던 것 같아요. 내가 알고 있는 독립운동은 반쪽짜리고 윤봉길, 유관순, 김구가 내가 알고 있는 독립운동가의 전부라는 사실. […] 현대사를 자세하게 가르치다 보니까 현대사는 가까운 역사여서 나름 되게 잘 안다고 자신 있게 수업에 들어갔는데, '잠깐만, 이게 진짜 어떤 사건이지?' 하고 당황했던 때도 있었거든요. 그래서 공부가 많이 부족하다는 걸 느꼈고… (1차 면담)

교사 B에게 새로운 과목을 가르치거나 교과서가 바뀌는 것은 부담스러운 일이었다. 그가 꾸준히 가르쳐 온 과목은 고등학교 〈한국 근현대사〉인데, 2011년에는 고등학교 〈한국사〉를 처음으로 가르쳐야 했고, 동시에 〈한국 근현대사〉 교과서도 개정되어 수업 준비에 어려움을 겪었다. 두 과목 모두 학습지를 새로 만들어야 했고, 수업이 적은 요일에 일주일치 학습지를 미리 만들어야 했다. 게다가 2011년 〈한국사〉 수업은 집중이수제[2]로 운영되어 〈한

2 집중이수제는 특정 과목의 수업을 특정 학기나 학년에 집중적으로 학습하여 학기당 배우는 과목의 수나 수업 부담을 줄이자는 취지에서 마련된 제도다. 2009년 1월 시행 계획 발표 당시, 초·중학교는 10개인 국민공통 기본 교과군(국어, 도덕, 사회, 수학, 과학, 실과, 외국어, 체육, 음악, 미술) 가운데 일부를 통합해 7개(국어,

국사〉만 일주일에 6시간씩 수업을 했다. 두 학기 동안 가르칠 내용을 한 학기에 몰아서 가르치게 된 것인데, 심지어 학생들이 하루에 2시간이나 〈한국사〉 수업을 듣게 되는 경우도 있었다.

집중이수제는 교사 B가 가르칠 내용 가운데 상당 부분을 포기하게 하는 요인이 되었다.[3] 교사 B의 경우, 〈한국사〉 과목을 집중이수제로 가르쳤는데, 한 학기 동안 〈한국사〉 교과서 한 권 전체를 수업하려고 하니 중간고사 범위는 구석기부터 일제강점기 일부까지, 기말고사 범위는 일제강점기 일부부터 현대사까지 다뤄야 하는 상황이 되었다. 집중이수제로 인한 기계적이고 산술적인 수업 시수 편제는 역사수업의 내용과 방법에 제약을 가져왔다.

사회·도덕, 수학, 과학·실과, 외국어, 체육, 예술)로 줄였고, 고등학교는 인문사회(국어, 도덕, 사회), 과학기술(수학, 과학, 기술가정), 예체능(체육, 음악, 미술), 외국어(영어, 제2외국어), 교양(한문, 교양) 등 5개 영역에서 기초(국어, 영어, 수학), 탐구(사회, 과학), 예체능(체육, 예술), 생활교양(기술가정, 제2외국어, 한문, 교양) 등 4개 영역으로 재편하였다(이미숙 외, 「교과 집중이수제 실천 방안 탐색을 위한 포럼」, 연구자료 ORM 2009-44, 한국교육과정평가원, 2009 참조). 그러나 집중이수제가 학습 부담을 경감시키지 못하고 수업의 비효율성을 낳는다는 비판도 제기되어 찬반 논란이 여전히 존재한다. 2013년 12월 교육부가 「초·중등학교 교육과정 총론」을 확정 발표하면서 고등학교 〈한국사〉는 집중이수제에서 제외하기로 하였다.

3 고등학교 〈한국사〉의 경우, 2013년 7월에 집중이수제 과목에서 제외되었지만 중학교 〈역사〉는 여전히 집중이수제 대상 과목이다. 2013년 9월 27일 한국교육과정평가원이 주최한 '중학교 교과 집중이수 개선 방안 탐색을 위한 세미나'에서 공개된 설문조사에 따르면, "집중이수제가 학습의 질을 높였나?"라는 질문에 78.2%가 "그렇지 않다."고 응답했다. 또 응답자의 82.4%는 "집중이수제가 당초 기대대로 학생들의 학습 부담을 경감시키지 못했다."라는 반응을 보였다. 중학교 〈역사〉 과목의 경우에도 "집중이수제가 효과가 없었다."라는 응답이 88.4%나 되었다(한국교육과정평가원, 「중학교 교과 집중이수 개선방안 탐색을 위한 세미나」, 연구자료 ORM 2013-62, 한국교육과정평가원, 2013).

〈한국사〉를 1년 동안 집중이수제로 수입하는 게 큰 문제였어요. 한 학기 동안 주당 6시간을 가르쳐야 하는데, 교과서 내용은 구석기에서 시작해서 2002년 대선으로 끝나요. […] 한 학기에 이 교과서를 다 가르쳐야 되니까 다른 때 같았으면 중간, 기말, 중간, 기말 네 번에 나눠서 시험 볼 것을 집중이수제 때문에 한 학기 동안 두 번밖에 안 봤어요. 시험 범위가 문제였어요. 시험 범위를 넓게 해서 중학교 수준으로 쉽게 내든가, 아니면 일부 내용을 시험 범위로 삼고 심화 학습을 해서 고등학교 수준의 문제를 내든가 해야 했죠. […] 집중이수제는 주당 시수를 6시간으로 늘려서 시험 범위를 두 배로 만들었어요. 그러니까 학생들의 학습 부담은 줄어들지 않은 거죠.(1차 면담)

게다가 고등학교 3학년을 가르치면서는 수업이 거의 강의식으로 고정되었다. "고3이기 때문에 진도를 빨리 마쳐 줘야" 대학수학능력시험 대비를 위한 복습에 도움이 되기 때문이다. 진도상 "급하다는 생각이 들면" 아무래도 교사가 정리해서 설명하고 넘어가는 것이 제일 빠르다고 했다. 이는 역사교과서 단원 순서에 따라 출제되는 대학수학능력시험 대비용 모의고사의 출제 범위를 고려해 수업 계획을 세울 수밖에 없기 때문이다.

우리나라는 워낙 교육과정 […] 목차에 따라서 시험 문제가 출제되고 목차가 정해져 있다 보니까, 교과서 종류가 많은 상황에서 수능 모의고사에서 피해를 입지 않을 정도의 진도를 나가려면 어쩔 수 없이 교과서 목차가 가장 큰 기준이 되죠.(2차 면담)

심지어 출제 빈도가 낮은 단원의 경우에는 수행평가로 돌리거나 시험에 아예 출제하지 않기도 했다.

> 시험에 나오기 때문에 가르치기 싫다고 안 가르칠 수도 없고… 특히 고등학교에서는 숙명 같은 거거든요. 수능 응시 과목이면 무조건 다 가르쳐야 돼요. 그럴 경우에는 출제 빈도가 좀 낮은 부분들은 선생님들끼리 합의해서 수행평가로 돌린다든가 해요. 작년에는 저도 처음 그래봤어요, 시험 범위에서 아예 빼기도 했죠.(2차 면담)

위에 언급한 사례처럼 다른 역사교사와 한 학년을 같이 가르칠 때에는 시험 문제를 출제하거나 채점할 때 어려움도 생긴다.

> 저는 수업 때 신간회 강령을 자세히 가르치는데 다른 선생님은 신간회 강령보다 활동을 더 강조하셨던 거예요. 그런데 그분이 시험 문제를 출제하면서 신간회 활동에 대해 자세히 내셔서 많이 당황했죠. […] 서술형 채점 때 이건 맞게 해 주자, 이건 안 된다, 난 수업 때 이런 얘기도 했다, 이건 엄격하게 보면 틀린 거 아니냐 하면서 옥신각신했어요.(2차 면담)

이는 2명의 역사교사가 같은 역사교과서를 가지고 수업을 하더라도 각자 강조하는 내용이 다를 수 있다는 점을 보여 준다. 각자가 설명한 역사적 사실과 강조점이 달랐기 때문이다.

그럼에도 교사 B는 이러한 실질적 제약을 제쳐두고 다양한 수업 방법에 관한 아이디어를 얻고자 한다면 얼마든지 구할 수 있다고 했다. 단지 자신의 수업 방식에 맞게 "녹여내는 게 어려운 것"이라고 했다. 수업 방법에 관한 아이디어가 없어서가 아니라 "그 좋은 아이디어를 수업에서 이 학생들과 같이 어떻게 할 것인가"가 문제라는 것이다.

이러한 고민으로 인해 교사 B는 1차 면담 때는 학생들이 활동에 참여하여 역사의 이미지를 스스로 형성하는 수업이 '잘된 수업'이라고 했지만, 2차 면담 때는 교사가 강조하는 역사수업의 주제의식을 분명히 제시하는 수업이 의미 있다고 보았다.

> 강의식 수업이든 학생들이 참여하는 수업이든 준비가 된 수업이 좋은 것 같아요. 수업의 주제를 잊지 말아야 한다는 거죠. 학습 목표라는 게, 의례적으로 넘기는데, 되게 중요하다고 생각하거든요. 그리고 그 학습 목표를 학생들이 분명하게 인식하도록 만드는 것이 제일 좋은 수업 방법이라고 생각해요. 예를 들면, 일제강점기 무장투쟁 같은 건 학생들한테 각각 이 사람들에 대해서 조사해서 발표해 보라고 하면 좋을 거예요. 그럴 경우에는 학생들이 방과 후 시간에 준비를 따로 해야 되니까 몇몇 학생들이 떠맡게 되는 문제점이 있거든요.
>
> 제대로 하려면 도서관 같은 데 가서 1시간 정도 시간을 주고 자료를 찾아와서 발표하게 하는 게 제일 좋죠. 그렇게 하면 무장투쟁에 대해서는 알게 되겠지만 시간이 너무 많이 걸리기 때문에 지금 고3 과정은 그렇게 할 수가 없거든요. 그럴 때는 시기별로 1930년대에 한중연합작전이 펼쳐졌다, 왜? 그게 오늘 수업을 관통하는 가장 큰 주제거든요. 그러면 이걸 육하원칙에 따라 정리를 하는 거죠.

1930년대에 한중연합작전이 펼쳐졌다, 누가, 어디서, 어떻게, 왜. 이런 내용들이 수업에서 전달돼야 해요. 차라리 제가 그걸 나름대로 강의식으로 전달하는 게 올바른 방법일 수도 있거든요. 그래서 학생들이 1930년대 한중 무장투쟁이 왜 벌어졌는지, 누가 주도했는지 그리고 그것이 이후 1940년대 2차 세계대전에 어떤 영향을 미쳤는지 이걸 안다면 좋은 수업인 것 같아요.

그런데 제가 이런 부분을 전달하기 위해서 너무 얘기를 많이 늘어놓으면 오히려 주제의식이 흐려지는 거예요. 그런 수업은 같은 강의식이어도 오히려 안 좋은 수업이 되는 거죠.(2차 면담)

또한 '잘된 수업'의 내용을 여러 반에서 수업한다고 똑같이 수업이 잘되는 것은 아니고, 특정 내용의 수업이 잘된 반이 다른 내용의 수업도 잘되는 것은 아니라고 했다. 그 이유에 관해서는 역사수업이 몇 번째 교시인가, 다른 과목들과의 시간표 조합이 어떠한가 등 수업 시간표상의 배치도 영향이 있지만, 무엇보다 교사의 준비 정도가 가장 큰 영향을 끼친다고 보았다.

수업이 잘되는 반은 학생들이 제 말에 귀를 기울이고 리액션이 좋아요. 그러면 저도 피드백을 적극적으로 해 줄 수 있죠. 수업이 잘 안 되는 반은 그게 안 되는 거예요. 리액션이 별로 없는 반은 제가 보충설명을 해야 할지, 다음 내용으로 넘어가야 할지 고민을 하게 되죠.

물론 시간표의 영향도 있지만 저는 교사의 영향이 가장 크다고 생각해요. 역사수업 전에 체육을 했다든가, 담임선생님한테 혼났다든가 해서 수업이 잘 안될 때가 있지만, 그건 아주 가끔이고 평소에 수업이 잘되던 반이 잘 안될 때는 교사의 준비 문제가 큰 것 같아요. 교사가 수업할 내용에 대해서 충분히 정리하고 질문을 좀 더 명확하게 하고 수업 주제를 선명하게 드러내면서 수업하는 게 중요해요. 그래서 결론이 뭐냐, 결국 이랬다는 거다, 그래서 이 부분이 중요한 거야 이렇게… 그렇지 않고 하고 싶은 얘기만 늘어놓다 보면, 학생들도 지금 선생님이 무슨 얘기를 하고 있는 건가 그 흐름을 따라오지 못하게 되거든요. (2차 면담)

지금까지 교사 B의 수업 경험과 환경을 살펴보았다. 그는 역사를 잘 가르치는 교사가 되고 싶었고, 이는 수업 내용에 맞게 다양한 방법을 구사할 수 있는 역사교사를 뜻했다. 학생들이 활동에 참여를 많이 하게 하든, 교사가 강의를 많이 하든, 교사 B는 교사가 가르칠 내용과 방법을 많이, 잘 알고 해당 수업의 학습 목표와 주제의식이 잘 구현되어야 '잘된 수업'이라고 평가했다. 교사 B에게 집중이수제나 대학수학능력시험은 가르칠 내용과 방법 선정에 제약 요인으로 작용했지만, 입시 대비가 중요한 일반계 고등학교 3학년에게는 강의식 수업이 불가피할 뿐 아니라 효율적이라고 보았다.

그러나 교사 B는 고등학교 〈한국 근현대사〉를 거의 10년째 가르치고 있는 경우로, 같은 과목을 오랜 시간 가르친 교사 B가 수업의 내용과 방법을 선정하는 일은, 6년 동안 4개 과목을 가르친 교사 A의 경우와는 사뭇 다를 수 있다는 점을 고려해야 한다. 교사 B도 인정하듯이 새로운 과목을 가르치게 되거나, 새로운 교과서로 가르치는 것은 대다수 교사들에게는 부담스러운 일이며, 교사 B는 가르칠 내용이 매우 익숙하고 그만큼 관성화되어 있는 상태에서 가르칠 방법을 주로 고민해 온 것으로 보인다.

또한 교사 B의 면담에서는 드러나지 않았지만 같은 과목을 여러 해 동안 가르쳤을 때 생기는 문제점이나 어려움도 고려해 볼 필요가 있다. 만약 고등학교에서만 10년 넘게 가르친 교사가 학교급을 달리해 중학교로 옮기게 된다면 단지 새로운 과목이나 교과서를 가르친다는 차원이 아니라 중학생들에 대한 새로운 이해가 필요해진다는 점도 고려해 볼 만한 문제다.

3) 교사 C

교사 C(남, 33세)는 정규 교원으로서는 교직 경력 5년 차로, 정규 교원이 되기 전에는 기간제로 2년간 근무했고, 현재 근무 중인 학교가 세 번째 근무 학교다. 그는 현재 서울 동부 지역의 사립 남자 중학교에서 3학년 학급의 담임을 맡고 있고, 7개 학급에서 〈역사(하)〉를 가르치고 있다.

교사 C가 사범대학에 진학한 것은 부모님의 권유 때문이었는데, 사범대학을 졸업하고 꼭 교사가 되겠다고 생각한 것은 아니었다. 대학에 진학한 후 그는 현재의 "삶과 연결되는 사회 구조"에 관심을 갖게 되면서 근현대사에 주목하게 되었다. 특히 현대 사회의 여러 특징이 서양에서 "강제로 이식"된 부분도 많다는 생각에서 서양 근현대사에 대한 관심이 많았다. 사회 구조에 대한 그의 관심은 언론사에 취업하고 싶다는 생각으로 이어졌다. 그래서 그는 사립학교에서 기간제 교사를 하며 언론사 취업 준비를 병행하기로 했다. 교사 C는 그 시절 자신에게는 교직에 대한 "개념이 없었던 것" 같다며 "진정성도 부족"했고 "오로지 내가 학생들을 어떻게 잘 통제할 수 있을까"와 "문제없이 일을 처리하면서 내가 생각하는 다른 일을 할 수 있을까"를 고민했던 것 같다고 반성적으로 회고했다.

> 지금 생각하면 굉장히 부끄러울 정도로 비교육적인 행동이나 진정성 없는 통제도 많이 했었고 […] 수업도 정말 일방적인 전달, 전달이 안 됐을 경우에는 그 책임이 학생들에게 있는 것인 양 그렇게만 접근하면서 서로에게 힘든 시간들이 많았을 거라고 생각해요. 저는 그 첫해가 잊혀지지 않아서 지금도 많이 부끄러울 때가 있어요. 준비되지 않은 교사의 전형적인 모습이었던 것 같아요.(1차 면담)

당시 교사 C는 "좋은 것을 고민해서 뭔가 실현하려는 노력은 전혀 없었고", 나중에 생각해 보니 "부작용이 많은 것을 비판 없이 그대로 수행했던 것 같다."라고 했다. 기간제 2년 차에 두 번째 학교에서 근무할 때는 교직에 대한 방향성이 형성될 무렵이었는데, 이때 수업에 관한 고민이 많아졌다.

> 담임교사가 아니면 고등학교에서는 행정 업무 외에 수업의 비중이 제일 크거든요. 그래서 수업 부분에서 내용을 채우려고 많이 노력했던 것 같아요. […] 수업 방법에 대한 고민은 없었던 것 같아

요. 아무래도 제가 교직 준비를 제대로 안 했기 때문에 고등학교 역사를 학생들에게 전달하려면 저부터 내용을 장악해야 한다는 생각에서 내용을 완벽하게 이해하고 소화해서 학생들에게 전달하는 데 […] 급급했던 것 같아요. 콘텐츠를 얼마만큼 잘 채울 것인가. 콘텐츠라는 게 시청각 자료, 멀티미디어 자료를 동원하거나, 아니면 이야깃거리를 많이 만들어서 학생들의 흥미를 유발하는 것 외에도 학생들에게 그림을 그려 줄 정도의 내용적인 장악력이 있어야 되잖아요. […] 그래서 내용을 채우는 부분, 콘텐츠를 화려하게 하고 풍부하게 만드는 것까지 가지도 못했구요, 내용적으로 장악하는 거에 급급했던 것 같아요.(1차 면담)

교사 C가 말하는 가르칠 내용에 대한 장악력이란 어떤 시대에 "어떤 것이 주요 사항이고, 그 주요 사항에서 어떤 것이 파생되고, 어떤 인과관계에 의해서 전개되는지를 [교사가] 머릿속에" 그릴 수 있는 능력이다. 그에게 교사가 가르칠 내용에 대한 장악력을 지닌다는 것은 교사에게 필요한 여러 능력 가운데 일부를 갖게 된다는 것을 뜻한다. 왜냐하면 그가 생각할 때 흔히 교사들은 행정, 담임(학생지도), 수업이라는 세 가지 업무를 골고루 잘해야 한다는 압력을 받게 되는데, 세 가지 모두를 잘하려면 결국 여가 시간이나 근무 외 시간에도 수업 준비를 위한 교재 연구 등을 해야 한다고 했다.

학교 일과 내에서는 수업에 대한 고민을 할 여유가 없어요. […] 결국엔 자기 여가 시간이나 근무 외 시간에 교재 연구나 수업 준비를

해야 되는 측면이 있죠.(1차 면담)

교사 C는 교사들이 대체로 수업, 행정, 학생지도를 모두 다 잘할 수 있는 여건이 되지 않는다면서 이러한 환경이 교사들에게 학교생활에 대한 의욕을 떨어뜨린다고 지적하였다.

> 행정 업무라는 게 수십 년 동안 관료적으로 움직여 온 것이기 때문에 […] 학생들을 위해서 어떤 일들을 해 보려고 기획을 한다면 수많은 행정 절차와 수많은 섭외 과정, 기획 과정 이런 게 필요하거든요. […] 또 많은 학생들의 상담, 면담을 담임교사 한 사람이 담당하는데, 지금 상처받은 학생들이 얼마나 많아요. 학생들 면담, 상담을 하고 방과 후 활동을 하려면 추가적인 시간을 들여야 되는 거죠. […] 수업, 행정 업무, 학생들을 위한 새로운 사업이라든지, 학급 학생들 면담이나 상담 같은 네 가지 영역만 하더라도 업무 시간 내에 다 할 수가 없어요. […] 그럼 결국엔 선택을 해야 되는 거예요. 열정을 쏟아서 내 추가 시간, 밤까지 일을 하면서 만들어 볼까? 아니면 결국 지쳐서 '사고만 안 나면 되지' 하고 그냥 잘 굴러가게만, 무탈하게만 할지 선택하게 되는 거죠.(1차 면담)

더 심각한 문제는 적지 않은 교사들이 수업이나 학생지도의 측면에는 관심을 가지지 않은 채, 특히 관리자에 가까울수록 행정 업무를 강조한다는 것이다. 그는 어느 예비 교사가 자신이 행정가가 될 거라는 생각을 하면서 교직을 준비하겠느냐면서, 정작 교사들이 가장 많이 스트레스 받는 것 중 하나가 행정적인 측면이라고 했다.

> 행정에는 또 숱한 이해관계가 들어갈 거고, 거기에서 서로 안 맞는 부분도 있을 거고, 또 그 와중에 권위적인 부분도 들어가 있을 거고, 이해관계가 얽혀서 일이 왜곡될 수도 있고, 원치 않는 일을 해야 되기도 하고. 이런 면이 얽히면서 스트레스 받는 부분이 많이 있거든요. 다른 일을 잘하다가 행정 일 때문에 찍히면 얼마나 스트레스를 받겠어요. 그러면 과연 그 교사가 학생과의 대화에서 자기의 진정성을 담아서 에너지를 충분히 쏟을 수 있을 것인가, 우려되는 부분이 많습니다.(1차 면담)

교사 C는 지금의 교사 양성 체제가 선발고사 위주로 되어 있다 보니 중등교원 임용시험은 "지적인 엘리트"를 선발하는 제도로, 이른바 "모범생과 우등생"을 중심으로 교직이 채워지고 있는 점을 우려한다. "모범생과 우등생" 집단인 교사들 대다수는 "왜 학생들이 내가 말한 대로 하지 않는 거지? 내가 이렇게 설명했는데 왜 이해하지 못하는 거지? 왜 저 학생은 수업 시간에 저렇게 안 들을 수가 있는 거지?"라는 생각을 하게 된다는 것이다.

> 학생들에 대한 이해 자체가 안 되는 거죠. 그러면 어떻게, 학생들 입장에서 공감을 해서 지도하고 학생들의 배움과 성장에 도움이 되겠어요. 저도 큰 범주에서 보면 모범생이고 우등생에 속했으니까, 교사가 되고 다양한 학생들을 만나면서 저를 포함해서 그 부분이 갖는 문제가 있다는 생각을 하게 되고 그걸 위해서 노력을 하는 편입

니다, 개인적으로.(1차 면담)

이러한 업무 환경 속에서 그가 3년째 시도하고 있는 수업 방법은 '쓰기 수업'으로, 좀 더 정확히는 '교과서 요약 쓰기'라고 할 수 있다. 교사 C가 수업 시간마다 몇 개의 핵심 용어와 문제 2개를 제시하면 학생들은 교과서를 읽은 뒤 15-20분 동안 그 물음에 대한 답을 나름대로 요약해서 쓴다. 교사는 수업에서 다루는 내용에 따라 어떤 때에는 학생들이 요약 쓰기를 하기 전에, 어떤 때에는 요약 쓰기를 마친 뒤에 강의를 한다. 그래서 교사의 수업 준비는 주로 문제와 핵심 용어를 선정하는 것과 강의를 통한 부연 설명에서 어떤 내용을 다룰 것인가를 정하는 것이다.

교과서에 있는 내용을 두 문제로 만드는데, 두 문제로 만들기 애매한 경우에는 뺄 건 빼고 묶어서 두 문제로 만드는 작업을 해요. 중학교라 내용상 너무 이해하기 어렵거나 교수학습하기 애매한 건 많지 않은 편인데, 문제를 만들고 제시어를 어떻게 줄 것인가를 고민하고 메모를 해서 수업 지도안을 만드는 작업을 하고… 원래는 그 작업을 골격으로 해서 필요한 멀티미디어 작업이라든가, 콘텐츠를 보완하는 작업도 해야 하는데 그거는 사실 제가 게을러서 못하는 면도 있긴 해요. 어쨌든 콘텐츠를 풍부하게 하기 위한 일화나 예화들, 아니면 거기에도 안 나오는 자세한 얘기들, 뒷이야기들 같은 것을 준비하는 식으로 합니다. 크게는 두 가지 작업이죠. 첫 번째는 그 서술형 수업의 질문을 조직하는 작업이고, 두 번째는 부연 설명하면서 그 내용을 풍부하게 하기 위해서 필요한 콘텐츠를 보충하는

작업, 이런 식으로 수업 준비를 합니다.(2차 면담)

교사 C는 과거 자신의 수업에서 일반적인 강의식 수업, 멀티미디어에 의존하는 수업, 배움의 공동체식 수업,[4] 토론 수업, 모둠 수업 등 다양한 방법을 적용해 봤지만, 결국 '쓰기 수업'을 택한 이유로 두 가지를 꼽았다. 첫 번째는 자기가 스스로 공부해야만 머릿속에 많이 남는다는 것이었다.

학생들이 역사라는 과목을 특별히 집에 가서 보충 수업을 하거나 예습, 복습을 많이 하는 것도 아니고… 물론 관심 있는 일부 학생들은 이것저것 찾아서 책도 읽고 하겠지만… 대부분의 학생들에게 역사적인 서사나 아니면 그 속에 담겨진 가치관을 머릿속에 남기기 위해서는 학생들이 스스로 공부하는 시간이 필요한데 현실적으로 그럴 시간이 참 없거든요. 그래서 그런 시간을 수업 시간에 만들어야겠다는 생각을 했어요. 그러기 위해서는 결국 학생들 스스로 뭔

---

4 배움의 공동체는 일본의 교육학자 사토 마나부(左藤学)가 제기한 교육 철학, 모델, 운동의 총칭이다. 그는 듀이의 실험학교와 프랑스 프레네 교육을 배움의 공동체로 간주하며 학교 개혁의 방안을 수업 개혁과 교실 개혁에 초점을 맞추어 학생과 교사뿐 아니라 학부모와 지역사회 시민들이 참여하여 서로 돕고 함께 배우며 성장하는 교육 공동체 운동을 강조하였다. 국내에는 2000년대에 들어 경희초등학교, 이우학교 등이 이를 수용하여 적용하기 시작하였고 2009년 이른바 진보교육감의 등장으로 제도적으로는 '혁신학교'에 적용되는 모델이 되었다. 이에 관해서는 다음과 같은 사토 마나부의 저서들을 참고할 수 있다. 손우정 옮김, 『교육개혁을 디자인한다』, 공감, 2001; 손우정 외 옮김, 『배움으로부터 도주하는 아이들』, 북코리아, 2003; 손우정 옮김, 『수업이 바뀌면 학교가 바뀐다』, 에듀니티, 2011; 박찬영 옮김, 『아이들을 어떻게 가르칠 것인가』, 살림터, 2011; 손우정 옮김, 『학교의 도전』, 우리교육, 2012; 손우정 옮김, 『교사의 도전』, 우리교육, 2013.

가를 해야 되는데, 본인이 뭔가 하는 것 중에 학습 내용 전체를 훑어볼 수 있는 기회가 이 쓰기 수업이 아니겠는가 하는 생각을 했어요. 그래서 첫 번째는 학생들 스스로 공부한다는 관점에서 출발을 한 거죠.(2차 면담)

'쓰기 수업'을 하게 된 두 번째 이유로는 단순한 괄호 채우기와 달리 스스로 내용을 조직하고 정리해서 하나의 내용이나 문단으로 만들면 학생들 머릿속에 정리가 잘될 거라는 확신이 있어서라고 했다.

작문이 아니라 요약이면서 정리잖아요. 요약이나 정리의 메커니즘을 교과서를 통해서 스스로 터득하는 거죠. 이건 역사학습에서도 도움이 되겠지만, 한편으로는 내용을 정리해서 문장 형태로 요약하는 능력은 교과를 떠나서 학생들에게 꼭 필요한 능력이라고 생각합니다. 그래서 이 부분이 어렸을 때부터 학생들에게 훈련이 되어야 하지 않을까 하는 생각에서 시작하게 됐습니다.(2차 면담)

그의 '쓰기 수업'에서 한 문제는 대체로 교과서 3쪽 분량을 다룬다. 교사 C는 학생들에게 가르칠 내용을 주로 제시어를 통해 선별한다. 즉, 제시어는 교사 C가 선별한 수업의 내용이 되는데, 그가 제시어를 선택하는 기준은 다음과 같다.

시대 상황을 이해하는 데 중요한 내용 또는 가치 판단을 할 때 꼭 필요한 내용이라고 생각하는 부분을 어떤 서사, 내러티브를 만드는

> 거니까요. 시간적인 인과관계, 그리고 눈에 보이는 공간과 눈에 보이지 않는 공간, 권력 공간까지 합쳐서 공간적인 구조로 이해하는 게 필요해요. 제가 항상 이런 원칙에 맞춰서 하는 건 아니지만, 대개는 그런 생각으로 내용을 조직합니다. 제시어도 마찬가지고요.(2차 면담)

교사 C는 자신이 이런 방식의 수업을 할 수 있는 것은 학년당 학급 수가 많지 않아 한 학년을 혼자서 가르치기 때문이라고 했다. 또한 해당 학년을 2년 동안 가르치기로 동료 역사교사와 합의하는 것이 가능했기 때문이다. 이를 통해 학생들은 중학교 2년 동안 교사 C의 역사 수업 방식을 통해 역사적 사실을 이해하고 스스로 정리하는 훈련을 연속성 있게 하게 된다.

교사 C가 이렇게 수업을 하는 이유는 역사수업이 "토론이나 활동을 통해서 역사적 사실에 접근하기 어렵"고, "그동안 얼마나 공부했는지 활동을 통해서 표현하는 게 역사의 활동 수업이 되는 거지, 활동을 통해서 역사적 사실이나 가치관에 도달하기는 힘들"다고 보기 때문이다.

> 역사수업은 딱 고정된 텍스트면 텍스트, 사실이면 사실, 이런 게 있는 상황이니까. 백 명이 모여서 토의한다고 어떤 사실이 만들어지는 건 아니잖아요. 그러니까 결과적으로는 수행평가, 활동 수업을 많이 하면 할수록 역사적 사실이나 이런 내용이 전달되는 시간이 줄어드는 거죠. 상호보완적인 시너지 효과가 나는 게 아니라, 제로섬이 되는 거예요. 활동 수업을 많이 하면 내용을 전달할 시간이 줄

이드니까 무작정 수행평가와 활동 수업을 늘리는 것도 좀 문제가 있는 것 같아요.(2차 면담)

교사 C의 '쓰기 수업'은 학생의 참여적 활동과 역사적 사실의 이해와 해석을 어떤 비중으로 접목할 수 있는가에 대한 고민의 결과였다. '쓰기 수업'은 적어도 교사 C에게는 역사적 사실의 학습과 이를 위한 활동을 결합한 역사수업 방법인 것이다.

이러한 그의 인식은 수업의 평가 방식과도 관련이 있다. 교사 C는 이 '쓰기 수업'이 '공책 검사'를 수행평가로 하고, 평소 수업 시간에 다룬 문제를 중간고사와 기말고사로 출제하기 때문에 수업 내용과 평가에서 일관성을 갖는다고 설명했다. 물론 수백 명의 공책을 검사하고 긴 서술형 답안지를 채점한다는 것이 교사 C 자신에게도 부담스러운 일이지만, 그는 이러한 방식이 학습과 평가의 일관성을 확보할 수 있고 이 점이 자신의 역사수업이 갖는 큰 장점이라고 보았다. 그럼에도 불구하고 교사 C는 이 수업 방법의 가장 큰 난점으로 "따라오지 못하는 학생들에 대한 케어"가 부족하다는 점을 들었는데, 이는 학급당 학생 수가 너무 많은 데서 기인한다고 보았다.

내용 전달이 잘되느냐의 문제가 아니라 못 따라오는 학생들을 어떻게 관리할 거냐, 이 문제에서 한계가 있는 것 같아요. [⋯] 제 수업 같은 경우에는 20명을 넘지 않아야 감당이 된다는 거죠. 교실 내에서의 수업도 문제지만, 수업하는 교실 몇 개가 누적되면, 일주일에 따로 만나봐야 하는 학생 수가 기하급수로 늘어나는 거거든요. [교

> 사 1인당 학생 수는] 교실 내 수업뿐 아니라 수업 외 시간에 따로 관리해야 될 학생들의 수이기도 해요. 수업을 하고 나서, 방과 후에 매일 학생 2명씩을 케어한다고 하면 10명이거든요. 그런데 10명이 넘어가면 물리적으로 불가능하게 되는 거죠.(2차 면담)

지금까지 교사 C의 수업 경험과 환경을 살펴보았다. 그가 교직 경험 초기부터 열의 있게 뛰어든 것은 아니었지만, 그는 가르치려면 잘 알아야 한다는 의미에서 수업 내용에 대한 장악력을 가지려고 노력했다. 정규직 교원이 되었을 때에는 수업뿐 아니라 학생지도와 행정 업무의 부담도 커졌다. 어느 하나라도 전적으로 마음에 들게 한다는 것은 가능하지 않다고 여길 정도였다.

이러한 상황에서 교사 C는 다양한 수업 방법을 시도해 보았지만, 이는 역사수업의 특성상 학생들의 활동을 늘린다고 해서 역사적 사실을 많이 또는 제대로 이해하는 것은 아니라는 결론을 얻었다. 그래서 그는 이른바 '쓰기 수업'을 선택해 '교과서 요약 쓰기' 수업을 3년째 해오고 있었다. 그는 학생들이 교과서를 읽고 이해하고 이를 요약해 글로 정리하면서 스스로 공부하는 효과와 역사적 사실을 자기 머릿속에 남기는 효과가 있을 것이라고 생각했다. 그는 이 수업 방식이 학습과 평가의 측면에서 매우 일관성 있는 방식이라고 보았다. 이러한 수업이 가능한 것은 그가 근무하는 학교가 학년당 학급 수가 비교적 적은 데다가 동료 역사교사와 한 학년씩 맡아 2년씩 책임지기로 합의한 덕분이었다. 그럼에도 학급당 학생 수가 많다는 점이 자신의 수업 방식에 한계로 작용한다고 지적했다.

교사 C가 교사의 업무 과다와 학급당 인원수 과다를 지적한 것은 많은 교사들이 공감할 만한 부분일 것이다. 그럼에도 이러한 조건에서 교사 C가 수행평가와 중간, 기말 고사 채점에 상당히 많은 노력이 드는 방식을 택하고 있다는 점은 다소 모순적으로 보일 수 있다. 이는 교사 C가 아직까지는 자신의 교육적 의도를 위해 노력하고 있음을 보여 주는 것이기도 하다. 또한 1년 동안 학생이 수업에서 하는 활동이 '교과서 요약 쓰기'에만 한정되어 있기 때문에 학생들에게 특정 활동을 중심으로 교육하는 것이 바람직한가 하는 의문이 제기될 수도 있다. 무엇보다도 '교과서 요약 쓰기' 활동을 하는 학생들은 이 수업 방식을 어떻게 받아들이고 있는가도 고려해야 한다.

4) 교사 D

교사 D(남, 51세)는 교직 경력 25년 차로, 그는 현재 서울 북부 지역의 남녀 공학인 공립 중학교에서 3학년 학급의 담임을 맡고 있고, 9개 학급에서 〈역사(하)〉를 가르치고 있다. 그는 사범대학을 졸업하지 않았고 사학과를 다니며 교직을 이수한 뒤 사립학교 교원으로 선발되어 20년 넘게 사립 중학교에서 근무하였다.

임용 첫해에 그의 고민은 잘 가르쳐야 한다는 것이었다. 가르치는 방법보다도 교사 스스로 많이 알고 학생들이 각종 시험에 잘 대비할 수 있게 하면서도 재미있는 수업을 중요하게 여겼다.

처음에 고민했던 것은 '잘 가르쳐야겠다'였어요. 그땐 수험 위주 시스템이었기 때문에 다른 교수 방법이 필요치 않았고 학습 결과에 대한 모든 책임을 학생에게 지우던 시절이어서 그냥 내가 많이 알기만 하면 되었던 것 같아요. 그래서 주로 고민을 했다면, 전공 지식을 좀 더 잘 알고 재미있는 수업을 하자는 거였죠.(1차 면담)

당시 교사 D는 수업 준비 단계에서 수업 시뮬레이션을 중시했다고 회고했다.

초기에는 교실에 들어가서 뭘 한다는 것을 매 시간, 한 시간 수업을 다 머릿속에 그려봤던 것 같아요. 다양한 상황도 가정해 보고, […] 예를 들어서 처음 들어갔을 때, 출석을 부를 것인가 말 것인가부터 해서 수업 내용까지도… 여기는 어떤 질문이 예상된다고 하면 그에 대한 답도 생각해 보고, 찾아보고. 그리고 단어들에 대해서 확장해 볼 것이 없을까 그런 것도 생각해 보고 처음에는 그렇게 준비를 했죠.(1차 면담)

그는 임용 후 2-3년 동안은 판서하며 강의하는 수업을 했고, 그 다음엔 학생들의 조별 발표를 중심으로 하는 수업을 했다. 그런데 조별 활동은 학생들 간에 활동 참여도나 성취 수준이 워낙 불균등해서 학생 개인별로 평가할 수 있는 방식으로 수업과 평가 방식을 전환하였다. 그 뒤 국사편찬위원회 등이 만들어 배포한 CD-ROM 교재를 중심으로 수업하기도 했는데, 학생들이 처음에는 칠판이 아닌 모니터를 보는 것 자체를 흥미로워했지만 갈수록 흥미를 잃어 갔고 교사 D도 이런 방식이 어떤 의미가 있나 하는 회의가 들었다고 했다. 그 뒤로 그는 강의 중심의 수업을 해 오다가 최근 6-7년 사이에는 주로 학습지를 만들어 수업을 하고 있다.

> 교과에 대해서는 학습지 만드는 것이 주된 일이라고 생각해요. […] 지금 3년째인가요, 거의 매년 학습지를 새로 만들어야 했어요. 학년이 바뀌기도 하고, 교과서가 바뀌기도 해서 같은 학습지를 한 해도 다시 써 본 적이 없고, 매년 학습지를 새로 만들어야 했어요. 거기서 약간 애로사항을 느끼죠. 그리고 학습지를 지금 스타일이 아니라 활동지 스타일로 만들어야 될 텐데 이게 가능한 것인가 하는 숙제를 항상 머릿속에 갖고 애를 쓰고 있어요.(1차 면담)

교사 D가 수업 방식이나 교재를 바꿔 온 데에는 어떻게 하면 학생들이 더 잘 배울 수 있을까 고민했던 것이 영향을 끼쳤다고 했다. 특히 그가 수업 준비를 할 때 가장 크게 고려하는 것은 재미있어야 한다는 점과 가르칠 내용이 간단명료해야 한다는 점이라고 했다. 그래야 학생들이 수업에 공감한다는 것을 느낄 수 있고 그는 그런 경우를 '잘된 수업'이라고 보았다.

> 교사 D: 주로 학생들 반응인 것 같아요. 머리로 이해되는 것보다는 감정적 교류? 감정적 동일화? 공감? 그런 상태에 도달하면 수업이 잘됐다고 만족하게 되는 것 같아요.
>
> 연구자: 그런 게 어떤 거죠?
>
> 교사 D: 나타나는 현상으로는 집중? 호감 있는 시선? 이해하는 느

낌? 이런 것들로 표현되는 것.(2차 면담)

반대로 그는 "감정의 교류가 단절됐을 때" 수업 내용도 잘 전달되지 않는다고 느끼며, 이는 학생들의 상황, 교사의 상황, 수업 내용에 따라 달라지는 것 같다고 했다. 특히 수업 내용에 관해서는 다음과 같은 예를 들었다.

> 아주 쉬운 사례로 사건이 진행되는 경우, 예를 들어 임진왜란을 배우는 경우와 조선 전기의 정치 제도를 배우는 경우는 내용 자체가 다르기 때문에 집중도가 달라져요. 사건이 진행되는 경우에는 잘 집중하는데, 제도나 이런 것에 관해서 수업할 때는 각자 노력들이 필요하단 얘기죠.(2차 면담)

교사 D는 사건사가 제도사보다 이해하기 쉽고, 학생뿐 아니라 자신도 제도사보다는 역사적 사건을 중심으로 수업하는 것이 흥미롭다고 했다. 반면, 고대사는 "본인이 해석할 여지가 없는, 정형화된 부분이 많아서" 가르치기는 쉽지만 밋밋하고, 현대사는 현재의 일들과 관련지어 말할 수 있어서 흥미롭다고 했다. 그래서 자신은 현대사 수업을 선호하는 편이지만 학생들은 고대사 수업을 선호하는 것 같다고 했다.

> 시대사로 치자면 학생들이 더 재밌어 하는 건 고대사 쪽인 것 같아요. 근현대사로 오면 사건이 너무 촘촘해서 기억해야 할 것이 많아져서 학생들이 좀 어려워하는 것 같아요.(2차 면담)

고대사와 현대사에 대한 교사와 학생 간 선호도상의 간극을 메우기 위한 시도가 교사 D에게 없었던 것은 아니지만, 잘 되지는 않았다. 그 이유로는 그동안 중학교 교육과정상 현대사가 학년말 수업에 해당하는 범위에 속하기 때문이라는 점을 들 수 있다. 교과서 순서대로 가르치다 보면, 교육과정상 가장 뒤쪽에 배치되어 있는 내용은 2학기 기말고사가 끝난 뒤에 수업을 해야 하는 경우가 흔하다. 이때는 중·고등학교를 막론하고 학생들이 내신 성적을 위한 공부를 더 이상 해야 할 이유가 없어졌다는 생각 때문인지, 대부분의 학교가 기말고사 직후 방학에 들어가기 때문인지, 수업 분위기가 학년 중간과는 사뭇 달라진다는 것이다.

> 사실 현대사를 제대로 가르쳐 본 적이 없어요. 최근에는 사건들과 현재 거론되는 인물들과의 연계를 시작점으로 해서 수업 내용을 이야기식으로 만들어 볼까 생각하고 있어요.(2차 면담)

또한 교사 D는 중학교 〈역사(하)〉의 세계사 부분은 다뤄야 할 내용이 너무 많아서 교과서 내용 가운데 수업에서 가르칠 내용의 분량을 선택적으로 줄이려 한다. 그는 기존 역사교과서 집필진이 가르칠 내용을 줄이려고 시도했지만, 이러한 시도 자체가 교과서 집필진이 빼놓을 수 없다고 생각하는 역사적 사실을 오히려 너무 축약한 상태로 빽빽하게 채워 넣게 만들었다고 보았다.

> 영어나 수학보다 역사가 훨씬 어려워요. […] 지금 역사교과서가 그 시대의 특별한 상황을 가지고 있는 이야기여서 그걸 모르는 학생들

로서는 굉장히 어렵고, 상상하기 어려운, 그런 어려움도 있고요. 또 그 시대의 분위기를 표현하기 위해서 그 시대 용어를 쓰잖아요. 그것도 너무 어렵고… 지금 우리 역사책, 특히 국사 부분은 전면 개편돼야 한다고 생각해요. 중학교 교과서에서는 옛날 용어들을 그대로 쓰는 게 기본이 돼야 한다는 그런 생각을 버리고 완전히 재구성해서 이야기책처럼 만들어야 해요. (2차 면담)[5]

그는 학생들이 역사를 어렵다고 여기는 것은 다른 주요 과목들처럼 자주 접할 기회가 없다 보니 낯설어하기 때문이라고 했다. 또한 역사교과서의 글쓰기 형식뿐 아니라 내용도 어렵다고 지적했다. 그는 역사교과서가 두꺼워지더라도 쉽고 재미있는 이야기책처럼 만드는 것이 바람직하다고 보았다.

하나로 딱딱 떨어지는 게 아니고, 물고 물려서 이어지는 관념의 연속을 학생들이 굉장히 어려워해요. 그래서 단순히 외우게 되는데, 외우자니 사건 명칭과 관직명이 너무 많은 거죠. 책이 두꺼워지더라도 중학교 교과서는 읽을거리 식으로 만들어야 해요. 이야기책처럼 학습 내용을 확 줄이고, 더 재미나게… (2차 면담)

교사 D에게 교과서 분량과 가르칠 내용은 비례하는 관계가

5 중·고등학교에서 국사를 가르칠 때 당대의 용어가 생소하기 때문에 학생들에게 친숙한 용어로 바꾸거나 새로 풀어써야 한다는 착상 자체가 교과서 서술 지침이 될 수 없다는 견해도 있다(이경식, 「歷史敎材의 撰述에서 用語選定의 問題」, 『歷史敎育』 109, 2009).

아니다. 가르칠 내용은 줄이되 교과서는 두꺼워지더라도 쉽고 재미있게 만드는 것이 중요하다고 보았다. 그가 애착이 많은 한국사 부분을 수업할 때는 "알려줄 것도 많고" 자신의 의도와는 달리 "말이 많아"지기도 하지만, 세계사 부분을 수업할 때는 세계사의 역사상이 하나로 이어지지는 않는 만큼, 본인이 중요하게 생각하는 점들을 좀 더 선택적으로 운영하고 싶어 했다.

> 제가 국사 전공이다 보니까 한국사에 애착이 있어요. […] 2학기에는 세계사 수업을 자유롭게 해 볼 수 있을 것 같아서 도전해 보고 싶어요. 세계사는 역사상이 주욱 이어지는 게 아니라 중요한 포인트, 포인트만 가르치기 때문에, 그런 점에서 제가 마음 편하게 수업을 해 볼 수 있을 것 같아요.(2차 면담)

그리고 그는 이러한 노력에 기초한 자신의 역사수업을 통해 학생들 사이에서 배움이 일어나는 장면을 보고 싶어 한다고 했다.

> 최근에 저희 학교에서 수학 선생님이 공개 수업을 했는데, 그때 제가 보고 싶었던 그림을 본 것 같아요. 2차 함수, 꼭짓점과 좌표의 이동 이런 걸 배우는데, 모르던 학생이 다른 학생한테 물어서 알게 되고, 다시 모르는 학생을 가르쳐 주는 모습을 제가 관찰한 모둠에서 봤어요. 이론적인 것이 현실에서 이뤄질 수 있는가에 대한 실마리를 하나 본 것 같아요. 저희 학교도 매달 공개 수업을 하지만, 그런 모습을 잘 보질 못했거든요. 활기차고 모둠 학습이 잘되고 이런 건 봤지만, 결국은 학생들이 배우는 데 목적이 있는데 자기가 모르는

> 것을 배워서 다시 다른 학생한테 가르쳐 주는 모습을 보면서 가능성의 실마리를 본 거죠. […] 학생들 사이에서 지적 교류가 일어나서 전교 1등도 풀지 못한 문제를 [모둠을 통해] 학생들 4명의 머리로 같이 만드는, 파이를 완성하는 게 아니라 파이의 양을 늘리는 그런 모습을 봤으면 하는데, 제 수업에서는 아직까지 그런 폭발적인 것을 못 봤거든요. 앞으로는 기대하고 있어요. (2차 면담)

지금까지 교사 D의 수업 경험과 환경을 살펴보았다. 그는 초임 시절 교사가 많이 알아야 잘 가르칠 수 있고, 학생들이 여러 시험에 대비하는 데 도움이 되게 하는 것이 중요하다고 생각했다. 그래서 당시 수업 준비로는 수업을 조직적으로 운영할 수 있도록 시뮬레이션을 중시했다. 판서와 강의를 병행하던 초기 수업은 점차 조별 발표 수업, CD-ROM 활용 수업, 강의 위주 수업, 학습지 활용 수업 등으로 변해 왔다. 이는 각 수업 방법의 단점을 극복하고자 교재와 방법에 변화를 주는 방식을 선택한 결과였다.

그는 수업에서 학생들과의 공감을 중요하게 여기지만, 가르칠 내용의 주제와 시대에 따라 학생들이 쉽게 이해하는 정도가 다르고 교사 자신의 선호도와 충돌하는 경우에는 딜레마에 빠지기도 했다. 또한 교사 D는 한국 현대사 수업을 선호하지만 가르칠 내용이 지나치게 많아 수업하기가 쉽지 않다고 하였고, 이런 문제의식 때문에 가르칠 내용이 방대하다고 생각하는 세계사 수업의 경우에는 아예 특정 주제를 중심으로 내용을 선정하여 수업을 진행하고자 하였다.

그는 학교에서 다른 주요 과목의 수업에 비해 역사수업을 접할 기회가 많지 않다는 조건이 학생들에게 역사를 낯설게 하는 것 같다고 보았고, 그래서 역사교과서는 교과서의 두께가 두꺼워지더라도 쉽고 재미있게 이야기 중심으로 서술되어야 한다는 생각을 가지고 있었다. 그는 앞으로 자신이 만든 학습지가 진정한 '활동지' 구실을 하기를 기대하고 있고, 자신의 역사수업에서도 학생들 사이에서 배움이 일어나기를 기대하고 있다고 했다.

교사 D를 통해 짚어 볼 만한 점은 역사수업에서 '활동지'의 역할은 무엇이어야 하는가인데, 기존 '배움의 공동체' 모델이 강조하는 활동지는 기존 학습지와 어떤 점에서 차이가 있는지, 역사수업의 활동지는 어떤 의미를 강조하여 기획해야 하는지에 관한 논의가 필요하다. 또한 한국사는 하나의 흐름으로 수업할 수 있지만, 세계사는 하나의 흐름으로 연결해 수업하기 어렵다고 판단한 점에 대해서도 짚어 볼 필요가 있다. 고대사에 비해 현대사가 가르칠 내용이 많다고 판단한 점에 관해서도 그러한 판단이 어디에서 기인한 것인가도 살펴볼 필요가 있다.

5) 교사 E

교사 E(남, 41세)는 교직 경력 15년 차로, 현재 서울 중부 지역의 사립 남자 고등학교에서 2학년 학급의 담임을 맡고 있고 5개 학급에서 〈한국사〉를 가르치고 있다.

그는 고등학교 시절 한국사를 매우 좋아하는 학생이었고, 자신의 의견을 말하는 데에도 주저함이 없는 편이었다.[6] 그는 역사를 좋아해서 사학과에 진학할 생각이 있었지만, 어려서부터 기자가 되는 것이 꿈이어서 신문방송학과에 진학해도 좋겠다는 생각을 동시에 가지고 있었다.

교사 E의 어릴 적 꿈이 기자였던 이유는 고등학생 시절, 집에서 구독하는 일간지가 기성 일간지와 사뭇 다른 논조였고 "이쪽에는 없는 기사들이 이쪽에는 있고, [각 신문 나름의] 시각이 있었던 것"이 인상적이었고, 친일파에 비판적이지 않은 언론 보도를 보면서 자신이 기자가 되면 이를 바로잡을 수 있을 것이라 생각했기 때문이다. 이러한 점들을 통해 그는 고교 시절부터 사실에 대한 서로 다른 해석과 현실 문제 해결에 관심이 많았던 것으로 보인다.

그러다 그는 대학 입시를 앞두고 모 대학 사학과와 모 대학 역사교육과를 두고 고민하다가 후자의 대학을 선호한다는 이유로 역사교육과에 지원했고 합격하여 사범대생이 되었다. 그는 대학 입학 후에도 한국 고대사 과목을 특히 좋아했는데, 사범대학을 다니면서 4학년이 될 때까지도 역사교사가 될 생각이 없었으며 기자가 되려는 마음을 접은 적도 없었다.

고등학교 때까지만 해도 교사만큼 지루한 직업이 없다는 생각을 가지고 있었던 그가, 교사가 되기로 마음을 먹은 것은 4학년 1학기에 교생 실습을 하면서였다. 교생 실습을 통해 교직 생활에 흥미를 느끼면서 교사라는 직업에 대한 생각이 달라졌다.

---

6 고등학교 때 역사수업에서 삼국통일의 의의를 교과서대로 가르치는 교사에게 손을 번쩍 들고 자신의 이견을 말한 경험이 있을 정도였다.

바둑은 지금까지 한 판도 같은 판이 없죠. 수업도 그럴 수밖에 없어요. 학생들이 다르기 때문에 굉장히 재밌었죠. 그래서 교생 실습 끝나고 교직 생활이 재미있고 의미 있다는 생각을 하게 됐어요.(1차 면담)

그가 교생 실습을 했던 학교는 사립학교였는데, 그 다음해에 이 학교에서 역사교사를 선발할 때 응시하여 합격하였다. 교직 초기에 그는 학생들에게 "지금 사회는 잘못된 거고, 이걸 나도 노력해서 바꾸려고 하지만 너희들이 같이 바꿔야 한다."라는 생각을 전해주어야 한다는 "강박"을 가지고 있었다. 그러나 시간이 지날수록 이런 생각을 일방적으로 주입하는 것보다는 학생들 스스로 결정할 수 있는 권한을 많이 주는 것이 좋겠다고 판단하게 됐다. 민주주의는 학생들의 "머릿속에 집어넣는 게 아니라, 체득시키는 것"이라는 생각에서였다.

결국은 교육이나 교사의 역할도 뭔가를 집어넣어 주는 게 아니라 학생들 안에 있는 것들을 키워 주는 거더라고요. [그걸] 키울 때 학생들이 삐뚤어 가거나 잘못되지 않도록 적절하게 개입하는 거죠.(1차 면담)

또한, 학생들 전체를 대상으로 훈화하려고 하지 않고 개별적으로 접근하려는 노력도 늘었다. 집단보다 개인으로 학생들에게 접근할 때 변화의 움직임이 좀 더 빨리, 더 많이 드러나기 때문이었다. 이러한 교사 E의 변화 과정이 순탄하지만은 않았다. 담임 경험에 관해서는 교직 첫해에 학생들 사이에서 문제가 발생했는데, 교사 E가 처음에 판단한 가해자와 피해자의 관계가 나중에 알고 보니 정반대였다는 사실에 큰 충격을 받기도 했다. 이 일로 그는 수십 명의 학생들과 생활하는 담임교사가 학생들에 대해 모든 것을 다 알 수는 없다는 점을 인정하게 됐다고 했다.

수업 경험에 관해서는, 교직 초기에는 다른 역사교사들이 만든 학습지를 자신의 수업에 거의 그대로 활용했지만, 이후 다른 교사들의 학습지가 자신의 수업과는 맞지 않다는 생각이 점점 커져서 학습지를 직접 만들어 쓰게 되었다. 그러나 그는 최근 학습지 만들기에 더 이상의 노력을 쏟지 않게 되었다. 바로 같은 학년을 가르치는 동료 역사교사들과 교과서를 중심으로 수업하기로 결정한 것 때문이었다.

> 결국, 출제 문제가 가장 커요. 공동 출제라고는 하지만, 실제로는 한 사람이 문제를 내고 다른 두 사람이 검토를 하는데, 어떤 분은 학습지로 진도를 나가지만 어떤 분은 아닌 경우도 있다 보니, 서로 얘기를 통해 [내용적 공통성을] 만들어 가기보다는 [출제에 사용할 교재를 정하는 방식으로] 단순화시키는 경향을 보이는 것 같아요. 지금은 한 학년을 여러 명의 교사가 같이 들어가는 경우가 대부분인데, 출제는 책으로 하되 학습지를 쓰건 말건 상관은 없어지게 됐고요.(2차 면담)

즉, 학습지를 사용하지 않게 된 것은 역사교사 2-3명이 한 학년을 함께 가르치는 상황이 낳은 결과였다.

한 학년을 교사 둘이 가르칠 때도 한 번은 학습지를 썼는데, 출제는 교과서에서 하고 수업은 학습지로 하니까 역시나 시험 문제를 출제할 때 불편하더라고요. 그래서 교과서와 학습지를 중간중간 섞어서 하다가 교과서로만 수업을 하게 됐죠.(2차 면담)

교사 E는 학습지를 만드는 데 쏟던 노력을, 최근에는 학교 밖에서 하는 역사교사들의 연구모임에 쏟고 있다. 사실 그는 교직 초기부터 거의 10년간 타 학교 역사교사들과 역사수업 방법을 공유하고 교재를 개발하는 모임에 참여했었다. 그러나 최근 몇 년 동안은 수업 방법과 교재 개발로 국한하지 않는, 역사수업 내용의 토대가 되는 이론적 논의들을 연구하는 모임으로 옮겨서 공부하고 있다. 교사 E는 예전에 참여하던 연구모임이 주로 수업의 기술적인 부분을 다뤘다면, 최근에 참여하는 모임은 수업 내용의 토대가 되는 역사적 사실과 관련된 연구들을 논문이나 단행본을 통해 공부한다면서 두 연구모임의 차이점을 설명했다. 그는 평소 자신의 수업이 쉽고 재미있고 의미가 있어야 한다고 생각하지만, 학생에게 재미있는 수업이 교사에게는 여러모로 어려운 일이라고 생각하고, 그나마 자신은 최근 몇 년간 함께한 연구모임 덕분에 의미 있는 수업을 하려고 노력하게 되었다는 점을 강조했다.

그럼에도 교사 E는 역사수업에서 가르치는 내용을 결정하는 데에는 대학수학능력시험의 영향이 크다고 했다. 대학수학능력시험의 출제 범위를 고려하면, 교과서 내용 대부분을 가르쳐야 한다고 했다. 이러한 점 때문에 중요하다고 생각하는 부분들을 중심으로 단원 구성상 건너뛰며 가르치기는 곤란하고, 1년에 몇 차례씩 있는 시도교육청 주관의 전국연합학력평가, 이른바 모의고사 출제 범위를 신경 쓰지 않을 수 없게 되었다.

이처럼 대학수학능력시험은 역사수업에서 가르칠 내용에 제약을 가한다. 대학수학능력시험에 출제되는 내용은 국가 교육과정의 내용을 벗어나지는 않기 때문에, 고등학교 역사교사는 자신이 가르치는 과목으로 대학수학능력시험에 응시하기를 원하는 학생들이 있다면 국가 교육과정을 충실히 반영하는 검정 교과서의 전 범위를 수업해야 한다는 압력을 받는다. 특히 모의고사는 수업의 내용뿐 아니라 평가에도 영향을 끼치고 있었다. 교사 E는 수행평가는 자신의 의도대로 이끌고 있지만, 중간고사와 기말고사는 대학수학능력시험의 출제 내용과 관련지을 수밖에 없다고 했다.

> 출제에서 가장 중심은 아무래도 수능에서 다루는 주제, 이런 내용으로 채우고, 또 한 가지는 학생들이 너무 어렵지 않게 풀 수 있는 문제, 그러니까 교과서를 봤으면 그 수준에서 풀 수 있는 문제들도 여섯 문제, 일곱 문제 정도 내죠.(2차 면담)

즉, 대학수학능력시험이 전국 단위의 시험이고 출제 범위가 국가 교육과정에 의거해 결정되므로, 다수의 고등학교에서는 국가 교육과정을 충실히 반영하는 검정 교과서의 내용을 대체로 다 가르쳐야 한다는 압력이 강할 수밖에 없다. 이는 제한된 수업 시수 내에서 교사 E가 말한 의미 있는 수업과 충돌을 빚을 가능성이 높아 보였다. 그러나 교사 E는 교과서 내용을 모두 다루면서도 의미 있는 수업을 동시에 하기 힘든 것은 자신이 수업을 잘 운영하지 못한 탓이라고 하였다.

> 제 수업은 교과서에 있는 내용으로 수업 진도를 나가는데, 그 과정에서 과거의 모습을 오늘날의 모습과 접목을 시키는 거거든요. 그러면 자연히 오늘날의 모습을 보게 되는 거고… 그것에 대한 의견을 생각해 보게 되는 거고. 그렇게 진행하면 별 문제가 없는데, 아직은 조절을 잘 못하고, 진도란 면에서 좀 충돌이라면 충돌? 이건 운영 미숙이라고 하는 게 맞을 것 같아요.(2차 면담)

교사 E는 대학수학능력시험에 대비할 수 있도록 교과서 전체 범위를 수업하고 모의고사 등에 대비하더라도, 자신이 의미를 곱씹어야 할 내용이라고 생각하는 부분을 가르칠 때에는 그에 걸맞은 문제의식을 던져 주는 것이 가능하다고 보았다. 다만, 현재 그렇게 하고 있지 못한 점을 "운영 미숙"이라고 표현하였다.

> 예전에는, 오늘날의 문제와 접목시켜서 수업을 거의 하지 않았어요. 최근에, 작년, 재작년부터인가, 이게 아닌 것 같다 싶어서, 우리를, 지금을 볼 수 있는, 내가 살고 있는 자리를 볼 수 있는, 그런 수업으로 바꿔 가고 있는 중이에요.(2차 면담)

교과서 전 범위를 모의고사 진도와 출제 유형에 맞춰 수업하고 평가해야 하는 그는, 자신이 하고 싶어 하는 "오늘날의 문제와 접목시키는" 역사수업을 아직 충분히 잘하고 있지 못하다고 자평했다. 그는 그 이유를 자신의 경험 부족과 운영 미숙에서 찾고 있었다.

지금까지 교사 E의 수업 경험과 환경을 살펴보았다. 교직 초기에 교사 E는 다른 역사교사가 만든 학습지가 자신의 수업에 맞지 않아 스스로 학습지를 개발하는 데 노력을 쏟아 왔다. 그러나 학습지를 활용한 수업은 더 이상 하지 않게 되었다. 같은 학년을 같이 가르치는 동료 역사교사들과 교과서를 중심으로 수업하기로 협의하였기 때문이었다. 이는 중간고사와 기말고사를 출제할 때 발생하는 혼란을 줄이고 학생들이 대학수학능력시험에 대비하는 것을 돕기 위해서였다.

학습지 개발에 노력을 쏟던 노력을 지금은 다른 학교 역사교사들과 책이나 논문을 읽는 연구모임 준비에 쏟고 있고, 이러한 노력은 교사 E가 생각하는 "의미 있는" 수업을 하는 데 도움이 되고 있다고 했다. 그러나 현재로서는 대학수학능력시험에 대비하고자 교과서 전 범위를 모두 가르쳐야 하고, 대학수학능력시험에 자주 출제되는 내용을 중심으로 수업을 하고 있었는데, 이러한 상황을 두고 교사 E는 충돌이나 딜레마를 겪고 있다기보다는 자신이 좀 더 능숙하게 운영하면 해결 가능한 범주의 문제라고 보았다.

교사 E의 경험과 환경을 돌아볼 때, 그가 교직 초기부터 10여 년 동안 수업 방법과 교재 개발을 주목적으로 한 연구모임에서 활동하다가 "의미 있는" 수업을 하는 데 도움이 되는 연구모임으로 무게 중심을 옮긴 것이 자신의 수업에 변화를 가져왔다고 밝혔다. 그가 연구모임을 통해 학생들에게 "의미 있는" 질문을 던질 수 있는 자극을 많이 받고 있다는 뜻이었다.

다만 교사 E가 최근에 대학수학능력시험을 고려해 교과서 중심의 설명식 수업을 하면서도 동시에 “의미 있는” 물음을 던지려고 시도한다고 할 때, 어떤 물음을 어떻게 던질 것인가 하는 고민과 준비로까지 연결되고 있는 것인지는 짚어 볼 문제다. 역사수업에서 교사가 학생들에게 “의미 있는” 물음을 던지려면, 가르칠 내용에 대한 준비와 강조하고자 하는 바에 대한 내용에 적절한 수업 방법이 연결되어야 한다. 이러한 점에서 교사 E가 겪고 있는 딜레마를 단순히 운영 미숙으로 보기보다는 수업 내용과 방법을 어떻게 연결할지에 대한 검토가 필요하다.

2 역사의 의미와 역사교육 목적

1) 교사 A

교사 A는 역사학이 "시간을 다루는 학문"으로서 무엇이 먼저이고 무엇이 나중에 일어난 일인지 알게 한다는 점을 강조한다. 그래야 어떤 일의 원인과 결과를 이해할 수 있고, 이런 과정을 통해서 교훈을 얻을 수 있다고 본다.

> 뭐가 먼저고 뭐가 나중인지도 모르면서 거기서 원인과 결과와 교훈을 도출해 내는 것은 어렵지 않을까. 역사가 교훈을 주는 학문이라면 순차적인 이해가 있어야 되잖아요. 그러려면 뭐가 먼저고 뭐가 나중인지는 알아야 하지 않을까 하는 거죠.(2차 면담)

동시에 그는 학교에서 가르치는 역사는 학문이 아니라 교과라는 점을 강조했다. 그런 점에서 교사 A는 학교에서 가르치는 모든 과목이 결국은 "인생을 살아가는 데" 필요한 "문제해결능력"을 기르고, "읽고 쓰는 능력, 다른 사람과 의사소통하는 능력"을 길러주는 도구라는 공통점이 있다고 보았다.

역사적 사고력이라는 게 정말 있는가? 역사만을 위한, 역사에 특성화된 사고력이라는 게 정말 존재할까? 이런 고민을 많이 했어요. 그때는 사실 이렇게 생각을 했죠. 지리를 배우든 국어를 배우든 결론적으로는 읽고 쓰는 능력이 배양되는 게 아닐까. 다른 과목과 마찬가지로 역사를 배울 때도 기초적인 수준의 자료 이해 능력, 지식, 이해, 탐구, 적용 등 모두 똑같은 절차를 거쳐서 사고를 하게 되지 않을까, 이런 결론에 도달했던 적이 있어요. 지금도 역사적 사고력이 뭐냐고 하면 저는 자신 있게 연대기 파악력이라고 말하는 게 안 되거든요? 왜냐면 연대기 파악력이라는 게 결국 순서를 이해하는 능력인데, 그게 역사에서만 배울 수 있는 능력은 아니라고 생각해요.(2차 면담)

그럼에도 굳이 역사와 다른 교과의 차이점을 꼽으라면, 그는 역사가 다른 교과에 비해 과거 사람들의 이야기와 인간 사회의 모습을 더 많이 다룬다는 점을 들었다.

역사에는 인간에 관한 이야기가 좀 더 많이 들어 있잖아요. 국어가 더 많은가? (웃음) 어쨌든 다양한 인간 군상들의 비슷한 결론이 도출되잖아요. 어느 정권이든 오래 가면 부패하고 썩기 마련이고, 예를 들면, 위정자들 중에 여태 백성을 위한 사람들이 있었나, 지배층의 속성은 무엇일까, 이런 걸 집중적으로 탐구하죠. 그러니 역사는 인간의 밑바탕인 본원적 근성을 적나라하게 드러내잖아요. 그런 면에서 학생들한테 다른 과목보다는, 과학이나 수학보다는, 인간 사회는 이런 모습을 갖추고 있었다는 걸 일깨워 줄 수 있지 않을까요? (2차 면담)

그렇다면 교사 A는 자신의 역사수업을 통해 학생들에게 어떠한 변화를 기대하는 것일까? 우선, 교사 A는 자신이 기본적이라고 여기는 사실에 관해서도 학생들이 잘 알아듣고 있는지 의구심이 들어서 당장은 역사교육을 통해 사건의 인과관계나 교훈을 이끌어내는 것보다는 상식이라고 여길 만한 역사적 사실에 대한 지식부터 갖추기를 바란다고 했다.

요즘 고등학교 학생들의 문제는 선생님이 무슨 말을 하는지 기본적으로 단어, 어휘 자체를 이해하지 못하는 게 아닐까요? 단순히 세계사에 이 사건이 있었다, 이런 차원을 뛰어넘어서 내가 하는 말을 제대로 알아듣기는 하는 걸까 하는 의구심이 들 때가 간혹 있거든요. (1차 면담)

교사 A는 2차 면담에서도 이 점을 다음과 같이 강조하였다.

사실 저는 교양도 중요하다고 생각해요. 우리 학생들이 무식하다는 소리를 듣는 게 너무 싫은 거예요. 수업에서 최소한의 기본 지식은 배웠으면 좋겠다는 그런 바람이 있죠. (2차 면담)

역사교사가 학생들이 역사를 배워 상식[7]을 갖추는 데 도움이 되었으면 한다고 생각하는 교육적 의도는, 흔히 언급되는 역사교육 목적 가운데 '교양으로서의 역사'와 유사한 측면이 있다. 교양으로서의 역사는 학생들이 현대를 살아가는 교양인으로서 역사를 아는 것이 상식을 갖추는 일이라고 보는 것이다. 이 입장은 역사적 사실을 아는 것 자체에 의의를 둔다고 볼 수 있고, 역사가 모든 학문의 자료이기 때문에 역사적 사실을 많이 아는 것은 다른 학문을 연구하거나 배우는 데 필요한 배경지식이라고 여기기도 한다.[8] 그러나 교사 A의 경우에는 학생들이 졸업 후 학문 연구에 유익한 배경지식으로서 역사를 알아야 한다기보다는, 상식이라는 단어 자체의 뜻처럼 '남들도 흔히 아는 수준의 기초 지식'을 알아야 한다고 보는 듯했다.

교사 A는 '상식적이고 기본적인 교양'에 해당하는 것으로, 어느 나라의 왕조 순서를 안다든가, 한 나라 다음에 이어지는 나라를 안다든가, 같은 시대에 공존한 나라들을 안다든가 하는 점을 꼽았다.

> 세계사니까 상식적으로 알아야 하지 않을까 하는, 저도 모르게 관성화된 그런 것들이 있잖아요. […] 최소한 왕조 순서라도 정리해보자, 이렇게 되고.(2차 면담)

---

7 '상식'이라는 단어의 사전적 정의는 "사람들이 보통 알고 있거나 알아야 하는 지식"이다(국립국어원, 『표준국어대사전』 참조).

8 정선영·김한종, 「역사교육의 의의」, 양호환 외, 『역사교육의 이해』, 삼지원, 2001, pp. 37-38.

저는 어느 나라 다음에 어느 나라가 나오는지 정도만 알아도 정말 훌륭하다고 그래요. 시대 흐름이나 최소한 어느 시기에 어느 나라가 같이 있었는지를 이해하는 게 필요하다고 생각해요. 나라 이름, 시대 순, 이 시기에는 여기에 뭐가 있었고 하는 것들은 좀 알았으면 해서 [···] 간략하게 가르치고 인물도 너무 많이 가르치지 않으려고 하고.(2차 면담)

또한, 그는 자신의 역사수업을 듣고 학생들이 함양해야 할 능력으로 역사적 사실을 시간 순서와 맥락에 맞게 "이어서 외우는 것"을 들었다. 그는 이러한 활동을 학생들이 그 사실을 안다는 것의 반영이라고 보는 듯했다. 같은 맥락에서 그는 학생이 직접 연구해서 다른 학생들 앞에서 발표하는 과정도 중요하다고 의미를 부여하였다.

주제 발표를 수업 시간 중에 연구할 시간을 주고 [···] 인터넷에서 대충 긁지 말고, 책을 보고 요약하게 해서, 이건 정말 내가 수업 시간에 연구한 거라는 의미로 발표를 하게 하고 [···] 쉬운 거라도 좋으니 스스로 정리해 보는 시간을 학생들에게 줘야겠다, 뭔가 할 시간을 주고 수업 시간 중에 결과물을 만들어 낼 수 있도록 더 해야겠구나 하는 생각이 들었어요.(2차 면담)

조선시대 풍속화를 한 장씩 주고 모둠별로 이것의 스토리를 만들어 보라고 했더니 학생들이 정말 좋아하더라구요. 수업 시간이 끝났는데도 발표하고 싶어하고··· 그때 정말 많이 느꼈던 게, 학생들한테 뭔가 시켜 보고 많은 의미를 찾지는 못하더라도 이런 걸 해보는 게 좋겠다는 생각이 들었죠. 그리고 시간 순서대로 왕조를 외우는 것도 중요하고 역사에서 어떤 의미를 찾는 것도 중요하지만, 학생들이 수업 시간에 몸으로 표현해 본다든가 자기 머리를 굴려서 시나리오를 써 본다든가 하는 게 훨씬 의미 있는 경험이 아닐까 하는 생각을 했어요.(1차 면담)

교사 A가 수업 과정에서 학생들이 연극이나 발표를 하는 것을 중요하게 여기는 이유는 학생들이 이해한 바를 수업에서 표현하게 함으로써 학생 본인에게 배움이 일어난다고 보기 때문이다.

이처럼 교사 A는 학생들이 자신의 역사수업을 통해 적어도 상식과 교양 수준의 역사적 시간성, 인물, 사건, 용어 등을 이해하고 이를 체득해서 수업 시간에 발표와 같은 방식으로 표현할 수 있게 하려 한다는 점을 알 수 있다.

2) 교사 B

교사 B는 역사가 "오래된 미래"이고 "다시 쓰는 현대사"라고 한 어느 학자의 표현에 크게 공감하고 있었다. 즉, 역사란 과거의 발자취를 통해 현재를 이해하고 앞으로 나아갈 길을 내다보게 한다는 것이다.

신영복 선생님이 역사는 오래된 미래고 다시 쓰는 현대사라는 말씀을 하셨는데, 저는 그 말에 동감을 많이 했어요. 역사가 오래된 미래라는 것은, 과거의 모습들이 끊임없이 이뤄져서 지금의 모습에 도달한 거라는 걸 말하잖아요. 지금의 내 모습을 가장 알 수 있는 것은 결국 과거에 일어났던 일들을 나름대로 정리하는 일이라는 생각이 들어요. 역사가 그런 일을 해 주는 게 아닌가. 그래서 나의 위치, 나뿐만 아니라 우리 사회의 위치, 인간이 현재 걸어오고 있는 길, 그래서 어디로 갈 것인가, 이것을 보여 주는 게 결국 역사란 생각이 들어요. 발자취, 과거에 걸어온 길을 알아야 새로운 미래로 갈 수 있으니까.(2차 면담)

교사 B는 "승리한 사람의 역사를 쓰는 것이 아니라, 기억하고 있는 사람이 승리하는 것"이라는 말처럼, "지금은 우리가 진 것 같지만, 사실은 그런 모든 일들을 기억할 때, 어떻게 졌고 그 사람이 어떻게 이겼고 그런데 그 방법은 옳지 않고, 이런 것들을 모두 기억하고 그런 기억들을 계속해서 모든 사람들이 공유할 수 있게 만드는 것 그게 역사고, 그런 역사를 끝까지 기억하는 사람들이 이기는 것"이라고 했다. 즉, 역사는 "어디로 갈 것인가에 대한 고민을 할 때, 나침반처럼 가장 중요한 지침 역할"을 한다는 것이다. 달리 말하면, 현재 상황에 대한 비판적인 안목을 과거에서 찾는 것이기도 하다. 이는 과거 사실을 통해 현재의 문제를 해결하는 데 도움을 얻을 수 있다는 관점이라고 볼 수 있다. 교사 B는 이러한 견해와 비슷한 입장을 가지고 있었다.

저는 학생들에게 이렇게 얘기합니다. 우리가 역사를 배우는 것은 통찰력을 갖기 위해서다. 미로 한가운데 서 있는 사람에게는 미로의 끝이 보이지 않지만, 역사를 통해서 미로에서 길을 찾아나갈 수 있다. 우리가 어떤 선택을 해야 되는지 처음에는 혼자 고민하고 선택하겠지만 같이 공유하고 공감하면 결국 사회를 변화시키지 않겠느냐. […] 사실 시간이, 시대가 그대로 흘러가도록 두고 보지 않는 것도 되게 중요하다, 비록 지금은 잘 되지 않았지만, 기억하고 그런 일을 반복하지 않기 위해서 노력하면 바뀔 수 있는 것이 좀 더 많아지지 않겠나. 그래서 항상 어떤 기로의 순간, 선택의 순간, 이럴 때 되게 중요하다. 이런 것들을 우리가 알고 있는 것도 중요하다. […] 역사를 가르칠 때 내가 가르치는 게 지금과 무관한 얘기가 아니라는 걸, 이와 비슷한 상황들이 계속 반복되고 있다는 걸 많이 강조하죠.(2차 면담)

그래서 그는 기존에 쓰던 학습지를 수정할 때 가르치고자 하는 과거의 사실과 비교적 연관성 있는 현안들을 반영하려고 노력한다.[9] 단지 최신 쟁점을 반영하려는 것이 아니라, 과거 사실의 맥락을 무시하지 않기 위해서 가르칠 내용과 꼭 맞는다고 생각하는 비교적 최근 자료들을 학습지에 반영하는 것이다.

모든 걸 다 최신 자료로 바꾸는 건 아니고 맞는 자료만… 예를 들면 오히려 과거 자료지만, 과거사진상규명위원회에서 의열단에 관한

9 "최근 기사로 바꾼다든가, 아니면 위안부 할머니들 얘기를 할 때 [수요집회] 천 회에 관한 기사를 싣는다든가 하는 거죠."(2차 면담)

재판 기록을 찾아냈다는 기사가 2000년에 있었어요. 그 기사는 지금 봐도 의열단에 대해서 가장 잘 보여 주는 좋은 거다, 이러면 바꾸지 않는다는 거죠. (2차 면담)

교사 B는 역사를 배우는 것이 현재 처한 문제를 해결하는 데 도움이 된다는 점을 가르치고자 한다. 그는 학생들에게 지금 일어나고 있는 일들이 과거에도 일어났던 현실임을 인식시켜 주는 것이 현재를 변화시키는 데 필요한 자극이 될 수 있을 것이라고 보았다.

3) 교사 C

교사 C는 역사를 "과거를 공부함으로써 미래에 대한 판단 기준을 갖게 하는" 학문으로, 무엇인가 생성되고 소멸되는 과정을 추적한 하나의 결과물이라고 본다. 그에게 역사를 공부한다는 것은 역사적 결과물에는 생성과 소멸, 흥망성쇠의 과정이 있음을 이해하되 이를 통해 현재를 판단하고 미래를 준비한다는 것을 뜻한다.

또한 교사 C는 역사를 가르치는 것이 일종의 "가치교육"이라고 했다. 이는 교사가 어떤 가치나 명제를 학생들에게 주입하는 것이 아니라 계속되는 역사 속 사례를 통해 "어떤 가치관이 옳은지를 증명할 수 있게 훈련하는 작업"이라고 표현했다. 교사 C는 자신의 수업을 통해 학생들이 사회를 보는 눈을 키우기를 바란다고 했다. 교사 C가 말하는 사회를 보는 눈이란 현실에 무비판적

적이거나 순응적이지 않은 관점을 뜻하는데, 그는 이것을 "올바른 가치관"이라고 표현했다. 그래서 그는 자신의 역사수업이 학생들에게 어느 가치관이 옳은지 판단하는 훈련을 하는 과정이라고 보았다.

> 역사교육은 기본적으로 가치교육이라고 생각해요. 가치를, 명제를 주입하는 게 아니라, 과거 사례를 통해서, 어느 가치관이 옳다는 것을 증명할 수 있도록 계속 훈련하는 작업이죠. 그래서 이 가치관을 가지고 나중에 사회에 나갔을 때 뭘 공부하든, 어떤 일을 하든 올바른, 개념 있는 가치판단을 할 수 있는 힘을 기르도록 하는 게 역사교육이라고 생각해요. 그래서 그런 사례들을 과거의 일들 중에 찾는 거죠.(2차 면담)

그는 역사 과정을 고찰하면 역사가 영원불멸인 것이 아니라 흥망성쇠한다는 것을 알 수 있고, 모든 것은 생성과 소멸을 겪는다는 점에서 현재의 모든 것이 변할 수 있다는 사실을 알려 주려 한다.

> 첫 번째로, 사회 과목은 […] 현재 만들어진 결과물을 이해하는 데 초점을 맞추잖아요. 그런데 역사는 그 결과물 자체가 그렇게 만들어지게 된 과정들이 있다는 걸 고찰하게 하죠. 두 번째로, 그 결과물은 영원한 게 아니잖아요. 시대별로 계속 흥망성쇠, 생성과 소멸 과정이 있었으니까 그걸 추적함으로써 현재 만들어진 게 완벽한 게 아니고, 때로는 보완되거나 때로는 없어져야 하거나 이런 수정 과정이 있을 수 있다는 걸 알게 되는 거죠. 이건 어떻게 보면 더 미래

> 지향적인 거죠. […] 사회 과목에서는 현재 기준으로 얘기하지만, 역사는 과거를 공부함으로써 미래에 대한 판단 기준을 갖게 하는 것 같아요. […] 현재 기준으로 봤을 때 이건 옳고 이건 그르다의 문제가 아니라, 이것이 옳은 거라면 언젠가는 꼭 이루어져야 한다는 확신을 갖게 하는 거죠.(2차 면담)

즉, 교사 C는 역사를 배우면 현재의 문제들을 해결하는 데 도움을 얻을 수 있다고 보았다. 물론 자연적으로 그렇게 되는 것은 아니지만, 역사학은 다른 학문에 비해 현재 문제 해결에 도움을 줄 가능성이 높은 학문이라고 보기 때문이다. 이를 통해 그는 어떤 사건이 발생했을 때 학생들이 그 사건을 바라보는 관점을 가질 수 있기를 바라고, 이러한 관점이 앞으로 어떤 학문을 공부하게 되든지 학생들에게 도움이 되기를 바란다. 그는 사회학적으로 보면 기능론에 비판적이고 갈등론에 호의적인 자신의 성향에 공감하면 더 좋겠지만, 이런 생각은 욕심인 것 같다고도 했다.

4) 교사 D

교사 D는 역사가 개인이든 집단이든 사람들이 살았던 흔적이고 그 흔적들이 왜 그렇게 흘러갔을까를 가르치는 것이 역사교육이라고 본다. 역사학이 "인간의 과거 행동"과 "사건들의 연속"을 해석하는 학문이라고 볼 때, 역사는 있었던 일을 해석하는 것이고 문학은 상상의 일을 해석한다는 점에서 차이가 있다고 보았다.

그는 학생들이 학교교육을 통해 "기본적인 상식"을 배워 나가지만, 역사를 배우면서는 "사회상, 우리들의 관계"를 한 번 더 생각해 보게 하고, 현상과 그 내면이 다르다는 인식을 갖는 것이 학생들의 삶의 태도로 정착되었으면 하는 바람을 가지고 있다. 그래서 그는 학생들이 나름대로 "다양한 역사상, 역사 해석, 교과서에 매이지 않는, 사건에 대한 자유로운 생각"을 가지기를 바란다고 했다.

> 예를 들면, 〈시일야방성대곡〉과 함께 여전히 교과서에 나오는 장지연 같은 경우, 이때는 민족주의자였다가 나중에는 친일파가 되었는데, 이 사람을 민족 지도자로 봐야겠느냐, 친일파 명단에 올려야겠느냐, 이런 질문을 던지죠. 답은 제시하지 않으려고 애를 쓰고 있어요. 정답은 없는 것으로 하고 학생들에게 생각해 보라고 하죠. 국산품 애용, 물산장려운동 수업을 하면서도 쉐보레가 한국 차인지 아닌지 네가 생각해 봐라, 스스로 판단해 보라고 하고 끝내죠.(2차 면담)

그래서 교사 D는 자신의 생각을 드러내기보다는 정답이 없다는 것을 강조한다. 가끔 자신의 견해를 밝혀야 할 때는 '자신의 생각'이라는 단서를 달고 말하지만, 교사 자신의 의견이나 역사 해석을 굳이 말하지 않는 이유에 대해서 그는 다음과 같이 설명했다.[10]

---

10 그는 학습지에 들어간 글과 질문이 이미 교사가 선정한 것이고 그 속에 교사의 의도가 들어 있기 때문에 "그것만으로도 충분하다."라고 했다(2차 면담).

가능하면 학생들 스스로 생각을 좀 해봤으면 좋겠어요. […] 우리가 보는 것이 다 사실은 아니다, 교과서는 얼개로만 이뤄져 있고 속살은 좀 다르다, 이런 것들을 한 해 동안 한 번이라도 생각해 봤으면 좋겠다고 하는 정도예요. 그러면 성숙해지는 기회가 되지 않을까, 사물들에 대해서 생각해 보는 기회가 되지 않을까 하는 그런 기대죠. (2차 면담)

교사 D는 자신의 역사수업을 통해 학생들이 스스로 생각한 것을 활동으로 직접 표현하게 하는 것도 중요하게 여긴다.

학습지의 '한걸음 더' 같은 경우에는 너희들끼리 얘기해 보고 정답란에는 자기 생각을 써라, 학습지에서도 '한걸음 더'는 네가 생각해 보고 쓰고, 모둠 활동을 하게 되면 모둠 차원에서 얘기를 하지만 네 생각을 써라, 쫄지 마, 정답은 없다고 하죠. (2차 면담)

교사 D는 최근 참관한 어느 수학교사의 수업에서 특정 수학 지식을 모르던 학생이 동료 학생에게 물어서 이해하고, 그 학생이 또 다른 학생에게 알려주는 것을 본 뒤, 자신의 역사수업에서도 학생들 사이에서 배움이 일어나면 좋겠다는 바람이 생겼다. 물론 교사 D에게는 역사는 정해진 지식을 전달하는 영어나 수학과 달리 학생들끼리 서로 배우는 방식의 배움이 일어나기를 기대하기는 어려울 것이라는 생각도 있다. 역사교과서에 서술된 내용은 행간 하나하나가 수많은 연구 논문들의 결과이자 사상의 연결들로 이어져 있다는 점에서 다른 과목과 똑같지는 않을 것이라고 보기 때문이다.

이런 점에서 교사 D는 학생들이 역사를 배우면서 다양한 해석 가능성이 존재한다는 사실을 인식하고, 학생들 나름의 생각을 가지고 이를 표현할 수 있기를 바라고 있다. 그는 학생들이 자신의 역사 이해를 표현함으로써 서로 간에 배움이 일어나는 것을 볼 수 있기를 기대하고 있다.

5) 교사 E

교사 E는 역사를 과거에 대한 공평한 서술이기보다는 "어느 한편에서 쓰인" 해석의 결과물이라고 본다. 그래서 역사를 공부할 때에는 역사 서술이 "이러면 누구에게 이익인지"를 생각해 보게 하고, 평소 수업 때도 왜 꼭 그래야 하는지, 그러면 누구에게 유리한지 종종 반문한다. 그 이유는 학생들이 교사 E의 역사 해석과 같은 결론을 내리기를 바라서가 아니라, 학생들이 배우는 역사 지식들이 주관적인 이해관계가 반영된 하나의 해석이고 그러한 해석이 어떻게 존재하게 되었는지 의문을 갖게 하려는 것이다.

더불어 교사 E는 역사가 현재 나의 삶과 관련 없는 이야기이거나 대학입시를 위해 배워야 하는 과목이 아니라, 현재 우리 사회의 문제, 나의 삶 속에 있는 문제를 해결하는 데 도움이 될 수 있다는 점을 강조한다.[11]

---

11 그는 자신의 역사수업의 초점이 "과거의 역사를 보면서 오늘의 내 삶과 우리 사회

그래서 교사 E는 역사수업이 현재 문제의 해결책을 찾는 데까지 이어져야 한다는 점을 중요하게 생각하고, 이런 활동을 특히 수행평가에 적용하고 있다. 수행평가는 세 가지인데, 하나는 과거의 특정 인물에게 학생들이 편지를 쓰는 것으로, 현재 문제 해결에 시사점을 제공할 만한 인물을 선정한다. 다른 하나는 그 인물이 우리 사회에 던지는 메시지를 통해 현재 우리 사회의 문제를 어떻게 해결할 수 있을지 구체적 대안을 신문 기사에서 찾아보고 분석하는 것이다. 마지막 하나는 그 대안을 실현하기 위해 정보공개청구[12] 활동을 시도하는 것으로, 이러한 활동의 결과를 정리하여 발표하게 하는 방식이다.

> 학생들이 역사를 배우는데 지금 자신의 모습은 안 봐요. 수능 얘기만 하고 [⋯] 그래서 역사 편지 쓰기를 생각해 본 거고, [⋯] 그걸 연장시켜서 역사 속 인물이 사회에 던지려는 메시지와 부합하는 현재의 모습을 신문 기사를 통해서 찾아보게 하는데 [⋯] 결국은 자신의 참여 속에서 변화를 가져와야 하는데, 내가 할 수 있는 게 별로 없다는 생각을 하는 학생들이 많으니까 그 속에서 학생들한테 '권리'와 '참여'라는 부분을 알려 주고 [⋯] 그걸 나눠야 한다는 생각에서 발표까지 생각을 한 거죠.(2차 면담)

를 보자"는 것이라고 표현했다(2차 면담).

12 공공기관이 직무상 생산·취득하여 보유·관리하고 있는 정보에 대하여 청구하는 것으로, 민원인이 정보공개청구서를 작성하여 청구하면 공공기관은 공개 여부를 결정하여 공개(비공개, 부분공개) 결정통지서를 송부한다('공공기관의 정보공개에 관한 법률', 1998년 1월 1일부터 시행).

그는 학생들이 역사 편지 쓰기를 통해 경험하게 하고 싶은 점들을 두 가지 채점 기준에 반영한다. 하나는 학생들이 역사 속 인물의 알려지지 않은 모습을 찾는 것이고, 다른 하나는 학생들이 그 인물들을 통해 현재 사회에 제시할 메시지를 추출해 내는 것이다.[13] 해당 인물을 통해 현재 사회에 제시할 수 있는 메시지를 추출하고 나면, 교사 E는 학생들이 그 메시지와 연관된 현재의 사회적 쟁점을 신문에서 찾아보고 해당 쟁점에 대해 분석하게 한다.[14] 마지막 단계로는 학생이 선택한 사회적 쟁점을 해결하기 위한 기초 단계로서 그 문제와 연관된 주무 기관에 정보공개청구를 하고 그 결과를 통해 학생 스스로 할 수 있는 일을 찾아나가게 하는 것이다.

이와 같이 교사 E는 학생들이 기존에 자신이 알고 있던 역사 지식이 어떻게 형성된 것인지 이해하고 역사 해석은 어느 한편의 이해관계를 반영한다는 점을 깨닫게 하고 싶어 한다. 그는 학생들이 살고 있는 현재 사회에도 이러한 관점을 투영하기를 바라고, 이를 통해 학생들이 자신의 삶을 변화시킬 수 있는 노력까지 해 나가기를 기대하고 있다.

13 "역사 편지 쓰기는 두 가지 채점 기준이 있는데, […] 첫 번째는 인물에 대한 평가예요. 잘 알려지지 않은 인물을 드러내거나 잘 알려진 인물이어도 잘 알려지지 않은 모습을 드러내는 것. 두 번째는 그 인물을 통해서 우리 사회에 던지려는 메시지가 구체적으로 뭔지를 밝히는 거예요."(2차 면담)

14 "기사를 통해서 자신이 사회에 하고 싶은 이야기를 꺼내고, 또한 그 기사를 통해서 관련 사회 문제에 대한 분석을 붙이도록 하는 거죠."(2차 면담)

제5장

수업을 통해 본 역사교육 목적의 구현과 굴절

1 역사교육 목적의 중첩성

사례 교사들은 "역사교육 목적이 무엇인가?"라는 질문에 대해서는 대체로 가장 중요하게 생각하는 듯한 한 가지를 답했지만, 면담 전체 과정으로 보면 그들이 밝힌 역사교육 목적은 한 가지가 아니라 여러 가지로 중첩되게 제시되었다. 그렇다면 사례 교사들의 수업 실천은 어떠할까? 사례 교사들의 수업 관찰 결과 면담에서 밝힌 역사교육 목적들은 실제 수업에서도 중첩되게 드러났는데, 가장 두드러지게 강조된 점들을 중심으로 살펴보겠다.

1) 교사 A: 상식과 교양의 체득, 앎을 표현하는 학생

교사 A는 학생들이 자신의 역사수업을 통해 적어도 상식과 교양 수준의 역사적 사실(인물, 사건, 용어 등)을 이해하고 이를 체득하여 표현할 줄 알게 하고자 한다는 점을 면담에서 강조했다. 그의 이러한 목적이 수업 실천에서도 드러나는지 살펴보겠다.

교사 A는 〈세계사〉 수업 첫 시간에 "세계사를 왜 배워야 할까?"라는 물음을 수업 주제로 다뤘다.[1] 수업 시간에 학생들에게 나눠준 학습지에는 이번 차시 수업의 목표가 "세계사를 왜 배워야 하는지 말할 수 있다."와 "평화와 공존이라는 틀에서 세계사를 공부함을 이해할 수 있다."라고 제시되어 있었다.

교사 A는 이 학교가 채택한 〈세계사〉 교과서의 집필자 머리말에 나오는 "영국'만' 아는 사람은 영국'도' 모른다."라는 말을 언급하며 이 말이 무슨 뜻일지를 학생들에게 물었다. 학생들의 생각을 들어본 다음 교사 A는 이 문장의 의미를 다음과 같이 설명했다.

> (칠판에 '비교대상'이라고 적으면서) 영국이 어떤 특성을 갖고 있는지를 제대로 알려면, 그러니까 영국만이 가지고 있는 고유한 것이 무엇인지를 알려면 다른 것과 비교하지 않으면 안 된다는 거죠. 예를 들면 우리나라가 어떤 특징을 가지고 있느냐, […] 어떤 성향을 가지고 있느냐는 다른 나라와의 비교를 통해서만 알 수 있다는 뜻입니다. 다른 나라, 다른 문화를 알지 못하면 우리 문화의 특징이 뭔지, 우리나라의 주체성이 뭔지 알 수 없다. 그래서 세계사는 우리를 이해하는 데 도움이 된다, 저는 이렇게 해석을 하고 싶어요. 여러분들이 다른 생각을 갖고 있다면 다르게 이해하셔도 됩니다.(2차 참관 수업)

이처럼 교사 A는 세계사를 배우는 이유에 관해 설명하면서, 우리나라의 특징을 다른 나라와의 비교 속에서 이해할 수 있다는

---

1 교사 A의 2차 참관 수업. 수업 시작에 앞서 교사 A는 〈세계사〉 수업이 주당 4시간이며 그 가운데 2시간은 블록타임으로 운영되고, 앞으로 〈세계사〉 수업은 역사교과교실에서 이동 수업으로 진행된다는 점 등을 안내했다.

점을 사신의 의견으로 제시했다. 또한 앞으로 〈세계사〉 수업을 할 때 '교류', '소통', '공존'이라는 단어를 기억해 달라고 주문하였다.

> (칠판에 '역사 → 교류, 갈등, 소통 결과'라고 쓴 뒤, 교과서의 집필자 머리말 부분을 가리키며) 오늘날의 세계 역사, 오늘날의 역사라는 것은 다양한 지역의, 다양한 문화가 끊임없이 교류하고, 때론 갈등하고 소통해서 나온 결과라고 얘기를 하고 있죠. (2차 참관 수업)

교사 A는 교과서의 차례 부분을 보게 하면서, 대단원 8개 가운데 1학기에는 5단원까지, 2학기에는 6단원부터 8단원까지 "진도를 나간다."고 했다. 부연해 설명하기로는 근현대사에 해당하는 6단원부터 8단원까지가 현재와 가까운 역사이므로 좀 더 집중적으로 수업할 것이라고 했다.[2]

이후 교사 A는 학생들에게 〈세계사〉 과목을 선택한 이유 등 세 가지 질문에 대한 자신의 생각을 학습지에 써 보게 했다([그림 1] 참조). 교사 A는 학생들에게 각자 자신의 생각을 쓰게 한 뒤, 모둠별로 모여 앉게 했고,[3] 이후 학생들은 서로 얘기하며 받아 적었다.[4] 잠시 후 교사는 각 모둠에서 발표할 사람을 정했는지 확인

---

2 2단원부터 5단원까지에 관해서 "1학기 때는 보통 전근대사라고 하는 그 부분을 상식, 교양 상식을 기른다는 차원에서" 수업을 하겠다고 설명했다.

3 학생들은 4~6명으로 된 모둠 8개로 만들어 앉았는데, 지난해에 모둠별 수업을 자주 해 봐서인지 새 학년 초인데도 모둠별로 앉는 것이 익숙한 듯 보였다.

4 예를 들면, 어느 모둠의 학생은 '내가 왜 세계사를 선택했는지'에 관해 "세계에 사는 사람이라면 세계사 정도는 알아야" 한다는 자기 의견을 모둠원들에게 말하고 다른 모둠원들은 그 말을 받아 적었다.

2. 세계사는 왜 배워야 할까?

1) 세계사는 작년의 한국사와는 달리 선택 과목입니다.

① 내가 왜 세계사를 선택했는지 이유를 써 봅시다.

② 자신 있게 설명할 수 있는 세계사 사건에 대해 한 가지 써 봅시다.

③ 한국사는 세계사일까요, 아닐까요? 한국사와 세계사의 관계에 대해서도 써 봅시다.

① ______________________________

② ______________________________

③ ______________________________

2) 친구들의 이야기를 듣고 씁니다. (핵심만)

대표 학생이 모둠원의 이야기를 모아 발표해 주세요!

ㄱ) ______________________________

ㄴ) ______________________________

ㄷ) ______________________________

[그림 1] 교사 A의 2차 참관 수업 학습지 일부

한 뒤, 학생들의 발표를 들었다. "경제나 윤리보다 할 만한 것 같아서"라는 답도 나오고, "역사를 좋아해서"라는 답도 나왔다. 이에 대해서 교사 A는 별다른 평을 하지는 않았는데, 학생들 자신의 생각을 말하고 다른 학생들의 생각을 듣고 적는 활동 자체에 의의를 두는 것으로 보였다.

3. 세계사를 바라보는 눈

1) 교과서의 자료와 아래의 자료를 읽고 세계사를 바라보는 바른 자세에 대해서 생각해 보자.

- 교과서 15쪽의 본문 '마라톤 경주와 마라톤 전투'
- 읽기 자료

> 마라톤 전투에서 패한 페르시아의 후예국인 이란은 마라톤을 금지하고 있다. 이 때문에 올림픽과 아시아안 게임 등 세계 대회에서 마라톤 종목에 출전한 선수는 단 1명도 없었으며 자국의 도시인 테헤란에서 열린 1974년 아시안 게임에서는 마라톤이 아예 제외되었다. 일국의 승리를 기념하기 위한 경주를 세계 평화와 인류의 화합을 목표로 하는 올림픽에서 개최하는 것에 대해서 이란은 매년 국제올림픽위원회에 반대 의사를 표명하고 있다고 한다.

(중략)

2) 교과서의 19쪽의 역사탐구(십자군 전쟁과 평화 공존의 노력)를 읽고 이 사례에서 배울 수 있는 바가 무엇인지 말해 보자. 그리고 역사에서 우리가 추출해 내야 할 것이 무엇인지 말해 보자.

[그림 2] 교사 A의 1차 참관 수업 학습지 일부

또 다른 학급의 〈세계사〉 2차시 수업에서는 교과서에 나오는 '마라톤 경주와 마라톤 전투'라는 글과 학습지의 읽기 자료를 읽게 했다([그림 2] 참조).[5] 교사는 마라톤의 유래에 관한 글과 왜 이

5 교사 A의 1차 참관 수업.

란이 마라톤 경주 개최에 반대하는가에 관한 글을 읽게 한 뒤 학생들에게 "이 글을 통해 알 수 있는 세계사를 바라보는 자세는 무엇일까?"라고 물었고, 한 남학생이 다음과 같이 답했다.

학생 1: 전해져 내려오는 역사적 이야기가 실제 사실과 다른 경우가 있으니까 분별해서 봐야 돼요.

교사 A: 분별해서 봐야 한다는 얘기를 해 줬구요. 좋은 얘기죠. 마라톤 전투에 관한 얘기에서 우리가 알 수 있듯이. 분별한다, 어떻게 분별하면 좋을까?

학생 1: (잠시 생각하더니) 여러 자료를 찾아봐요.(1차 참관 수업)

교사는 학생의 대답을 인정해 주면서 다음과 같이 설명했다.

(칠판에 '편견'이라고 쓰고는) 요즘에는 편견을 바로잡자, 이런 것들이 많이 얘기가 되고 있어요. 그런데 편견을 바로잡으려면? 정말 인간이 객관적일 수 있을까에 대해서는 의문이 들지만, 가능한 한 객관적으로 알아볼 수 있도록 그런 마음가짐이나 자세를 갖자, 되게 좋은 애기를 했습니다.(1차 참관 수업)

그리고 한 학생의 발표를 더 들은 뒤 역시 좋은 얘기라고 칭찬하고는 두 번째 질문으로 넘어갔다. 두 번째 질문이 다루는 내용은 교과서에서 실린 '십자군 전쟁과 평화 공존의 노력'이라는 글로, 십자군 전쟁 이후 프리드리히 2세와 알카밀이 예루살렘을 공유하기로 한 비밀 협정을 맺었다는 것을 설명한 글이다. 교사

A는 학생들에게 이 내용이 신성로마제국 황제의 예루살렘 지배를 인정하되 이슬람 성지는 이슬람 사람들이 관리한다는 취지로 쓰인 내용이라고 요약하여 설명했다. 그리고 이 문제를 읽으면서 (의도하지는 않았던 듯한데) 두 번째 질문에 해당하는 교사 자신의 의견을 먼저 말했다.

> 기독교 세계와 이슬람 세계라고 하면 항상 갈등을 떠올리게 되고, 서양 사람들이 이슬람 세계에 대해서 폭력적인 집단이라는 편견을 생산해 내고 있는데, 그런 것을 불식시킬 수 있는 사례를 세계사에서 찾아내서, 우리가 앞으로 미래에는 다 같이 살아야 되니까 […] 그런 것들을 역사에서 추출해 보면 좋겠다, 라고 제가 말을 해 버렸네요. (1차 참관 수업)

그는 역사에서 학생들이 추출해 내야 하는 것으로 편견을 불식시킬 수 있는 사례들을 들었다. 그러고는 학습지의 '이것만은 꼭 알고 가자'라는 항목에서 "① 사마천, 이븐 할둔, 헤로도토스의 공통점은? ② 기전체와 편년체에 대해 정확히 설명해 보세요."에 답을 찾아 써 보라고 했다. 이러한 물음을 던지는 이유에 대해 교사 A는 상식으로 꼭 알아야 하는 부분이기 때문이라고 설명했다. 가령 ①에 관해서 학생들에게 교과서를 찾아보고 쓸 시간을 준 뒤에 교사 A는 다음과 같이 질문하였다.

> 교사 A: 사마천, 이븐 할둔, 헤로도토스, ○○아, 이 사람들의 공통점은 뭐예요?

학생 ○○: (대답이 없다.)

교사 A: 모르면 □□이, 이 사람들의 공통점.

학생 □□: 전쟁을 했어요.

교사 A: (웃으며) 전쟁을 했어요, 네. (머리를 긁적이며 작은 소리로) 그건 좀 아닌 것 같고. △△이.

학생 △△: 역사를 기록했어요.

교사 A: 네, 역사를 기록했어요. 한마디로 역사가죠? (칠판에 '사마천→중국 한나라, 이븐 할둔→이슬람, 헤로도토스→그리스'라고 적으며) 이 사람들은 역사가, 역사학의 아버지라고 불릴 수 있을 만한 역사가들이라고 보시면 되겠고요.(1차 참관 수업)

그리고 문제②에 대해서는 다음과 같이 설명했다.

역사 서술 방식에서 이 두 가지는 꼭 구분해 주시면 되겠습니다. [···] 기전체와 편년체가 어떤 것을 중심으로 쓰는 것이냐, 이 정도는 여러분이 세계사를 배웠으니까 기본적으로 알아두셔야 된다는 거죠.(1차 참관 수업)

이렇듯 교사 A는 〈세계사〉 수업 1차시와 2차시에서 세계사를 배우는 이유로 2009 개정 세계사 교육과정이 강조하는 것처럼 '교류와 소통', '문명 간 공존'을 들었다. 이를 통해 편견을 극복하고 비교사적·교류사적으로 이해하는 것이 필요하다는 점도 강조하였다. 그러나 나머지 다섯 차례에 걸친 수업 참관에서는 이런 점이 거의 강조되지 않았다. 그 이유는 무엇일까? 1학기가 끝나가던 7월 초 2차 면담에서 교사 A는 이렇게 말했다.

> 처음에는 우리 교과서의 특징으로 나온 문명 간의 교류나 이런 걸 집중적으로 가르치려고 했다가 결국은 그쪽에 포커스를 맞추지 못하고… 각국사 중심으로 수업하면서 중국에 있었던 나라, 왕조 이름을 외우게 하는 식으로 진행하고 있어요. 연초에는 인간의 교류와 소통, 평화 이런 걸 잡고 있었는데 그게 실천이 잘 안 됐죠.(2차 면담)

교사 A는 자신의 주당 수업 시수가 지난해보다 훨씬 많은 20시간이라서 편견 극복, 비교사적·교류사적 이해를 강조하는 수업을 준비할 만한 여력이 없었다는 점을 이유로 들었다. 또한 학생들의 학업 능력 수준이 예상보다 낮다는 것을 알게 될수록 편견 극복이나 비교사적·교류사적 이해보다는 교양과 상식을 쌓게 해야겠다는 생각을 더 많이 하게 되었다면서 학생들이 역사를 배워 상식을 갖추고 이를 이해하여 스스로 표현할 수 있게 하는 데 강조점을 두게 된 이유를 설명했다.

2) 교사 B: 현재 문제 해결의 열쇠

교사 B는 면담에서 역사를 배우는 것이 현재 문제를 해결하는 데 도움이 된다는 점을 가르치고자 한다고 밝혔다. 그는 지금 일어나고 있는 일들이 과거에도 일어났던 현실이라는 것을 인식시켜 주는 것이 현재를 변화시키는 데 필요한 자극이 될 수 있다고 보았다. 그렇다면 그의 이러한 인식이 수업 실천에서도 드러나는지를 살펴보겠다.

교사 B는 〈한국 근현대사〉 첫 번째 수업에서 대학수학능력시험 사회탐구 영역 내 다른 과목들과 달리 〈한국 근현대사〉가 어떤 특징을 지니는지를 소개했다.[6] 그는 〈한국 근현대사〉가 총 200년간의 시간을 다룬다는 점에서 〈국사〉와 다르고 대학수학능력시험에 출제되는 인물이나 사실은 〈국사〉에 비해 한정되어 있다고 설명했다. 그리고 기본 개념은 쉬워도 복잡한 사회 현상에 적용하기가 쉽지 않은 〈사회·문화〉와 다르다는 점을 〈한국 근현대사〉 과목의 특징으로 꼽았다. 그리고 가까운 역사, 현재의 역사를 다루기 때문에 학생들이 가깝다고 느낄 만한 내용이 많아서 이해하기 쉬운 측면이 있다고 했다. 이는 주로 일반계 고등학교 3학년 학생들에게 〈한국 근현대사〉 과목을 입시 과목으로 선택하면 유리한 점을 소개하는 데 초점을 둔 듯했다. 이를 통해 〈한국 근현대사〉에 대한 흥미와 관심을 높이려고 했던 것으로 보인다.

그는 1863년 흥선대원군의 집권기부터 1910년 한일 강제 병합 사이의 시기에서 배울 주요 내용은 자주적 근대화이고, 1910년부터 1945년까지의 일제강점기에 관해 배울 주요 내용은 식민 통치와 민족해방운동이라고 했다. 그리고 1945년 해방과 분단, 한국 사회의 정치, 경제, 사회, 문화 등을 현재까지 이어 다루는 과목

6 교사 B의 1차 참관 수업.

이라고 했다. 이러한 설명은 이 과목이 다루는 시대와 주제를 소개한 것이다.

교사 B는 '근대 사회의 태동'이라는 단원의 제목을 두고, 우선 '근대' 하면 무엇이 떠오르는지를 물었다. 학생들은 서양, 잘살게 되는 것, 농민들의 성장, 물질적으로 풍부해지는 것 등을 들었고, 교사 B는 흔히 근대화를 서구화로 여기는데 이는 부적절한 이해라고 지적했다. 그는 이어서 〈한국 근현대사〉는 200년을 다루는데 〈국사〉는 무려 70만 년을 다룬다며 그중 "69만 년 동안 돌만 깼고, 갈기 시작한 건 1만 년 전"이라고 하면서 70만 년과 교과서가 담고 있는 200년의 급격한 변화를 대비시켜 설명하였다.

이와 같이 교사 B는 1, 2차시 수업을 통해 〈한국 근현대사〉 과목을 소개하면서 〈한국 근현대사〉가 〈국사〉에 비해 짧은 시간을 다루지만 현재 우리 시대에 끼친 영향은 매우 크다는 점을 강조했다.

교사 B는 주로 일제강점기를 다루는 수업에서 자신이 가르치는 〈한국 근현대사〉가 현재의 문제들과 연결되어 있다는 점을 강조하였다. 예를 들면, 1938년 일제의 '국가총동원령'과 강제 징용을 다루는 수업에서 그는 자신이 지난해 일본을 방문했을 때 겪은 일화를 소개하였다.

교사 B는 기타큐슈 도심 지역에서 1시간을 가니 어떤 큰 산이 나오더라고 했다. 그 산은 진짜 산이 아니라, 제철소에서 철을 만들기 위해 탄광에서 캐내고 남은 흙이 쌓인 것이었다. 징용을 당해 아버지가 그 제철소에서 일했다는 한 할아버지를 따라 그 산속으로 들어가니 늪지대 같은 것이 나왔고 돌들이 여기저기 흩어져 있었다.

> 여기가 이 탄광에 끌려와서 일하다 죽은 사람들의 무덤이라는 거야. 강제로 끌려와 일하던 사람들에게 변변한 무덤을 만들어 줬을 리가 없지. 그래서 시신이 묻힌 곳이라는 걸 알게 하기 위해서 돌무더기로 표시만 해 놓은 거야. 그런데 그 할아버지가 돌아가시면 이것이 그 무덤인지도 모르게 되는 거지, 사람들이.(5차 참관 수업)

이와 같이 교사 B는 일제의 강제 징용으로 인한 피해와 상처가 현재도 지속되고 있다는 점을 자신이 보고 들은 내용을 통해 전했다.

또한, 교사 B는 1930년대 항일운동을 가르치며 학생들에게 김구와 김원봉 중에 누가 더 친숙하게 느껴지는지를 물었다. 그리고 학생들이 한인애국단의 김구는 알아도 의열단의 김원봉은 잘 모르는 이유에 대해 다음과 같이 설명했다.

> 이게 바로 분단의 아픔이죠. 김원봉은 나중에 북한으로 가니까 안 가르쳤던 거야. […] 끊임없이 견제하고 경쟁하다 보니 역사도 제대로 못 가르치고, 그치?(6차 참관 수업)

즉, 학생들에게 김구가 김원봉보다 친숙한 것은 학생들이 살고 있는 현재가 과거의 인물을 어떻게 다루는지와 연관이 있다는 것을 강조하였다. 이처럼 교사 B는 면담에서 어느 시대를 이해하려면 그 시대의 사람을 알아야 하고, 그래야 역사를 잘 가르칠 수 있다고 밝힌 바 있다. 학생들에게 어느 시대를 이해하게끔 하려면 이미지로서의 역사상을 떠올릴 수 있게 해야 하는데, 이는 인물에 반영된다는 것이다. 특히 역사에서 유명한 인물들은 그 시대가 만든 인물들이고, 그들이 옳았든 틀렸든 그들의 행위에 시대가 영향을 끼쳤다는 점을 이해하는 것이 필요하다고 보았다. 교사 B는 10년 가까이 〈한국 근현대사〉를 가르치며 학생들이 들어봤음 직한 인물들이 어떤 시대가 만든 인물인지, 그 인물들은 현재 우리의 삶과 어떻게 연관되어 어떤 영향을 끼치고 있는지 아는 것을 중요하게 여기고 있었다.

그래서 교사 B는 수업에서 과거 인물을 통해 당시 시대를 이해하는 것을 중요하게 다룬다. 실제 수업에서 과거 인물이 남긴 기록, 사진이나 작품, 그에 관한 다른 사람들의 기록, 당대 문학작품 등을 활용하여 학생들의 역사적 감수성을 자극하기도 했다. 그는 수업에서 다루는 인물들이 현재 어떻게 평가되고 있는지, 과거 그의 행적이 현재 우리의 삶과 어떠한 연관성이 있거나 우리 삶에 어떠한 영향력을 끼치는지 등을 다루려고 노력한다고 했다. 이른바 유명한 사람들이 아니어도 당대의 모습을 보여 주는 인물이라면 예시로 소개하기도 했다. 1920년대 조선의 평범한 사람들의 모습에 대해서는 소설 〈운수 좋은 날〉에 나오는 김첨지를 예로 들어 아내가 좋아하는 국밥 한 그릇 사줄 수 없던 그의 처지를 생각해 보게 하였다. 또한 교사 B는 윤봉길 의사의 유서를 읽어 주고 학생들에게 "왜 빈 무덤일까?"라고 물었다.

강보에 싸인 두 병정, 모순과 담에게

너희도 만일 피가 있고 뼈가 있다면
반드시 조선을 위해 용감한 투사가 되어라.
태극의 깃발을 높이 드날리고
나의 빈 무덤 앞에 찾아와 한 잔의 술을 부어 놓아라.
그리고 너희들은 아비 없음을 슬퍼하지 말아라.
사랑하는 어머니가 있으니
어머니의 교양으로 동서양 역사상 성공자를 보건대
동양으로 문학가 맹자가 있고
서양으로 불란서 혁명가 나폴레옹이 있고
미국에는 발명가 에디슨이 있다.
바라건대 너희 어머니는 그의 어머니가 되고
너희들은 그 사람이 되어라.

교사 B는 의거가 성공하여 죽음에 이를 것을 예상하고, 즉 의거가 성공하면 윤봉길 의사는 자결하거나 일제에 체포돼 처형되므로 시신을 찾기 어려워져서 미리 유서를 남기는 것이라는 점을 설명하였다. 그는 이를 통해 당시 윤봉길 의사의 처지와 심정에 대한 이해를 돕고자 했다. 또한 거사 직전에 정장을 차려 입고 밝은 표정으로 태극기 앞에서 사진을 남기는 것이 당시 독립 운동가들의 결의를 보여 주는 문화이기도 했다는 점을 설명하였다.[7]

---

7 이러한 점들은 교과서에 서술되어 있지도 않고 대학수학능력시험에도 출제되지

또한 교과서에는 없지만 학생들이 알고 있을 만한 점들을 들어, 2008년 5만 원권 지폐에 들어갈 인물로 선정된 신사임당의 영정을 그린 화가가 친일 행적으로 논란이 있었다거나, 학생들이 알고 있는 어느 대기업의 창시자나 어느 사립대학의 설립자 등이 일제강점기에, 특히 '태평양 전쟁' 때 어떻게 '친일 부역'을 했는지 등을 추가로 설명하기도 했다.[8] 동시에 우리나라 학생들이 일본을 제일 싫어하는 나라로 여기거나 무조건 반일 입장을 취하는 것이 부적절한 이유에 대해서도 설명했다.[9]

일곱 차례의 참관 수업 가운데 교사 B가 과거 사실과 현재 문제의 연결 고리를 드러낸 수업은 절반 정도였다.[10] 그 이유에 대해 교사 B는 가르치는 학년이 일반계 고등학교 3학년이고 근무 지역이 비평준화 지역으로 대학입시에도 더 예민한 곳이어서, 한국교육과정평가원이 시행하는 9월 모의평가를 치를 무렵까지는 〈한국 근현대사〉 교과서 전체 진도를 마쳐야 한다는 압박에서 자유로울 수가 없다는 점을 들었다. 그래서 현재 문제와 관련지어 소개할 이야기와 자료들은 훨씬 많지만 수업에서 활용하기가 어렵다고 했다.[11]

않을 것 같은 내용이지만, 교사 B는 윤봉길 의사가 자기 아들들에게 "피가 있고 뼈가 있다면 반드시 조선을 위해 용감한 투사가" 되라고 말하는 심정이 어땠을지를 묻기도 했다.

8 교사 B의 5차 참관 수업.

9 그 예로 1945년 히로시마에 원자폭탄이 떨어졌을 때 그곳에는 군수공장이 많아서 공장에서 일하던 평범한 일본인들도 많은 피해를 입었다는 것을 들었다. 교사 B는 "그 사람들이 무슨 죄야."라며 일본이라는 이유로 무조건 비난만 해서는 안 된다는 점도 덧붙였다.

10 특히 일제강점기 독립운동과 문학과 예술을 다루는 수업에서 분명히 드러났다.

3) 교사 C: 사건을 보는 관점의 성장, 현재 사회의 지배적 관점에 도전

교사 C는 면담에서 역사를 배우고 과거를 돌아보면 현재 문제 해결에 도움을 얻을 수 있고, 역사학이 다른 학문에 비해 현재 문제 해결에 도움을 줄 가능성이 높은 학문이라고 보았다. 그래서 그는 자신의 역사수업을 통해 어떤 사건이 발생했을 때 학생들이 그 사건을 바라보는 관점을 가질 수 있기를 바라고 있다. 이러한 점이 그의 수업 실천에서 어떻게 드러나는지 살펴보겠다.

교사 C는 첫 수업에서 〈역사(하)〉가 한국사와 세계사로 나뉘어 있다는 점을 먼저 짚어 주었다.[12] 그리고 지난해와 마찬가지로 한 차시 동안 교사가 제시한 2개의 문제와 이에 대한 제시어들을 공책에 쓰되 문제에 부합하는 글을 한 문단으로 쓰라고 강조하였다.

교사 C는 역사가 시간적 흐름과 공간적 구조를 모두 갖는 하나의 덩어리라고 설명해 왔다. 그는 시간적 흐름은 원인과 결과로 연결되는 것이고, 공간적 구조는 한 시대를 잘라 단면을 보는 것과 같이 지역, 권력, 신분 등에 따라 다양한 차이가 공존하는 것이라고 설명하였다. 그는 개별적인 사건 이름이나 인명을 아는 것 자체는 의미가 없고, 역사는 '덩어리'로 배워야 한다면서 학생들에게 "문제의 답을 쓸 때는 반드시 문장으로" 쓸 것을 강조한다. 그

11 예를 들면, 3학년 수업에서 1시간 동안 다룬 일제강점기 문학과 예술은 2학년 수업에서는 2시간 동안 다루는 분량이었다는 것이다(3차 면담).

12 교사 C의 1차 참관 수업.

는 이런 방식이 학생들로 하여금 역사를 덩어리로 이해하게 하는 방법의 하나라고 했다.

교사 C는 역사를 낱낱의 것으로 보지 않아야 오늘날 우리 시대의 구조나 상황의 원인을 파악할 수 있는 눈이 생긴다는 점을 강조하였다.

> 결국 역사는 지난번에 얘기한 것처럼 해석하는 능력을 기르는 거니까. […] 나중에 어른이 되면 매일같이 수많은 정보와 지식을 접하게 되는데 그중에서 버릴 건 버리고, 챙길 건 챙겨서 그걸 해석하고 판단을 내려서 행동하는 과정들이 결국 중요한 거거든.(3차 참관 수업)

교사 C는 "스스로 해석하고 판단하여 행동하는 것이 중요한데, 그런 눈을 갖지 못하면 남이 해 주길 기다리거나 남이 하는 말을 듣고 곧이곧대로 믿게 된다."라면서 학생들에게 지금은 많이 쓰기보다는 직접 생각해 보고 요약해서 쓰는 것을 강조했다.

교사 C는 수업에서 역사라는 이야기 속에는 교훈이 있고, 현재에 대한 깨달음을 주는 하나의 시각, 가치관이 들어 있다는 점도 강조했다. 이러한 부분을 강조하는 맥락에서 교사 C가 교훈으로 여기는 사례들이 제시되었다. 교사 C는 수업 때 설명하는 사건에서 지금 시대의 학생들이 연관하여 생각해 볼 만한 문제들에 관해 질문을 던졌다. 예를 들면 일제강점기 국내 사회운동을 배우는 수업에서 물산장려운동을 설명하면서, 교사 C는 학생들이 대부분 당연하다고 여길 것 같은 생각에 대해 몇 가지 의문을 던졌다. 우선, 물산장려운동은 국산품을 애용해 조선의 산업을 키우자는 운동인데, 국산품 애용이 민족이나 국가에 이익이 될 것인가 하는 물음을 던졌다.

> 교사 C: [일본인 기업가나 친일 기업인이 아닌] 우리나라 사람이 번 돈을 다시 조선의 백성들을 위해서 또는 조선의 독립운동가들을 위해 썼을까?
>
> 학생 2: 아니요.
>
> 교사 C: '맞다, 아니다'가 아니라 모르는 거지. 무슨 말인지 이해되나요? 우리가 너무나 당연하게 [국산품 애용이] 이건 우리나라를 위한 거니까 우리한테 이익이 되는 걸 거야, 무조건 옳은 일일 거야, 이렇게 생각하는 게 좀 위험한 경향이 있어.(6차 참관 수업)

교사 C는 국산품 애용으로 생긴 수익이 당연히 조선 백성이나 독립운동을 위해 쓰였다고 생각할 수는 없다고 설명하였다. 조선인 기업가들이 그렇게 하지 않았다는 것이 아니라 어떻게 했는지 우리는 모르는 상태에서 국산품 애용이 국가와 민족에 이익이었다고 단순히 받아들이면 위험하다는 것이다. 교사 C는 이것을 오늘날의 문제와 연결하여 외국 대형 마트가 국내에 들어오니까 국내 대형 마트 회사들이 자신들은 토종기업이라고 광고하는데, 국내 대형 마트를 이용하면 소비자들에게도 이익이 생길지 의문을 가져 보자는 식으로 자신의 견해가 반영된 물음을 제기하였다.[13]

광주학생항일운동에 대해서는 "우리는 선배들을 많이 본받아야 됩니다." 또는 "자랑스런 역사를 배워야 합니다."라고 가르치는 것이 옳을까 하는 물음을 던졌다. 교사 C는 자신이 학생들에게 광주학생항일운동 당시의 학생들처럼 당장 무엇을 해야 된다고 강조하는 것이 아니라고 했다. 역사에서 배우는 내용을 통해 현재의 상황을 이해하고, 어떤 점이 잘못됐으며, 어떻게 고쳐야겠다는 의지를 갖고 있는지 여부가 중요하다고 말했다.

대한민국 경제발전의 특징을 1960년대부터 1980년대까지 정리하는 수업에서는 요즘 기업들이 수익을 높이려고 임금을 깎고 비정규직을 늘리는데 이를 어떻게 봐야 할지를 물었다. 교사 C는 소득이 낮은 비정규직이 늘어나면 기업들에도 결국 손해가 된다면서, 흔히 사람들은 소득이 낮아지면 소비를 줄이고 아껴 쓰면 된다고 생각하기 쉽지만 소비가 줄어들면 기업도 상품을 적게 생산하게 되어 경기가 전반적으로 위축되지 않겠느냐고 예시를 들었다. 즉, 내수 경제가 활성화되지 않아 국민들의 소득이 낮아지면 우리나라 경기 자체가 침체될 수 있으므로 내수를 경시하면 안 된다는 자신의 견해를 밝혔다.

이처럼 교사 C는 자신의 견해를 숨기지 않고 적극적으로 드

---

13 비슷한 예로 "여수 엑스포나 평창 동계 올림픽을 통해 얻는 국익이 평범한 사람들에게도 이득일까?"라는 물음을 던졌다. 프랑스나 스위스처럼 지속적인 관광 산업 개발로 일자리를 만들 수 있는 나라와는 달리 우리나라는 일회성 행사를 통해서는 보통 사람들을 위한 안정적 일자리를 창출하는 것이 어렵다는 자신의 견해를 밝혔다. 그는 이를 두고 자신의 이야기가 국산품 애용을 하지 말자는 것이 아니라 국산품을 애용하자는 논리를 학생들이 너무 당연하게 여길 이유가 없다는 점을 설명하려 한 것이라고 밝혔다(6차 참관 수업).

러내는 방식으로 수업을 이끌었다. 이는 교사 C가 역사수업에서 과거의 사실을 현재 문제와 연결 지어 설명할 때 자신의 가치관을 드러내지 않을 수 없고, 이를 부정하려 해도 모든 역사교사들은 알게 모르게 가치교육을 하고 있다고 생각한다고 면담에서 밝힌 바와 연결되어 있다. 그는 실제 자신의 수업에서는 면담에서 밝힌 점보다 더 나아가 과거 사실을 통해 학생들이 배워야 하는 교훈을 적극적으로 제시하였다. 이는 학생들이 현재 사회의 지배적 관념에 도전하기를 바라는 것으로 보인다.

4) 교사 D: 다양한 해석 가능성의 공존, 역사 이해의 표현

교사 D는 면담에서 학생들이 역사를 배우면서 다양한 해석 가능성이 존재한다는 사실을 인식하고, 학생들 나름의 생각을 가지고 이를 표현하게 되기를 바라고 있다고 밝혔다. 이를 통해 학생들이 자신의 역사 이해를 표현하면서 다른 학생들과 서로 가르치고 배우게 되기를 기대한다고 했다. 그의 수업 실천에서 이러한 점들이 어떻게 드러나는지 살펴보겠다.

교사 D는 〈역사(하)〉 첫 시간에 교사 자신을 소개하는 수업을 했다.[14] 교사 D에 관한 명제를 10개 제시하고 이 가운데 거짓인 명제가 3개 있다며 학생들에게 맞혀 보라고 했는데, 이는 첫 수업

14 교사 D의 1차 참관 수업.

시간에 학생들과 교사 간의 거리감을 좁히려는 시도로 보였다. 두 번째 수업에서는 〈역사(하)〉의 단원을 개괄하고, 역사란 무엇인가에 관해 설명했다.[15] 그는 역사를 설명할 때 빠질 수 없는 단어가 '과거' 또는 '옛날'이라며 지나간 모든 것, 과거의 일은 전부 역사라고 했다. 이어서 "역사를 보는 눈은 다 같을까요?"라는 제목의 학습지로 수업을 진행했다. 교사 D는 학습지에서 〈늑대가 들려주는 아기 돼지 삼형제 이야기〉라는 동화책의 일부를 제시하였다.

흔히 알려진 〈아기 돼지 삼형제〉의 이야기는 아기 돼지를 잡아먹으려 하는 늑대가, 첫째 돼지가 짚으로 지은 집을 쉽게 날려 버리고, 둘째 돼지가 나무로 지은 집도 쉽게 날려 버리고, 셋째 돼지가 벽돌로 지은 집은 날려 버리지 못해 굴뚝으로 들어가려다가 끓는 물에 빠진다는 내용이다. 그런데 이 학습지에 인용한 〈늑대가 들려주는 아기 돼지 삼형제 이야기〉는 기존 동화의 내용과는 달리, 늑대가 화자가 되어 사실은 늑대가 누명을 쓴 것이라는 취지의 이야기다. 교사는 이 이야기가 우리가 알고 있는 〈아기 돼지 삼형제〉와 어떤 점이 다른지, 그리고 두 이야기 가운데 어떤 것이 진실에 가깝다고 생각하는지와 그 이유를 써 보게 했다.

교사 D: 우리가 알고 있는 〈아기 돼지 삼형제〉와 〈늑대가 들려주는 아기 돼지 삼형제 이야기〉는 어떤 차이가 있나요?

학생 1: 설탕.

교사 D: 설탕 이야기는 원문에는 안 나오죠? 여기에만 나오는 얘기입니다. 뒤에 학생. 뭐가 다른가요?

---

15 교사 D의 2차 참관 수업.

학생 2: 늑대가 돼지들의 집을 부순 게 고의가 아니었다는 거요.

학생 5: 늑대가 나쁜 늑대가 아니에요.

[…]

교사 D: 다른 점이 많이 있죠. […] 늑대가 돼지를 두 마리나 잡아먹었죠? 그게 가장 크게 느껴진 다른 점이었어요. […] 어느 것이 더 진실에 가깝다고 생각되나요? (2차 참관 수업)

이 수업에서 4명의 학생은 기존 동화인 〈아기 돼지 삼형제〉가 진실에 가까운 것 같다고 했다. 이유로는 "재채기가 왜 하필 돼지네 집 앞에서만 나오는가", "설탕을 빌리러 간 처지에 어떻게 잡아먹을 수 있나", "그동안 많이 들어온 이야기여서 믿음이 가니까", "육식 동물인 늑대가 왜 설탕을 구하러 다니나" 등의 대답이 나왔다. 2명의 학생은 〈늑대가 들려주는 아기 돼지 삼형제 이야기〉가 진실에 가까운 것 같다고 했다. 이유는 "내용이 더 자세하니까", "재미있어서 더 믿고 싶다" 등이었다. 학생들의 이러한 대답을 듣고 교사는 자신의 생각을 말했다.

나는, 정답이 아니에요, 내 생각이죠, 〈아기 돼지 삼형제〉가 더 진실에 가깝다고 생각해요. 왜냐하면 지금 여기에 있는 얘기는 오로지 늑대가 주장한 거죠. 자기가 돼지를 두 마리나 잡아먹고 오로지 [혼자] 주장한 거기 때문에 신빙성이 떨어지고, 자기를 변호하려고 한 거짓말일 수가 있고, 〈아기 돼지 삼형제〉는 돼지가 쓴 게 아니라 제3자가 쓴 것이어서 더 진실에 가깝지 않을까 하는 생각을 해 봅니다. 물론 정답은 아니에요. (2차 참관 수업)

또한 교시 D는 학습지에 실은 궁예에 관한 『삼국사기(三國史記)』의 기록[16]을 보여 주고 『삼국사기』가 궁예의 후고구려를 멸망시키고 강성해진 고려가 편찬한 역사책이라는 점을 설명한 뒤 궁예에 관한 『삼국사기』 기록의 의도가 무엇일지 물었다. 또한 〈늑대가 들려주는 아기 돼지 삼형제 이야기〉와 궁예에 대한 기록을 통해 "역사책을 읽을 때 주의해야 할 점이 무엇인지 적어 보자."라고 제안하였다.

교사 D는 2차 면담에서 밝힌 바와 같이 학생들의 답변이 논리적인지를 평가하기보다는 학생들이 어떤 글이나 이야기를 접할 때 정답이 정해져 있다고 생각하지 말고 자기 나름의 관점을 가지고 해석하는 것이 중요함을 강조했는데, 이러한 견해는 역사 해석에만 국한한 것으로 보이지 않았다. 교사 D는 다른 수업에서도 "정답은 없어요."라고 하며 학생들 누구나 자신의 생각을 말할 수 있고 누구나 존중받을 가치가 있다고 생각하게 하려는 의도도 지닌 듯 보였다.

그러나 학생의 발표 내용이 틀렸다고 말해야 하는 상황도 있다. 같은 수업에서 학습지의 궁예에 대한 『삼국사기』의 기록에 대해 교사는 자기 생각을 쓰지 말고 앞에 앉은 학생의 의견을 잘 듣고 그 학생의 의견을 적게 했고, 발표도 자신의 의견이 아닌 앞 사람의 의견으로 하라고 제시했다.

---

16 『삼국사기』 기록은 학생들에게 제공하기 위해 교사가 일부 가공한 듯했다. 주요 내용은 다음과 같았다. "궁예는 포악하고 사치스러운 행동으로 백성들의 원성을 샀다. […] 자신의 행동을 비난하는 자는 철퇴로 내리쳐 죽였고, 자신의 부인이 자기의 행동을 비난하자 […] 쳐 죽였다."

첫 번째 문제는 "『삼국사기』는 궁예의 후고구려를 멸망시키고 강성해진 고려에서 편찬된 역사책입니다. 고려의 역사가들은 후고구려를 (나쁜/좋은) 나라라고 기록하고 싶었을 것입니다. 왜냐하면 ____________"이었다. 발표한 대부분의 학생들이 문제 위에 제시된 자료를 읽고 '나쁜'을 답으로 선택했고 한 학생만이 '좋은'을 선택했다.

교사 D: 좋은 나라라고 기록하고 싶었을 것이다? 아, 특별한 생각이 나왔어요. 왜죠?

학생 6: 고려라는 나라는 고구려의 연속이기 때문에…

교사 D: 고려라는 나라는 고구려의 연속이기 때문에 좋은 나라라고 기록하고 싶었을 것이다. 아, 이 부분은 역사적 사실을 살짝 왜곡한 건데… 시간이 다 되었습니다. 내 생각에도 나쁜 나라라고 규정하고 싶었을 것 같아요. 이유는 이러저러하겠죠? 여러분이 생각한 그런 이유 때문에… (2차 참관 수업)

학생 6은 교사의 지시대로 자기 앞자리에 앉은 학생의 의견을 적고 이를 발표한 것인데, 앞자리에 앉은 학생은 문제의 지문을 읽지 않았거나 이해하지 못한 채 이전에 알고 있던 지식, 즉 고려는 고구려를 계승했다는 것을 후고구려와 고려의 관계에 잘못 적용했을 가능성이 높아 보였다. 교사 D는 수업을 마쳐야 할 시간이 거의 다 되어서인지 더 설명하지는 않았지만, 이를 두고 '왜곡'이라고만 지적했다.

이 문제에도 정답이 없는 것이었을까? 정답은 없고 누구나 말할 수 있다며 역사 해석의 잠정성이나 다양성을 강조하는 것과 적절하지 않은 답변을 바로잡아 주고 다른 학생들이 오해하지 않도록 더 설명하는 것은 구분될 필요가 있다. 또한 역사 해석의 잠정성과 다양성을 강조하는 것은 더 나은 역사 해석의 판단 가능성을 열어 두는 것[17]과도 구분될 필요가 있다.

5) 교사 E: 이해관계가 반영되는 역사 해석, 학생의 삶을 바꾸는 역사

교사 E는 면담에서 학생들이 기존에 자신이 알고 있던 역사지식이 어떻게 형성된 것인지를 이해하고, 역사 해석은 어느 한쪽의 이해관계를 반영한다는 점을 깨닫게 하고 싶다고 밝힌 바 있다. 그는 학생들이 현재 사회에도 이러한 관점을 투영하기를 바라고, 이를 통해 자신의 삶을 변화시키는 노력까지 해 나가기를 기대하고 있다. 이러한 점이 그의 수업 실천에서 어떻게 드러나는지 살펴보겠다.

교사 E는 교과서 진도 외에도 한 학기에 두세 번 정도 수업 시간을 이용해 '특강'을 하는데, 그는 특강으로 진행된 1차 참관 수업에서 학생들이 기존에 알고 있던 역사에 관한 지식이 잘못되

17 예를 들어, 교사 D가 동학농민운동에 대해 가르칠 때, 흔히 전봉준이 동학교도라고 서술되어 있지만 전봉준이 동학교도가 아니라는 학설도 있다는 점을 언급한 것은 역사서술이 하나의 해석일 뿐 아니라 더 나은 해석의 가능성이 있다고 설명한 것이라고 볼 수 있다(5차 참관 수업).

었다는 것을 알게 해 주려는 듯 보였다. 이 수업은 학생들 다수가 〈한국을 빛낸 100명의 위인들〉이라는 노래 가사에 나오는 '삼천 궁녀, 의자왕'을 역사적 사실로 믿고 있는 것에 대해, 학생들이 의자왕에 대해 가지고 있는 이미지는 사실이 아닐 뿐 아니라 왜곡되고 변질된 점이라고 설명하는 수업이었다([그림 3] 참조). 즉, 역사적 기록에도 없는 '삼천 궁녀'라는 표현이 어디에서 나온 것인지, 의자왕을 비하하려는 세력의 의도는 무엇이었는지 등을 따져 보게 하려는 것이었다.

이 외에도 교사 E는 3차 참관 수업 때 학생들에게 역사를 배우는 이유를 물은 적이 있다. 학생들은 "대학수학능력시험에 응시하려고", "마땅히 배워야 하니까" 등으로 답했다. 교사 E는 교사 자신이 동의하지 않는 또는 틀린 내용을 말하는 학생들에게는 평소에도 "왜 안 돼?", "왜 그렇지?"라는 질문을 자주 던지는데, 어느 학생이 "한국인이 한국사를 배우는 건 당연하죠."라고 하자 왜 그렇게 생각하는지 물었다.

심층 면담에서 교사 E는 논쟁적인 쟁점들에 대해 학생들의 의견과 근거를 많이 듣고 교사의 의견도 말하는 수업을 자주 하고 싶다고 밝힌 바 있다. 그러나 연구자가 참관한 수업의 대부분은 학생들에게 교과서나 기타 자료를 읽게 한 뒤, 교사 E가 역사적 용어와 사건들을 교과서에 서술된 순서에 따라 설명하거나 교과서에 제시된 질문에 대해 학생들이 답하게 한 뒤 간단한 추가 설명을 덧붙이는 모습이었다.

교사 E는 학생들에게 역사를 배울 때 어떤 것의 기원을 생각하면 본질을 알 수 있다고 했고, 본질이 변하여 현재에는 어떤 모

특강 1

정말, 의자왕은 삼천 궁녀를 거느렸을까?

생각을 여는 사료 1

(가) '의자'라는 칭호는 생전 왕의 특징이나 업적을 평가해 후대 사람들이 붙인 시호, 묘호다. 의(義)는 의롭다, 자(慈)는 사랑하다, 자혜롭다는 뜻이다.

(나) **유왕산 전설**: 백마강을 따라 1시간 정도 가면 나오는 금강 주변의 산. 660년 8월 17일, 사비도성의 관문인 구드래 나루에서 의자왕이 태자 융을 비롯한 1만 2천 명의 백성과 함께 포로 신세가 되어 당으로 끌려갔는데, 그날 백제 유민들은 구드래 나루에서 금강을 따라 유왕산까지 쫓아오며 떠나는 왕을 슬퍼했다는 내용.

(다) **산유화가**: 백제의 노래로 알려져 구전되는 노래. 노래의 내용은 "만날 봉 자 또다시 있네. 명년 8월 16일에 연정 다시하세."

(라) **삼국사기**: 의자왕은 641년에 즉위했다고 기록돼 있다. 그렇다면 의자왕은 40세 중반에 왕위에 오른 것으로, 태자 기간만 10년. 아버지는 무왕. 용감하고 대담하며 결단성이 있었던 왕. 효심과 우애가 깊어 해동증자라 불렸던 왕. 침착하고 사려가 깊어 명성이 높았던 왕.

(마) 의자왕의 출생연도는 정확히 알 수 없지만, 자식을 통해 추정해 볼 수 있다. 태자인 융은 68세가 되던 영순 원년에 중국에서 죽었다. 영

[그림 3] 교사 E의 1차 참관 수업 학습지

순 원년은 682년에 해당한다. 그렇다면 융은 615년생이 된다. 의자왕이 16세에 태자를 봤다면, 백제가 멸망할 당시(660년) 의자왕의 나이는 ( )세다. 당시 왕의 평균 수명은 45세가 안 되었다.

(바) 역사적으로 볼 때 궁녀의 수는 시대가 흐를수록 증가하는 추세인데, 조선시대 궁녀의 수는 대략 500-600명 수준이었다. 백제가 멸망할 7세기 중엽의 왕실 규모와 관원 수, 전체 인구수, 농업 생산력 수준은 조선 시대에 비해 높지 않았다.

생각해 볼 거리

*** '의자왕과 삼천 궁녀' 이야기는 백제의 멸망에 대해 우리가 어떻게 기억하게 만드나?**

*** '삼천 궁녀'가 실제로 존재했는지 의자왕에 대한 모함인지 사실을 가릴 수 있는 방법은 없을까?**

생각을 여는 사료 2

놀랍게도 삼천 궁녀에 관한 기록은 없다. 의자왕을 검색해도 삼천 궁녀에 관한 기사는 그 어디에서도 보이지 않는다. 의자왕조 말년에 '궁인들과 음황탐락했다'는 기사 외에는 삼천 궁녀와 관련된 그 어떤 기록도 없다. 『일본서기』나 『구당서』에도 의자왕의 주색에 관한 기록은 찾아볼 수 없다. 다만 『삼국유사』에 다음과 같은 내용이 있다. '부여 북쪽에 큰 바위가 있는데 궁인들이 떨어져 죽었다는 낙화암의 전설이 남아 있다.'

조선 중기 최고 시인이자 문인이었던 민제인 선생의 문집 6권에 삼천 궁녀에 관한 단서가 있다. 문체가 화려하고 아름다운 조선 시대에 널리 알려진 〈백마강부〉라는 시다. 이때 처음으로 궁녀 수 삼천이란 말이 등

[그림 3] 교사 E의 1차 참관 수업 학습지(계속)

장한다. '삼천'은 숫자 개념보다는 전통적으로 '아주 많다'는 뜻의 문학적 상징으로 많이 쓰였다. 조선 시대 때 문인들에 의해 문학적 상징어로 등장한 말이 바로 삼천 궁녀인 것이다.

삼천 궁녀가 마치 사실인 것처럼 받아들여진 결정적 계기는 대중가요다. 삼천 궁녀 이야기를 노래하는 가요는 놀랍게도 수십 곡이나 되고, 일제시대부터 1960년대까지 주로 불려졌다. 패망한 나라에 대한 애틋함이 대중들에게 쉽게 다가간 것 같다. 당대를 대표하던 유명 가수들은 누구나 삼천 궁녀를 소재로 노래를 불렀다. 이를 통해서 삼천 궁녀의 전설은 자연스럽게 우리의 귀에 익숙해졌던 것이다.

> 백마강에 고요한 달밤아
> 고란사에 종소리 들리어오면
> 구곡간장 찢어지는 백제 꿈이 그립구나
> 아 달빛 어린 낙화암의 그늘 속에서
> 불러보자 삼천 궁녀를
>
> \- 대중가요 〈백마강〉 中

생각해 볼 거리

* **누가 의자왕이란 시호를 붙여 주었을까?**

* **우리가 역사를 평가할 때(혹은 현재의 국가 정책을 검토하고 사회적 갈등을 이해할 때) 필요한 타당한 기준에는 무엇이 있을까?**

정리하기

* **누가 이득을 보았는가?**

* **누가 그 모든 것을 은폐할 수 있는 힘을 가졌는가?**
  - 영화 <J.F.K>에 나오는 대사

[그림 3] 교사 E의 1차 참관 수업 학습지(계속)

습인지를 살펴보면 변화가 긍정적이었는지, 부정적이었는지, 본질에서 얼마나 멀어졌는지를 알 수 있다고 했다. 그러나 그의 수업에서 어떤 것의 기원과 본질, 변천과 현재의 모습을 아울러 평가하는 장면은 거의 보기 어려웠다. 이는 아마도 학생들에게 대학입시 준비로 인한 압박이 크다는 점을 교사 E도 공감하고 있고, 다른 역사교사가 가르치는 학급과 진도를 맞춰야 한다는 점에서 교사 E 자신도 부담을 느끼기 때문으로 보였다.

특히 이 학교에는 대학수학능력시험에서 〈한국사〉를 선택하려는 학생이 인근 다른 학교들보다 많은 편이었다.[18] 그 이유는 서울대학교가 〈한국사〉를 대학수학능력시험 필수 응시 과목으로 삼고 있고, 이 학교에는 서울대학교 진학을 목표로 하는 학생들이 다른 학교보다 많았기 때문이다. 따라서 학업 성적에 민감한 학생들이 많은 데다가, 다른 역사교사와 학급을 나눠 〈한국사〉를 가르치고 있어서 두 교사가 합의한 진도를 맞추는 것도 쉬운 일은 아닌 것으로 보였다. 수업 시간에 교사 자신이 좀 더 하고 싶은 설명이 있어도 시간 부족으로 다 하지 못해 답답해하는 모습도 간혹 보였다.[19]

또한, 교사 E는 역사적 사실 한 가지를 두고 여러 쟁점으로 파생시켜 교훈을 이끌어내고자 할 때, 애초 교사가 의도한 점들

18 연구 당시인 2012년에는 고등학교 〈한국사〉가 대학수학능력시험의 필수과목이 아니었다. 〈한국사〉가 필수과목이 된 것은 2017학년도, 즉 2016년 11월 시행 대학수학능력시험 때부터였다.

19 이런 경우는 '진도를 나가야 하니까' 또는 '진도가 느리니까 수업하자'라는 표현으로 여러 번 드러나기도 했다.

을 효과적으로 드러내기에 적합하지 않은 예시를 들기도 했다. 특히 한 가지 사실을 두고 다른 사실과 유추하거나 비교할 때, 이 유추나 비교의 연결이 효과적이지 않은 때가 있었고 이런 경우에는 원래 수업에서 다루던 역사적 사실로 돌아와 수업을 이어가는 것이 부자연스러운 상황도 발생하였다. 예를 들면 약소국의 관세자주권과 제국주의 국가의 이해관계가 어떻게 충돌하는지를 설명할 때 교사 E는 '세계인권선언'의 "어느 누구도 자신의 재산을 자의적으로 박탈당하지 아니 한다."(제17조)라는 조항이 관세자주권을 옹호하는 논리일까, 제국주의를 옹호하는 논리일까 하는 물음을 제기하였다.

교사 E는 이 쟁점을 사유재산권 침해에 관한 논의로 확대시켜 대형마트 규제에 찬성해야 할까, 반대해야 할까를 학생들에게 물었다. 학생들은 논쟁적인 이 쟁점에 대해 적극적으로 의견을 표현하며 각자의 논리와 근거를 펼쳤다. 그러나 이 토론은 결과적으로 관세자주권과 제국주의의 이해관계가 어떻게 충돌하는가를 다루려던 애초의 수업 주제로 다시 돌아가기 어려웠다.

2 역사수업 방법의 다기성

사례 교사들은 교재나 수업 방식을 몇 가지씩 동시에 활용하고 있었다. 그럼에도 교사별로 대표적인 수업 방법을 꼽는다면, 교사 A의 수업은 학습지에 기초한 모둠 활동이, 교사 B의 수업은 학습지를 사용하지만 교사의 강의가 주를 이룬다. 교사 C는 교과서 요약 쓰기와 강의를, 교사 D는 학습지에 기초한 모둠 활동과 강의를, 교사 E는 교과서 읽히기와 강의를 역사수업의 주요 방법으로 채택하고 있었다.

그러나 수업 방법이 같다고 해서 역사수업의 실제가 같은 것은 아니다. 예를 들어, 사례 교사 5명 가운데 3명이 학습지를 활용하는 수업을 하지만 그들이 학습지 활용에 부여하는 의미는 같지 않다. 따라서 특정 수업 방법을 선택하거나 지속 또는 변경하는 것에 사례 교사들은 어떤 의미를 부여하고 있는지, 이러한 수업 방법이 교사 자신의 역사교육 목적과 연결하는 데 활용되는지 여부 등도 살펴볼 필요가 있다. 이를 통해 사례 교사들이 수업 방법을 채택한 의도와 맥락, 역사수업의 환경하에서 역사수업 방법의 다기성(多岐性)이 어떠한 효과를 내고 있는지 살펴보겠다.

1) 교사 A: 학습지와 모둠 활동

교사 A는 학습지를 수업의 주 교재로 사용하였다. 학습지에는 교사 A가 생각할 때 상식 수준에서라도 학생들이 꼭 알아야 할 인명과 개념이 포함되어 있고, 주로 괄호 채우기를 통해 이런 점을 반영하였다([그림 4] 참조). 예를 들면, "브라만교에서는 사람이 죽으면 다시 태어난다는 (　　) 사상을 갖고 있다."라든가, "브라만교에 대한 반발로 기원전 6세기경 바르다마나가 (　　)를 창시하였고, 기원전 5세기경 석가모니가 (　　)를 창시하였다."와 같은 것이다.[20] 수업에서 학습지를 통해 교사 A가 강조한 '상식' 가운데 한 가지는 심층 면담에서 밝힌 바와 같이 왕조 순서, 나라 순서, 특정 연도를 기억하는 것이었는데, 특히 비교적 근대에 가까운 사실일수록 연도를 묻는 경향이 있었다.[21]

연구자가 참관한 교사 A의 수업 가운데 강의 위주로 수업이 진행된 경우는 한 차례뿐이었고, 대부분의 수업에서 학생들이 무언가를 직접 해보게 함으로써 학생이 수업에서 보고 듣고 생각한 것을 실제로 표현하게 했다. 이는 대부분의 경우 모둠 활동과 연결되어 있었고, 교사 A는 "글로 써 보자", "발표해 보자", "읽어 보자"와 같이 학생들이 무언가를 하도록 제안하고 촉구하는 표현을 자주 사용하였다.

20 이러한 괄호는 거의 모든 학습지에 등장했고, 주로는 민족·나라·도시·제도의 명칭과 인명 등 고유명사 부분을 괄호로 만드는 경향이 있었다.

21 명이나 청의 건국자와 건국 연도를 쓰게 하고 질문하거나, 그때 한반도에는 어떤 나라와 어떤 사건이 있었는지를 묻는 방식의 문답이 수업에서 여러 번 등장했다.

2) 유목민의 화북 점령과 남북조 시대

① 중국 후한 말기, 환관의 전횡 등으로 삶이 어려워진 백성들이 황건적의 난을 일으켰다. 이를 계기로 중국 각지에서 영웅들이 일어났다. 이 시기를 배경으로 한 영웅들의 이야기를 담은 소설이 『삼국지연의』이다.

② 후한은 (,   ,   ) 삼국으로 분열되었다. 곧 ( )이 다시 통일하였으나 종실 간의 다툼으로 약해졌다.

③ 진의 서북방에 있던 흉노 일족이 독자 정권을 수립하고, 유목 민족들이 화북 지역으로 들어와 나라를 세웠으니, 이를 (   )이라고 한다. 5호란 ( )이다.

④ 화북을 내준 진은 남쪽으로 내려가 지금의 ( )에서 ( )을 건국하였다.

⑤ 강남 지역에서는 진을 이어 ( )이 연이어 등장하였으나, 지배 계층은 ( )이었다.

⑥ 화북 지역에서 선비족 ( )가 번성하여 북중국을 통일하였고, 이때 섞인 유목 문화가 수·당에 영향을 주었다.

[그림 4] 교사 A의 3차 참관 수업 학습지 일부

3차 참관 수업 때 교사 A는 불교의 등장에 관한 글을 읽게 하고 모둠 활동을 통해 "인도에서 불교가 등장하게 된 배경과 석가모니의 주요 가르침을 네다섯 문장으로 정리하여, 모둠원이 단합하여 외우고 선생님한테 와서 설명"하게 했다. 교사 A는 이 시간의 학습 목표로 "인도에서 불교가 탄생한 배경과 의미를 설명할 수 있다."를 제시하고 이에 맞게 설명하는 것까지 학생들이 직접 하게 하였다.[22]

5차 참관 수업 때는 학생 2명이 당 나라의 건국과 발전에 관

해 발표하게 하고, 다른 학생들에게는 발표 내용에 기초해 퀴즈 문제를 만들게 했다. 즉, 발표하는 학생들은 발표를 준비하면서 배우고 이를 소화하여 설명하고, 다른 학생들은 발표 내용을 이해하여 퀴즈 문제로 만드는 것이다.

6차 참관 수업 때는 학생들이 이슬람 문화를 모르는 사람들에게 그 문화를 소개하는, A4 용지 크기의 접이식 3단 브로셔 만들기를 시도했다. 이를 위해 여러 차시 동안 이슬람 문화권에 대해 수업을 하였고, 6차 참관 수업 때는 교과서나 역사교과교실에 비치된 책들을 골라서 이슬람 문화 가운데 어떤 것을 어떻게 소개할지 찾아보게 하였다. 이때는 휴대전화로 인터넷 검색을 통해 원하는 정보나 이미지 등을 활용할 수 있게 하였다. 학생들은 역사교과교실에 비치된 책 가운데 교사가 도움이 될 것이라고 추천한 책들을 가져다가 이리저리 찾아보며 브로셔 기획 내용을 학습지에 적었다. 이 수업 때는 수업 종료를 알리는 종이 울렸는데도 평소와 달리 계속 자리에 앉아서 학습지에 뭔가를 쓰고 읽는 학생들이 눈에 띄었다.[23]

이러한 수업 방법들을 살펴보면, 교사 A는 학습지에 기초한 모둠 활동을 통해 학생들이 자신의 역사 이해를 표현하는 것을 강조하는 것으로 보인다. 일곱 차례의 참관 수업에서, 학생들의 표현을 거의 유도하지 못한 수업은 한 번뿐이었다.[24]

---

22 교사 A는 수업 시간의 3분의 2 정도를 각 모둠을 돌아다니며 문장 정리를 돕거나 학생들의 설명을 들으며 수정이 필요한 부분을 지적하기도 했다(3차 참관 수업).

23 교사 A는 이런 활동을 고려해 학생들이 자료를 찾아 읽고 쓰고 표현하는 시간의 연속성을 중요하게 여겨 면담에서 블록타임제의 유용성을 강조한 바 있다(2차 면담).

2) 교사 B: 학습지에 기초한 강의

교사 B는 이른바 '프린트'라고 부르는 학습지를 교재로 사용했지만, 수업은 대부분 교사의 강의와 판서로 진행되었다. 학습지는 수업의 흐름을 이어가는 매개체나 읽기 자료, 대학수학능력시험 기출 문제를 다루는 형성평가 구실을 할 뿐이었다. 때로는 가르칠 내용에 따라 사진, 그림, 동영상, 교과서 읽기 자료를 별도로 활용하기도 했지만, 수업을 주도하는 것은 교사의 '말', 즉 설명이었다. 수업의 처음부터 끝까지 교사의 목소리만 녹음해서 듣는다고 해도 수업 내용을 거의 이해할 수 있을 정도였다.

흔히 강의식 수업이 지루하고 일방적이라는 인상을 주는 것은 사실이지만, 교사 B의 수업은 드라마틱하고 흥미진진하기까지 하였다. 마치 무대에 서 있는 연극배우가 할 법한 대사들이 한 번의 수업에서도 여러 차례 등장했는데, 당대의 사람들이 정말 그런 말을 했을 것 같은 착각을 하게 할 정도였다.[25]

모든 이야기는 거의 교사의 머릿속에 있고, 교사 B는 자신이 이야기꾼이 되어 시대와 인물을 꿰어 주고 인물이 처한 시대를 공감할 수 있도록 돕는 수업을 하는 것으로 보였다. 그러나 정작 교

---

24 이는 7차 참관 수업 때였는데, 수업 초반 10여 분 정도는 교과서를 읽고 학습지의 내용을 채우는 활동을 하게 한 후, 수업의 3분의 2 정도를 교사가 강의를 하는 데 사용하였다.

25 예를 들면, 7차 참관 수업에서는 장준하가 징용에 끌려갈 당시에 한 고민을 "가자, 가서 혁명을 일으키든, 군대를 일으키든, 탈출을 하든, 기밀이라도 빼서 광복군에 가면 될 거 아니야."와 같이 연극 대사처럼 표현하였다. 교사 B는 텔레비전 프로그램에서 얻은 정보를 바탕으로 이와 같이 표현했다고 말했다.

사 B는 이러한 강의 위주의 수업을 여러 제약으로 인한 결과물이라고 설명했다.

> 올해는 거의 강의식으로 한 것 같아요. 고3이라서 진도를 빨리 마쳐줘야 한다는 생각 때문에. 그래도 작년에는 수행평가를 하든 모둠 수업을 하든 조금씩은 학생들이 활동할 수 있는 것을 넣었는데, [⋯] 올해는 아예 엄두를 못 내고 있는 것 같아요. [⋯] 진도 맞추기 급하다는 생각이 들면 아무래도 제가 정리해서 설명하고 넘어가는 게 제일 빠르죠.(2차 면담)

교사 B가 강의식 수업 위주로 하게 된 것은 대학수학능력시험을 앞둔 고등학교 3학년을 위해 교과서의 전체 진도를 미리 마치기 위해서였다. 그러나 고등학교 3학년을 가르치지 않더라도 그가 강의 위주의 수업을 해야 했던 때도 있었다.

> [정규 교원으로 근무한] 두 번째 학교에서는 시수가 주당 3시간으로 줄었어요. 사탐 시간을 줄이고 국영수 시간이 늘어나다 보니까, 그 전에는 주중에 사흘은 진도를 나가고 하루 정도는 모둠 수업을 할 수 있는 여유가 있었거든요. 거기는 〈한국 근현대사〉가 계속 3시간이었어요. 국사는 2시간. 그래서 그런 활동을 못한 게 아쉬웠어요. 그리고 이 학교[현재 근무학교] 와서는 고3을 맡다 보니까 4시간이어도 다른 걸 못하는 거 같아요.(1차 면담)

교사 B는 학생들의 활동을 고려한 수업을 할 것인가, 강의 위주의 수업을 할 것인가를 결정하는 데에는 입시 외에도 학급당 수업 시수도 영향을 끼친다고 하였다. 즉, 교사 B가 강의 위주의 수업을 하게 된 것은 그가 생각하는 역사교육 목적과 연관이 있다기보다는 역사수업 환경의 제약으로 인한 것임을 알 수 있다.

3) 교사 C: 교과서 요약 쓰기와 강의

교사 C는 교과서 요약 쓰기가 학생들에게는 교과서 속 여러 정보들을 주제에 맞게 하나의 덩어리로 만드는 훈련일 뿐 아니라, 교사의 설명을 들으면서 현재 문제를 바라보는 자기 기준이나 가치관을 가지기 위한 훈련이라고 하였다.[26] 그는 이 요약 쓰기를 통해 학생들이 교과서 속 긴 글을 질문과 제시어에 맞춰 맥락적으로 요약하게 하려는 것이라 했다. 교과서 요약 쓰기를 하려면 학생들이 읽을 교과서를 선정하는 것 자체가 중요한 일이 된다. 교사 C는 검정 교과서에 대해 관성화되어 있는 부분이 있다고 보았지만, 그럼에도 불구하고 자신의 수업 방법인 교과서 요약 쓰기를 고려하여 특정 교과서를 선정하였다. 그는 6종의 〈역사(하)〉 교과서 가운데 해당 교과서를 택한 이유를 수업 시간에 이렇게 말했다.

26 그는 이런 수업이 다른 학교에서는 흔히 가능하지 않을 것 같다고 했다. 자신이 근무하는 학교에는 역사교사가 2명 있는데, 한 교사가 2학년을 가르치면 그 교사가 그 학년을 3학년 때도 가르치는 방식으로 하기 때문에 3년째 교과서 요약 쓰기를 지속할 수 있었다는 것이다(3차 면담).

이 교과서는 두껍지만 설명이 자세해서 혼사 공부하기 아주 적당해. […] 선생님은 여러분이 스스로 정리해서 나름대로 개념을 잡을 수 있도록 혼자 공부하기 좋은 책을 고른 거야.(2차 참관 수업)

역사교사들이 해마다 한 학년에서 한 과목만 가르치거나 자신이 가르치는 반에 대해서만 평가를 할 수 있다면 좋겠지만, 실제로는 그렇지 못한 경우가 허다하다. 여기에는 여러 가지 요인이 작용하는데, 한정된 수의 교사가 많은 학생을 감당해야 해서 불가피하게 2명의 교사가 한 학년을 나눠 가르치기도 하고, 그러다 보면 한 교사가 두 학년, 두 과목을 가르치는 경우도 생긴다. 이러한 조건들은 역사교사들에게 한정된 시간 내에 두 배의 수업 준비를 요구하는 것이 되어 수업 준비의 부담을 가중시키고 수업 방법 선정에 영향을 미칠 수 있다. 이러한 점을 고려해 교사 C는 만약 단위 수가 커서 혼자 한 학년을 가르치기 어려운 경우에는, 2명의 역사교사가 학급을 나눠 맡기보다는 가르칠 내용을 나눠 맡아서 전체 학급을 들어가는 방식이 낫다고 했다.

다른 교사와 같은 학년을 나눠서 맡아야 하는 경우에는 수업 방법을 정하는 것에 제약이 가해지기도 한다. 그러나 한 학년을 혼자서 가르치는 교사 C는 교과서 요약 쓰기라는 방법을 3년째 채택할 수 있었다. 이 수업 방식은 교사 C가 칠판에 오늘 수업의 주제를 적고, 두 문제 중 하나는 칠판 왼쪽 상단에, 다른 하나는 오른쪽 상단에 적는다. 각각의 문제에는 몇 개의 제시어가 따라붙는다([그림 5] 참조).

교사 C는 수업에서 다룰 주제를 간단히 설명하고, 학생들

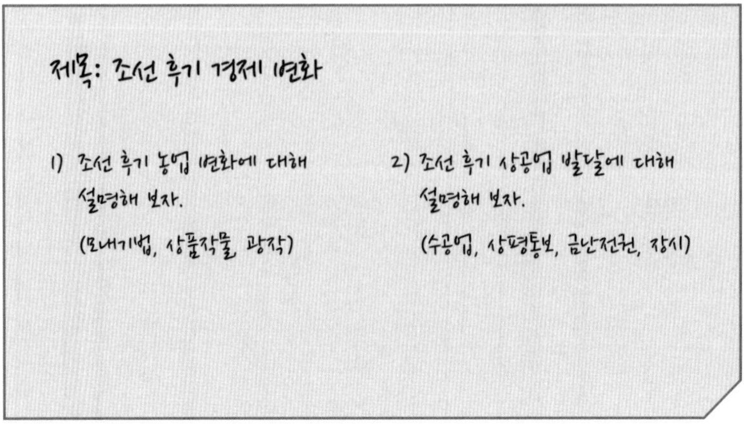

[그림 5] 교사 C의 3차 참관 수업 판서 내용

은 해당 내용을 교과서에서 찾아 네다섯 줄의 문장으로 요약해서 공책에 적는다. 대략 15-20분 정도 쓸 시간을 주고 교사 자신이 20분 내로 설명을 하는데,[27] 학생들이 수업에서 요약 쓰기를 한 것은 수행평가에 반영하고 수업 때 제시한 문제 중에서 기말고사 문제를 출제한다. 즉, 교사 C의 평가는 서술형으로만 이루어져 있는데, 수업 때 교과서 요약 쓰기를 하면 이것이 곧 수행평가이자 중간고사와 기말고사 대비가 되는 것이다.

교사 C는 교과서 요약 쓰기를 통해 학생들이 글을 읽고 요약하면서 직접 사고하게 하는 동시에 자신의 강의를 통해 현재와의 접점을 찾도록 하는 것으로 보인다.

27 내용에 따라서는 설명을 먼저 한 뒤 '요약 쓰기'를 하는 경우도 있다. 예를 들어 4차 참관 수업의 주제는 '갑오개혁과 을미개혁'이었는데, 이때에는 당시 국내 세력 관계를 모식도로 그려주고 전반적 상황을 설명한 뒤 교과서를 읽게 하였다.

4) 교사 D: 학습지와 모둠 활동

교사 D는 일곱 차례에 걸친 수업 중 교사 자신을 소개하는 첫 수업과 역사를 바라보는 눈을 주제로 한 두 번째 수업을 제외하고는 대체로 학습지를 활용한 모둠 활동과 강의를 병행하는 수업을 진행하였다. 교사 D의 학습지는 '개념잡기', '한걸음 더', '역사 속으로'와 같은 항목으로 구성되어 있는데, '개념잡기'는 교과서를 읽으면서 학습지의 질문에 답을 채워 넣는 방식이다.

교사 D는 수업이 시작되자 학습지를 나눠주고 학생들이 교과서를 읽으면서 학습지의 '개념잡기' 질문에 대한 답을 쓰게 하였다. 학생들이 빈칸을 채우면 교사는 한 가지 질문에 한 사람 정도씩 발표하게 한 뒤 해당 내용을 간략히 설명하고 다음 질문으로 넘어갔다.[28]

'한걸음 더'는 간단한 자료를 읽고 자신의 생각을 적는 것인데, 각자 적을 때도 있고 모둠 토론을 통해 생각을 적게 할 때도 있다. 모둠 토론의 경우에는 다른 학생들의 이야기를 잘 들을 것을 상당히 강조하였다.

'역사 속으로'의 글은 일종의 읽기 자료다. 때에 따라 한 학생에게 읽게 하기도 하고 교사가 부연 설명을 하기도 했지만, '시간상' 나중에 각자 읽어 보게 할 때도 있었다. 교사 D는 '시간상' 학

---

28 교사 D의 학습지 구성에서 알 수 있듯이, 수업이 시작되면 학생들에게 별다른 설명을 하지 않고 바로 '개념잡기'를 작성하게 했는데, 때로는 학생들에게 각자 작성하라고 했고, 때로는 각자 작성하되 다른 친구들이 쓴 내용을 참고하라고도 했다.

3·1 운동이 일어나다 / 교과서 pp.80-85 /

◆ 개념잡기

1. 우리 민족이 끈질긴 독립투쟁을 펼치다

구분	내용
제1차 세계대전이 끝나면서 파리강화회의에서 미국 대통령 (　　　　)이 (　　　　)를 제창하였고, 일본에서도 한국인 유학생들이 도쿄에 모여 (　　　)를 발표하고 (　　　)를 우리 민족에게도 적용해 줄 것을 국제사회에 요구하였다.	
3·1 운동의 민족지도자들은 누구인가?	
3·1 운동의 시행 방법은?	
3·1 운동에 대한 일본의 대응은?	
3·1 운동의 의의는?	

(중략)

◆ 한걸음 더: 모둠원과 함께 이야기를 나눈 후 각자 적어 보세요.

3·1 운동 중 시위하다가 체포되면 남녀노소를 가리지 않고 갖은 고문을 가하였고, 심지어 시위와 직접 관련이 없어도 한국인이라는 이유로 죽임을 당하는 경우도 있었다. 어느 외국 신문은 "일본 군대에게 학살당한 이 한인들은 전혀 무장하지 않은 주민으로 그저 태극기로 만든 종이 모자를 쓰고 조선 독립 만세를 불렀을 뿐이다."라는 기사를 남기고 있다.

[그림 6] 교사 D의 7차 참관 수업 학습지

- 3·1 운동은 '대한 독립 만세'를 외치던 평화적인 시위운동이었다. 이 운동은 얼마나 효과가 있었을까?

(중략)

◆ 역사 속으로

1919년 3월 1일 … 이날 새벽 이미 독립선언식을 예고하는 전단이 집집마다 뿌려졌고, 시내 곳곳에 벽보가 나붙었으며, 국민을 격려하는 『조선독립신문』 창간호가 '독립선언서'와 함께 배달되었다. 정오가 지나자 수많은 학생과 시민들이 손에 손에 태극기를 들고 탑골공원으로 모여들기 시작하였다. (중략) 경성여자고등보통학교 학생 최은희는 당시 상황을 이렇게 그리고 있다.

> 독일 영사관에서 회정하여 의주통을 지나갈 적에는 길가에 냉수동이가 즐비하게 놓이고, 평양수건을 쓴 할머니들이 지켜 서서 바가지로 물을 떠 주다가 바가지째 두 손을 번쩍 들고 만세를 부르던 것이 퍽 인상적이었다.

[그림 6] 교사 D의 7차 참관 수업 학습지(계속)

습지의 모든 내용을 다룰 수 없을 때면, '한걸음 더'의 여러 문제 중 일부만 쓰게 하거나 '역사 속으로'의 자료를 나중에 각자 읽어 보라고 했지만, '한걸음 더'를 아예 건너뛴 적은 거의 없었다. 이는 교사 D가 면담에서 밝힌 것처럼, 교과서를 읽고 정리하는 '개념잡기'에 이어 '한걸음 더'만큼은 학생들이 생각하고 말하는 데 중점을 두는 것으로 보인다.

5) 교사 E: 교과서 읽히기와 강의

교사 E의 수업을 관찰하고 면담을 분석한 결과 그가 자신의 역사교육 목적을 가장 많이 반영하는 것으로 보이는 교수 활동은 수행평가였다. 심층 면담에서 밝힌 바와 같이 그는 학생들이 오늘날 우리 사회의 문제점들에 관해 유익한 메시지를 줄 수 있는 인물을 골라 그에게 편지를 쓰게 하고 스스로 대안을 찾아보게 하는 과정을 〈한국사〉 수행평가로 한다고 했다.

수행평가와 달리 교사 E의 평소 수업은 학생들을 지명해 교과서를 읽게 하고 해당 부분에 대한 설명을 하다가 질문을 던지며 답변을 유도하는 방식이었다. 다음은 조선 후기 상인들의 활동에서 도고의 매점매석을 다룬 6차 참관 수업의 일부다.

> 교사 E: 자, 상인들이 돈을 벌 때 가장 흔히 이용하는 방법이 뭡니까? ○○아, 뭐냐?
>
> 학생 ○○: (작게 두 글자로 된 한 단어를 대답하는데 들리지 않는다.)
>
> 교사 E: 매점매석이지. 오늘날도 마찬가지야. 오늘 방송 보니까 유럽에서 수입해 오는 화장품 있잖아. 유럽과 FTA를 맺었는데 그 화장품 가격이 내렸을까요, 올랐을까요? 내린 물품이 있었을까요, 없었을까요?
>
> 학생들: (대답이 없다.)

교사 E: 없어. 54개를 조사했는데 오히려 올랐어. 뭐지? (머리를 긁적거린다.) 더 충격적인 건 유럽에서 들어오는 제품의 원가는 6,700원 정도인데 우리 백화점에서 판매되는 거는 15만 원이래. […] 24배야. 이해가 되냐? (웃으며) 와인 가격도 마찬가지고, 여러 가지가 마찬가지죠. FTA 체결하면 좋다, 좋다 했는데 시장 가격은?

학생 △△: 올라가요.

교사 E: 별 변동이 없다는 게 지금 모습이야. 그런데 재밌는 사실은 공정위에서 시장 조사 나가겠다니까, 가격을 내리겠다는 업체들이 나오는 거죠.(6차 참관 수업)

교사 E는 학생에게 교과서를 읽게 하고 현재 문제와 연결된 사례를 들어 설명하였다. 유럽 화장품의 국내 판매 가격이 원가 대비 지나치게 비싸고 이에 대한 규제 조짐이 있자 업체들이 가격 인하를 고려하기 시작했다는 뉴스 내용에 관한 설명이었다.[29]

교사 E는 면담에서 자신의 역사수업의 강조점이 "과거의 역사를 보면서 오늘의 내 삶과 우리 사회를 보자."라는 것이라고 표현했다. 의도대로라면 과거의 사실을 배우면서 현재 사회의 모습과 연결하려 했다는 점에서는 일관된 측면이 엿보인다. 하지만 과거의 사실과 연결하려고 하는 현재의 사례들이 과연 얼마나 연관

29 다만, 그 사례가 도고의 매점매석을 설명하는 데 적절한지는 의문이다. 이 수업 장면에서 알 수 있는 것은, 교사 E가 학생들에게 매점매석의 폐해를 오늘날의 사례와 관련지어 가격 담합의 문제점을 설명하고자 했다는 점이다.

성을 가지고 유추할 수 있게 하는가에 대해서는 좀 더 면밀한 검토가 필요하다.

3 수업 반성의 양상

반성적 사고는 논리적 자아 혹은 자아 기능의 성찰을 통해 전개되는 사고 작용을 말한다. 반성적 사고에 대해 듀이(J. Dewey)는 사고의 전개 과정 자체를 되짚어 보면서 깨달아 가는 것이라고 정의하고, 문제 해결 과정에서 작동하는 가장 중요한 정신능력이라고 보았다. 한편 쇤(D. A. Schön)은 문제 해결 과정에서의 반성적 사고를 전문직 종사자들의 특징으로 강조했는데, 이는 전문가로서의 교사가 자신의 실천을 돌아보는 데 유용한 개념으로 자리잡았다.[30] 쇤에 따르면, 반성은 '행위 중 반성'과 '행위 후 반성'으로 나뉜다. 행위 중 반성은 일상적인 행위에서 예상하지 못한 결과를 마주했을 때 '놀람'을 경험하면서 지금까지 알고 있던 '행위 중 앎'에 의문을 제기하는 것을 말한다. 이때 발생한 상황에서 잠정적인 앎을 검증하게 되면, 이는 새로운 실천적인 앎이 되고 그러지

30 D. A. Schön, *Educating the Reflective Practitioner: Toward a New Design for Teaching and Learning in the Profession*, San Francisco: Jossey-Bass Publishers, 1987.

않으면 '놀람'의 과정이 다시 반복된다. 이와 달리 행위 후 반성은 행위 후에 문제 상황을 의식적으로 다시 생각해 보는 것을 뜻한다. 행위 후 반성이 일어나게 되면, 그 일이 왜 일어났는지 다시 상황과 거리를 두어 비판적으로 그 상황을 숙고할 수 있다. 따라서 행위 후 반성을 하는 것은 어떤 일이 왜 일어났으며, 그런 상황이 발생하게 된 '행위 중 앎'이 왜 실패했는지를 다시 생각해 보게 한다.[31]

이러한 논의에 기초해 슐만(L. Shulman)은 교사의 반성이란 "교사가 수업에서 일어났던 일을 되돌아보고 사건, 감정, 성과 등을 재구성·재실행·재고하는 것으로, 이는 전문가가 경험에서 배우는 일련의 과정"이라고 보았다.[32] 슐만은 수업이 끊임없는 의사결정의 연속이고 교사는 수업에서 일어난 일을 되돌아본다는 점을 강조하는데, 이는 행위 중 반성보다는 행위 후 반성에 초점을 두는 것이다.

본 연구에서도 행위 후 반성의 의미를 중심에 두고 사례 교사의 수업 가운데 한 차시 수업 영상을 연구자와 교사가 함께 시청했다.[33] 다만 교사들이 어떠한 점에 초점을 두고 행위 후 반성

---

31 강창숙, 「교생의 지리수업 경험에서 나타나는 실천적 지식의 내용」, 『한국지리환경교육학회지』 15-4, 2007.

32 L. Shulman, "Knowledge and Teaching: Foundations of New Reform", *Harvard Educational Review* 57(1), 1987, pp. 1-2.

33 함께 본 수업 영상은 7차에 걸친 수업 녹화 영상 가운데 하나를 교사 본인이 직접 선택하게 했다. 교사 5명 가운데 4명은 3차 면담이 있기 직전에 촬영한 가장 최근의 수업을 함께 보자고 했고, 나머지 한 교사는 자신은 상관없으니 연구자가 선택해 달라고 했다.

을 하는지 알아보기 위해서 반성의 초점을 사전에 제시하지는 않았다. 연구자는 해당 수업을 미리 보며 수업의 일부 내용이나 학생들과의 상호작용에 대한 질문을 준비했고 교사와 함께 질문과 대답을 나누는 방식으로 진행했다. 그러나 연구자의 질문에 대한 대답보다는 교사 스스로 수업 영상을 보며 먼저 제기한 점들을 중심으로 행위 후 반성의 내용을 다루었다.

교사 A의 경우에는 7차 참관 수업 영상을 함께 보았다. 교사 A는 영상을 다 보고 나서 가장 먼저 자신의 좋지 않은 습관을 반성하였다. 자신이 칠판 앞에만 서 있고 주로 가만히 서서 학습지 설명만 한다는 것과 함께 자신의 말이 너무 빠른 것 같다며 좀 더 천천히 말해야겠다는 점을 짚었다.

그리고 해당 차시의 학습 목표가 잘 드러나지 않는다는 점도 지적하였다. 해당 차시에서 원래 수업해야 할 내용 가운데 '신사층'이 있었는데, 자신이 여러 가지 설명을 많이 하다 보니 '신사층'에 관한 내용까지 수업을 진행하지 못했다는 점을 반성하였다. 해당 수업의 학습 목표가 잘 드러나지 않은 이유로는 해당 학급의 학생들이 다른 학급에 비해 자신의 설명을 좀 더 잘 알아들어서 자세한 설명을 하게 되었다는 점을 꼽았다.

자세한 설명을 한 배경으로는 또한 교사 A가 중국사에 대한 관심을 많이 가지고 있어 알려주고 싶은 내용이 많다는 점을 들었다. 그가 이렇게 자세한 설명을 할 수 있었던 것은 대학 시절부터 동양사에 관심을 많이 가지고 있었고 교사가 된 이후에도 여행이나 답사를 통해 그 관심을 지속해 왔기 때문이라고 했다.[34] 중국이나 이슬람 문화권에 대해 설명할 때에도 전국지리교사모임의 답사나 동료 교사들과의 여행, 언론사가 주관하는 해외 답사 등에서 배운 것을 활용하여 부가적으로 설명할 수 있는 점들이 다른 국가사에 비해 많은 편이라고 했다.

교사 B의 경우에도 7차 참관 수업 영상을 함께 보았다. 이 수업은 일제강점기 문화 분야에 대한 〈한국 근현대사〉 수업이었다. 교사 B는 영상에 등장하는 학급이 다른 반보다 반응이 좋은 편이라는 점을 연구자에게 설명해 주었다. 이 반처럼 호응이 있는 경우에는 교사 자신이 고무되어 설명이 길어지기도 한다고 했다. 이 수업에서는 시인 윤동주에 대해서 생각했던 것보다 자세히 설명하게 되었는데, 자신은 수업에서 인물 위주로 설명하고 인물을 통해 그런 인물이 나오게 된 시대적 배경을 이해하게 하는 것을 중요하게 생각한다는 점을 덧붙였다.[35]

교사 B는 시인 윤동주와 김소월에 대해 설명할 때 교과서에 나오지 않은 이야기들을 추가로 설명하기도 했다. 예를 들면, 윤동주가 어떻게 체포되어 죽음을 맞게 되었는지라든가, 김소월을 항일 시인이라고 평가할 수 있는가에 대한 문학계의 상이한 평가

---

34 특히 명나라의 주원장에 대해 자세히 설명할 수 있었던 것은 대학 때 '중국근세사' 강의를 흥미롭게 들었기 때문이라고 답했는데, 1차 심층 면담 때 동양사(특히 중국사)에 관심이 많았다는 점을 언급한 것과 관련이 있는 것으로 보인다.

35 연구자와 함께 본 수업 영상에서 교사 B가 학생들에게 보여 준 모니터 화면에는 1920년대 문학의 특징이 '소극적·퇴폐적·낭만적'이라고 제시되어 있으나 수업에서는 1920년대 문학이 식민지 현실을 반영한다는 점을 강조하여 설명했다. 이에 대해 연구자가 수업 자료의 텍스트와 교사 B의 설명이 충돌하는 것이 아닌지를 물으니, 모니터에 띄워 놓은 내용을 문학 과목의 자료에서 가져와서 생긴 문제인 듯하다며 자신의 설명과 모니터 화면 자료가 엄밀하게는 일치하지 않는다는 것을 미처 알지 못했다는 반응을 보였다.

들을 소개했다. 또한 5만 원권 지폐에 들어갈 뻔했던 신사임당 영정을 그린 화가에 대한 친일 논란을 언급하며, 오늘날 학생들이 알고 있을 법한 사실들과 연결하여 설명하였다. 그는 역사 속 인물들을 상세하게 설명할 수 있게 된 데에는 같은 과목을 10년 가까이 가르치고 있다는 점이 작용했다고 말한 바 있다.[36]

이러한 수업 내용에 관해 교사 B는 자신이 수업에서 교과서와 상관없는 걸 가르치는 건 아니고, 교육과정에 언급된 친일파 청산에 관한 내용을 다룬 것이라고 설명하였다. 또한 원래는 2시간 정도에 걸쳐 수업할 내용을 1시간에 줄여 한 것이라 자료를 충분히 보여 주지 못한 것을 아쉬워하기도 했다. 예를 들면, 학생들이 흔히 가곡으로 알고 있는 〈희망의 나라로〉는 '친일' 노래로, 노래를 들려주고 가사에 대해 설명을 해야 하는데 그러지 못했다거나, 일제강점기 시인들의 시를 읽어 주고 여운을 느낄 시간적 여유를 주지 못했다고 돌아보았다. 게다가 이때가 마침 기말고사를 앞둔 시기여서 진도를 마쳐야 하는 것도 부담이 됐다고 했다.

이 외에도 교사 B는 설명을 하면서 자꾸 머리를 만지는 자신의 모습이 거슬리고, 말이 너무 빠른 것 같다는 점을 반성하였다. 또 설명을 하면서 칠판 앞에서 좌우로 왔다 갔다 하는 것이 정신

36 그러나 10년 가까이 수업을 하면서 크게 의심하지 않았던 인물의 사례가 좀 더 확인해 봐야 할 사실일 때도 있다는 점을 뒤늦게 알게 되었다고도 했다. 7차 참관 수업 때, 교사 B는 윤동주 시인이 군대에 징병되어 있던 상태에서 사상범으로 발각돼 감옥에 가게 됐다고 했다. 그러나 이는 윤동주의 사촌 송몽규가 한 증언과 다르다. 교사 B는 자신이 알고 있던 내용은 텔레비전 프로그램에 나온 영화배우 문성근이 윤동주의 친구였던 문익환 목사에 대해 말하는 부분에서 알게 된 것이었다고 했다.

없어 보인다며 자신의 행동에도 주목했다.

교사 C의 경우에는 일제강점기 국내의 사회운동에 관해 다룬 6차 참관 수업 영상을 함께 보았다. 칠판에 두 문제를 적고 먼저 간단히 설명한 뒤 학생들에게 교과서를 읽고 요약 쓰기를 하게 했다. 학생들이 글을 읽고 쓰는 시간에 교사 C는 학생들에게 자주 말을 걸었다. 이런 점이 학생들의 요약 쓰기에 방해가 되지 않는지 연구자가 묻자, 교사 C는 일상에 관한 대화를 시도하는 것이 학생들과의 관계가 편해지는 방법이라고 생각해서 자주 말을 걸고 농담도 했는데, 이런 평소 모습이 수업 때도 나타나는 것 같다고 하면서 고쳐야 할 점이라고 언급하였다.[37]

또한 교사 C는 기말고사 날짜가 얼마 안 남았다고 얘기하는 자신의 모습을 보며 자신에게 "수능이 내재화"되어 있는 것 같다고 자평하기도 하고, 학생들이 산만해지자 "3반", "3반" 하고 부르는 장면을 보고는 군대 조교 같다면서 자주 그러지는 않지만 앞으로는 절대 그렇게 하지 말아야겠다고 언급했다.

그간 참관 수업에서 보여 준 것처럼 교사 C는 담임 반 학생이 아닌 학생들의 이름도 거의 다 외울 정도로 학생들의 이름을 많이 알고 있었다. 주로 졸거나 수업에 집중하지 못할 때 학생들 이름을 부르며 설명을 이어나가는 편이었다. 그는 이런 장면을 보고는 자신이 설명하다 말고 학생들의 이름을 자주 부르는 것이 다소간 수업의 흐름을 끊는 것 같다는 점을 돌아보았다.

---

37 반면에 학생들이 글을 쓰다가도 자신에게 먼저 말을 거는 모습을 가리키며 자신과 학생들의 관계가 스스럼없어 보이지 않느냐면서 만족해하는 모습을 보이기도 했다.

그는 수업 영상을 보고 나서 수업 시간에 요약 쓰기를 다 마친 학생이 절반 정도인데 개인별 학습량을 잘 확인해야겠다는 과제를 도출했다. 또한 그는 자신의 수업을 촬영해서 본 적이 있지만 연구자와 대화를 나누며 같이 보니 자신을 좀 더 객관적으로 보게 되는 것 같다고 평가하였다.

교사 D의 경우에는 7차 참관 수업 영상을 함께 보았다. 그는 자신의 수업 영상을 보면서 평소 수업 때 거의 하지 않는 수업 방법이 등장했다면서 자신이 왜 그랬는지 모르겠다고 말했다. 그 방법이란 학생들에게 다 같이 교과서의 특정 부분을 소리 내어 읽게 하는 것이었다. 그는 "대단원 개요 부분을 왜 읽혔는지 모르겠네요. 책 읽히는 일은 거의 안 해요."라고 했다. 그가 소리 내어 함께 읽기를 시키지 않는 이유는 소리 내어 같이 읽는 것이 별 의미가 없다고 보기 때문이다.

그는 수업 장면을 보며 최근 자신이 수업에서 노력하고 있는 부분을 언급하였다. 그것은 수업을 교사의 설명으로 시작하지 않고 학생들이 학습지의 '개념잡기' 작성을 통해 수업 시작과 거의 동시에, 빠른 시간 안에 교재에 몰입하게 하는 것이었다. 교사 D는 이를 두고 전시 수업과의 관계 설명을 생략하고 학생들이 바로 교재에 집중하게 하는 효과가 있다고 평가했다.[38]

38 그는 영상에 등장하는 학급이 가장 산만한 분위기의 학급 중 하나라고 했다. 학생들의 개성이 강하고, 아주 조용한 학급에 비해 수업 때 반응이 있는 편이라면서 담임 학급이 아닌데도 학생들의 특징이나 재능 등에 관해 파악하고 있는 점들을 연구자에게 설명해 주었다.

교사 D는 평소 설명할 때는 교과서를 거의 사용하지 않는데, 이날은 교과서의 특정 부분을 찾아 각자 읽게 했다. 그래서 이유를 물으니 그는 "평소에는 교과서를 거의 사용하지 않는데, 이 경우에는 교과서에 제 생각과 같은 것이 있어서 활용한 거죠."라고 설명했다.

교사 D는 학생들이 직접 읽고 토론하면서 서로 배울 수 있게 하면 좋겠지만, 역사수업은 교사가 설명해야 할 것이 많아서 자신이 말을 적게 하는 것이 쉽지 않다는 점도 지적했다. 또한 학생들이 자신의 생각을 말하는 '한걸음 더'의 순서가 수업 말미에 있으면 학생들이 잘 안 하려고 해서 학습지 구성상 원래는 맨 뒤에 있던 '한걸음 더'를 학습지 중반부로 옮기기도 했다. 그러나 실제로 학습지 2쪽을 1시간 안에 소화하기 힘들 때가 많고 이마저도 학생들이 충분히 읽고 쓰고 토론하고 발표하게 하기에는 어려움이 있다고 했다.[39] 이는 적어도 교사 D의 상황에서는, 1년 동안 가르쳐야 할 분량을 교과서 순서와 내용에 맞춰 모두 다 모둠 활동을 하며 수업하는 것은 어려울 수 있는 환경이라는 점을 보여 주는 것이기도 하고, 이러한 상황에 맞춘 변화가 필요하다는 점을 제기하는 것이기도 하다.

교사 D는 모둠 활동 후 발표하는 내용이 토론의 결과라고 보

39 모둠 활동은 1시간에 학습지 2쪽을 사용하는 정도로, 항목마다 평균 3-4분 정도를 할애한다고 했다. 그러나 수업을 하다 보면 학생들의 상황이나 반응 때문에 지연되는 경우도 있어 이날 연구자와 함께 본 수업에 대해서는 "한 장 다 수업하기는 틀린" 시간 운영이라고 평가했다. 그 이유로는 교사의 설명이 너무 길었다는 점을 꼽았다.

기 어렵고 사실상 기의 개인의 의견을 각자 발표하는 것이라고 했다. 또한 수업 영상에서 학생들이 모둠 활동을 하는 동안 자신은 거의 방관자적 태도를 보이는 것 같다면서, 학생들 간 대화 유도를 제대로 하지 못한 점을 반성하기도 했다.[40]

또한 그는 학업성취도가 낮은 학생들도 성취감을 느낄 수 있게 하려고, 학습지를 만들 때는 교과서의 내용을 그대로 적을 수 있는 부분을 꼭 넣는다는 점도 덧붙였다. 그러면 학업성취도가 낮은 학생들도 스스로 쓸 수 있는 것이 있기 때문에 수업에 집중하는 효과가 있다는 것이다. 그래서 학생들이 학습지 쓰는 장면을 보며 "진지"하게 "열심히" 쓴다고 평가했다. 그는 성적이 낮은 학생들이 개념잡기를 작성하는 수업 초반부만이라도 온전히 집중할 수 있다면 그 수업은 성공적이라고 보았다.

교사 D는 자신의 말투나 행동이 부산스러운 것 같다면서 학생들이 글을 읽고 쓰는 시간 동안 교실 내에서 자신의 적절한 위치를 고민했다. 특히 교사는 서 있고 학생들은 앉아서 교사를 바라보기만 하는 구조는 교사가 말을 걸기 전에 학생들이 먼저 말하기 어려운 환경으로 이해하고 있었다. 그리고 수업을 영상으로 보니 자신이 수업 때 보지 못한 장면들이 보인다면서 여전히 놓친 수업 상황이 많다는 점을 깨달았다고 했다.

---

40 한편 교사 D는 '-하거라', '-느냐', '-해 보거라'와 같은 자신의 말투가 느리고 특이하지 않는지 연구자에게 물었다. 연구자는 그의 말투가 빠르지 않고 정확하게 발음하려 애쓰는 듯 보인다고 답했고, 그는 "아이들이 잘 들어 줬으면 하는 바람으로 천천히 정확히 말하"게 된다고 설명하였다.

교사 D는 자신의 설명과 수업 내 활동을 줄이고 학생들의 활동을 늘려서 학습지를 '활동지'라고 부를 수 있게 되면 좋겠다는 바람을 표현했다. 그래서 그는 모르던 학생이 알게 되어서 다른 학생을 가르쳐 주는 일이 많아졌으면 좋겠다고도 했다. 물론 역사 교재의 내용 하나하나가 엄청난 연구의 결과물이고 사상과도 연결되는 것이라 학생들 사이에서 수학 문제 풀듯이 답을 결정하는 것이 가능한지는 의문이지만 당분간 계속 시도할 생각이라고 했다.

교사 E는 4차시 참관 수업 영상을 살펴보면서 자신이 던지는 "왜 그렇지?", "왜 안 되지?"라는 질문이 학생들에게 분명하게 이해되지 않을 때가 있겠다는 점을 반성하였다. 즉, "학생도 한마디로 답하기 어려웠던 질문"이라는 것이다.

교사 E는 "오늘 어디 할 차례"인지 학생들에게 묻거나 계획대로 진도를 마치지 못하는 장면을 보며 자신의 수업이 학생들에게 시작과 끝이 분명하게 생각되지 않을 수 있겠다는 점에 대해서도 반성을 했다. 교사 E는 평소 한 차시 수업의 분량을 아주 세부적으로까지는 나눠놓지 않는데, 이러한 점이 수업을 마치는 시점에서 학생들에게 깔끔하지 않게 여겨질 것이라는 점을 느끼게 됐다고 했다.

그는 학생들과의 대화를 끌어내거나 사례를 들어주는 것이 필요한 수업에서도 일방적 설명이 주를 이루고 있다면서 이는 자신의 준비 부족에서 기인한다고 평가했다. 그래도 그는 수업 영상을 보면서 자신이 생각보다 잘 웃어서 다행이라며 교사가 경직된 모습으로 운영하는 수업은 학생들을 힘들게 하는 것 같다고 평가했다. 또한 수업 영상 속의 자신이 "학생들의 말을 들으려고 하고 학생들도 정답보다는 자기 생각을 말하려고 하고 있구나."라고 느껴지는 점은 마음에 든다고 했다.

자신의 수업 방법 가운데 학습지나 교과서를 읽게 하거나 정답을 요구하는 질문을 하는 것은 수업 집중을 위해서나 개인별 평가 때문에 어쩔 수 없이 하는 것인데, '좋은 수업' 방식 같지는 않다고 평가했다. 또한 자신의 수업이 잘 정리되지 않은 것 같다면서 본인의 수업에 대해 일부 학생들이 대학교 수업 같다고 평가하는 점을 자기비판적으로 언급하였다. 학생들은 시작과 끝, 이해해야 할 점과 외워야 할 점 등이 명료하게 정리되기를 원하는데, 교사 E의 수업은 필기하기 힘들다는 문제 제기를 받는다고 했다. 그래서 이러한 학생들을 위해서라도 수업의 시작과 끝을 잘 조직하는 게 필요하겠다고 언급했다.

이상에서 사례 교사 5명이 자신의 수업 영상을 보며 나눈 대화에서 보이는 수업 후 반성의 내용을 살펴보았다. 일반사회, 지리, 역사교사 20명을 대상으로 수업 반성을 유형화한 연구에 따르면, 사회과 교사들은 습관적 반성, 수업 상황의 반성, 수업 기법의 능숙함에 대한 반성, 문제 상황이나 교육 제도에 관한 문제 인지의 반성, 교육 목적 지향의 반성을 한다.[41] 이에 따르면, 본 연구의 사례 교사 5명이 보여 준 수업 후 반성의 내용은 다섯 가지 반성 유형을 모두 포함하고 있지만 습관적 반성과 수업 상황의 반성을 주로 하는 것으로 볼 수 있다.

41 최희정, 「사회과 교사의 수업 반성에 대한 분석」, 『사회과교육』 51-2, 2012, p. 80.

특히 사례 교사들은 자신의 수업 장면을 보면서 평소에 보지 못한 자신과 학생들의 말과 행동에 주목하는 것을 알 수 있다. 이는 자신의 수업 영상을 볼 기회가 흔하지는 않다 보니 영상 속 교사 자신과 학생들의 행위 위주로 돌아보기 때문일 수 있다. 또한 자신이 수업에서 가르친 내용에 비춰 자신이 선택한 수업 방법이 잘 연결되고 있는가에 대한 반성을 보여 준 경우는 거의 없었다.

따라서 역사교사들이 자신의 수업 장면을 돌아볼 때에는, 가르친 내용에 대한 자신의 이해와 표현이 의도와 일치하는지, 가르친 내용에 따라 방법이 잘 선택되었는지, 자신이 계속 이어나가고 있는 수업 내용과 적절하게 연결되고 있는지도 의식적으로 반성할 필요가 있다. 또한 이러한 반성이 체계적이기 위해서는 교사 양성 과정과 재교육 과정에서 이와 관련된 교육과 훈련이 뒷받침될 필요가 있다.

제6장

학생들을 통해 본 교사의 역사교육 목적

1 학생들이 말하는 역사학습 목적

역사교육연구소가 2010년에 실시한 '초·중·고등학생들의 역사교육 이해 조사'에서 "역사를 배우면서 얻게 되는 것은 무엇일까요?(두 가지를 고르시오)"라는 질문에 대한 중·고등학생들의 답변 순위를 살펴보면 '많은 상식을 얻게 된다', '공동체(민족) 의식을 얻을 수 있다', '선조들의 지혜를 배울 수 있다', '여러 가지 사회문제를 이해하는 데 도움을 얻는다', '바람직한 삶을 생각해 볼 기회가 된다' 순으로 나타났다. 이와 같은 결과에 대해 이 연구에서는 "역사 공부가 바람직한 삶을 생각하는 데 도움을 줄 수 있다거나, 역사교육 목적을 역사적 사고력이나 교훈 등과 관련짓는 역사교육계의 논의와 일정한 거리가 있다."라고 지적하였다.[1]

한 연구에 따르면, 이 조사의 서술형 문항에서 고등학생들은 역사학습의 이유로 ① 내재적 가치, ② 상식, ③ 실용성, ④ 교훈, ⑤ 현재의 이해, ⑥ 주인의식 또는 주체의식, ⑦ 역사적 사고력 또는 역사의식, ⑧ 민족정신 또는 애국심, ⑨ 다양한 관점 습득의 순

1 역사의식조사 학생팀, 「역사의식조사 워크샵: 초·중·고등학생들의 역사교육 이해 조사」, 『역사와 교육』 4, 2011, p. 30.

으로 답하였다. 반면 역사는 비실용적이기 때문에 배우기 싫다고 응답한 학생도 많아서 당연히 배워야 한다는 내재적 가치와 대립하는 반응도 상당했다.[2]

이 두 연구는 학생들이 역사학습 목적으로 무엇을 더 중시하는가에 초점을 맞춘 것이다. 그러나 본 연구의 초점은 무엇을, '왜' 중시하는가에 있다. 본 연구에서는 사례 교사의 학생들을 대상으로 역사를 왜 배우는가 하는 물음을 통해 학생들이 어떠한 맥락에서 그 같은 목적을 중시하게 되었는지를 이해하는 데 초점을 두고자 한다. 또한 학생이 말하는 역사교사의 역사교육 목적을 해당 역사교사와 관련지어 이해하기 쉽도록 표기하였다. 예를 들면, 교사 A의 학생 가운데 학업성취도 상·중·하인 학생을 각각 학생 A1, 학생 A2, 학생 A3와 같은 방식으로 표기하였다. 면담 결과, 학생들이 밝힌 역사학습 목적을 세 가지 맥락으로 묶어서 살펴보겠다.

1) 현재 문제 해결과 미래 대비

현재 문제 해결과 미래 대비는 교사나 학생 모두에게서 역사학습 목적으로 흔히 접할 수 있는 논지다. 본 연구에서 역사학습 목적에 대해 현재 문제 해결과 미래 대비에 유익하기 때문이라고 답한 학생들은 그 유익함이 아직 자신의 구체적 경험으로 입증되지는 않은 상태에서 막연하지만 긍정적인 기대를 가지고 있었다.

---

2 이해영, 「고등학생의 눈으로 본 역사수업」, 『역사교육연구』 14, 2011, p. 138.

학생 A2는 역사를 잘 배우면 현재를 이해할 수 있다고 보았고, 현재의 문제를 해결하고 미래를 대비하는 데 유익할 것이라는 기대를 표현하였다.

학생 A2: 현재 사회 자체도 역사에서 나온 거잖아요. 자본주의나 인권이 하늘에서 떨어진 게 아니라… 예를 들면 자본주의도 많이 바뀌었잖아요. 일반 자유주의, [자유]시장방임주의, 국가 개입, 신자유주의… 이런 변화를 이해하려면 역사를 알아야 한다고 생각해요.

연구자: 현재가 어떻게 만들어졌는지 알면 어떤 데 도움이 될까요? 현재가 어떻게 만들어졌는지는 왜 알아야 되죠?

학생 A2: 현재가 만들어져 온 과정을 알면 미래를 좀 더 좋게 만들 수 있는 행동이나 생각을 할 수 있지 않을까요? 좋지 않은 것들을 고치기 위해서 역사가 바뀌어 왔고, 아직 바뀌지 않은 것들이 있으면 우리가 그걸 바꾸기 위해 노력하고, 그렇게 하면 그것들이 좋게 바뀌어 있는 사회가 되지 않을까 하는 생각도 있고요.

학생 C1의 경우, 역사를 잘 배우면 과거의 실수를 반복하지 않음으로써 더 나은 미래를 만들 수 있다고 보았다. 그가 '실수'의 예로 든 것은 식민 지배, 생체 실험, 나치의 유대인 학살이었는데, 이는 무고한 사람들이 '권력에 의해 학살'당했다는 점에서 반복하지 말아야 할 실수로 꼽았다.

학생 C1: 옛날에 사람들이 겪은 실수 같은 걸 다시 겪지 않기 위해서 역사를 배운다고 얘기하고 싶어요. […] 식민 지배라든가 아니면 유대인 학살, 생체 실험 이런 거. […] 죄 없는 사람들이 권력에 의해서 학살당한 것 같아서… 영화도 몇 편 봤는데, 자신들이 왜 그걸 당하는지 모르고 죽잖아요. 그래서 불쌍하다는 생각이 들었어요.

과거의 일 가운데 반복되어서는 안 될 일을 학생 C1은 '실수'라고 표현한 반면, 학생 B2는 '본받지 말아야 할 일'이라고 표현하였다.[3] 학생 B2는 과거에서 본받지 말아야 할 점으로 기득권층이 계속 권위를 누린다는 점을 꼽았고, 과거에서 본받을 만한 점으로는 하나로 뭉치면 성과를 거둘 수 있다는 점을 꼽았다.

학생 B2: 옛날에, 단합해서 투쟁하거나 그랬잖아요. 그런 걸 볼 때는 단합하면, 하나로 뭉치면 이길 수도 있겠구나 하는 생각을 해요. 그런데 그때나 지금이나 너무 권위 있는 사람들만 누리는 건 좋지 않은 것 같아요.

학생들의 이런 답변에 대해 연구자는 역사를 배워 실제로 현재 문제 해결이나 미래 대비에 도움이 된 적이 있었는지, 있었다면 그 경험도 말해 달라고 했다. 이에 대해 학생 B1은 역사를 배워 미래를 대비하는 데 도움이 된 경험을 한 적은 없는 것 같다고 답하였다.

3 "옛날과 비교해 가면서 본받을 건 본받고 안 좋은 점들은 본받지 말라고 동생에게 말해 줬으면 해요."(학생 B2)

연구자: 역사를 통해 앞으로의 일에 대비할 수 있구나, 이래서 역사를 배우는구나 하고 느낀 경험 같은 게 있어요?

학생 B1: 아뇨.

연구자: 그러면 역사는 반복되니까 앞으로의 문제에 대비할 수 있다, 이런 생각은 어떻게 하게 된 것 같아요?

학생 B1: 어디서 들은 것 같아요.(웃음)

학생 B1처럼 학생 E1도 과거를 통해 현재를 성찰하고 미래를 대비한다고 답하였다. 그는 역사를 배우면서 이전보다 현명한 판단력이나 통찰력을 가지게 된 것 같다고는 하였으나, 구체적으로 도움이 된 적이 있는지는 모르겠고, 실제 자신의 판단력이나 통찰력이 향상되었는지를 구체적으로 설명하지는 못했다.

학생 E1: 역사를 처음 배울 때 듣는, 과거의 모습을 통해서 현재를 성찰하고 미래를 대비한다, 이런 말을 머리로는 알고 있는데 와 닿지는 않아요…

역사를 배우면 현재 문제 해결에 도움이 되고 더 나은 미래를 대비하는 데 유익할 것이라고 기대하는 학생들은 과거 사실들 가운데 반복되어서는 안 될 점과 배울 만한 점을 구분하고 있었다. 반면, 이런 인식이 실제 자신의 경험에서 구체적으로 입증된 사례를 들어 답한 학생은 없었고, 이런 자신의 인식이 옳다는 확신을 갖고 있지 않은 경우도 있었다. 그럼에도 이와 같이 답변한 학생들에게서는 역사학습의 의미가 아직 자신에게 입증되지는 않았지만 앞으로는 입증될 수 있다는 기대감을 갖고 있거나, 막연하게나마 실현 가능할 것으로 기대한다는 점을 확인할 수 있었다.

2) 자기 삶에 대한 구체적이고 실질적인 유용성

학생 A3는 중국어 동시통역사가 장래 희망인 학생이다. 이 학생은 중국사와 한국사를 잘 알면 자신이 동시통역사로 일하게 되었을 때, 자기 직업을 더 원활하게 수행할 수 있다고 생각하였다.

> 학생 A3: 외국에서 귀한 사람이 오면 따라다니면서 통역해 주는 일을 하려면 이야기가 서로 잘 통해야 하잖아요. 역사를 배우면 그런 면에 도움이 될 것 같아요.

그래서 학생 A3에게 학교에서 배운 중국사 내용이 나중에 통역 일을 할 때 어떤 도움이 된다고 생각하는지 묻자, “아직은 느낀 게 없어요.”라며 멋쩍어했다. 학생 A3는 역사학습이 앞으로 직업 활동에 도움이 될 것이라는 점 외에도 해외여행을 갈 때 그 나라의 역사를 알고 가면 도움이 된다고 하였다. 학생 A1도 해외여행을 갈 때 역사학습이 여행에 도움이 된다고 하였다.

> 학생 A1: 저는 중국 갔을 때, 하·은·주 시대를 포함한 역사 연표랑 유명한 건축물 같은 걸 공부하고 갔는데 가이드가 설명할 때 제가 아는 내용이 나오면 너무 짜릿한 거예요. 왜냐면, 나도 안다는 생각을 하게 되니까 그게 너무 재밌는 거죠.

직업 활동과 여행 외에 선거에서 어느 후보를 지지할 것인지 입장을 정할 때에도 역사학습이 도움이 된다고 한 학생들도 있었다. 학생 B2는 〈한국 근현대사〉를 배워서 대통령 선거에 출마한 주요 '후보들의 과거'를 알 수 있게 되었다고 했다.

> 학생 B2: 〈한국 근현대사〉에서 박정희라는 분을 깊이 배웠는데 그 분의 딸이 이번에 대통령 선거에 나오니까 좀 꺼려지는 마음이 생겼어요. 이번에 〈한국 근현대사〉를 배우면서 경제를 어떻게 살렸는지도 알게 됐고, 독재정치도 어떻게 했는지 박정희라는 분에 대해서 더 잘 알게 된 것 같아요.

또한, 세계사를 배우면 기본적으로 알아야 할 상식을 얻을 수 있고 학교에서 배운 점들을 알고 있어야 사회적으로 "무시당하지 않"을 수 있다고 답한 학생도 있었다.

> 학생E3: 저는 세계사를 배워야 한다고 생각해요. 세계사도 기본 양식, 지식에 포함되니까 배워 둬야 한다고 생각해요. […] 중·고등학교 다 나왔잖아요. 그러면 세계사를 알아 둬야 사회에 나가서 무시당하지 않고…

이 외에도 학생 D3는 비교적 가까운 과거의 문화를 이야기나 글로 접하고 나면 나이 많은 어른들과 대화할 때 이해가 더 잘 되어서 도움이 된다고도 했다.

역사를 배우면 직업 활동, 여행, 선거 후보자에 대한 판단에 도움이 되고, 남들에게 무시당하지 않을 정도의 지식을 습득하거나 어른들과의 대화에 도움이 된다고 답한 학생들은 자기 경험 가운데 구체적 예시를 들어 답하였다. 이 점은 역사학습이 현재의 문제적 상황을 해결하고 더 나은 미래를 대비하는 데 유익할 것이나 아직 자신에게 구체적 경험으로 입증되지는 않았다고 답변한 학생들과 다른 점이었다. 전자의 학생들은 현재 또는 매우 가까운 미래에 자신에게 구체적이고 실질적으로 유용한 측면을 강조하였다.

3) 당위로서의 내재적 가치

당위란 '마땅히 있어야 하는 것 또는 마땅히 행해야 하는 것'이다.[4] 철학적으로는 존재와 필연에 상응하는 개념으로, 실제 발생하는지 여부와 관계없이 반드시 생겨나야 한다고 요구되는 것이나 반드시 생겨나야 한다고 요구하는 의식을 뜻한다. 이러한 개념을 따르면, 이번 면담에 참여한 학생들 가운데에는 역사학습을 '당위'라고 보는 경우가 가장 많았다. 이는 위에서 다룬 역사학습 목적 두 가지와는 달리, 역사를 배우는 것은 그 자체로 내재적 가치를 지니므로 중요하다고 보는 관점으로, 배워야 할 이유나 근거를 제시할 필요성을 느끼지 못하는 경우라 할 수 있다.

학생 A1: 역사를 왜 배우냐고요? […] 그건 사람마다 다르겠지만,

4 국립국어원의 『표준국어대사전』 참조.

저라면 역사를 왜 배우냐고 묻는 것 자체가 잘못됐다고 생각하기 때문에.

학생 A1은 마치 이런 질문은 생각해 본 적이 없다는 반응이었고, 질문에 답하기를 어려워했다. 고민 끝에 이 학생은 "뭐가 더 좋은 점이 있다고 설득하는 식으로 하자면 [···] 어렵네요. 너무 당연한 거였으니까, 저는."이라고 답하였다. 학생 A1에게 역사를 왜 배우는가의 문제는 질문을 받을 이유가 없는 쟁점이었다.

학생 D1은 학생 A1과는 조금 달랐다. 학생 D1은 역사를 배우면 독도 같은 영토 문제에 대한 인식을 높일 수 있고, 특히 한국사는 자부심과 자긍심을 고취시키는 역할을 할 수 있어서 유익하다고 했다. 연구자가 자부심과 자긍심을 고취시키면 어떤 점에서 도움이 되는지 물었을 때, 학생 D1은 "앞으로의 한국에 더 도움이 되는 것"이라고 답하였다. 연구자가 한국의 미래에 유익한 일이 어떠한 점에서 자신에게도 유익한지를 묻자 학생 D1은 너무 당연한 문제를 왜 자꾸 묻느냐는 듯한 표정을 지었다. 학생 E3도 비슷한 반응을 보이며 다음과 같이 답하였다.

학생 E3: 한국인이니까 한국 역사는 당연히 배워야 된다고, 한국인으로서, 그렇게 말해줄 것 같아요.

학생 E3도 독도 문제에 대한 대응에서 '독도는 우리 땅'이라고 주장할 수 있는 근거를 정확히 아는 것이 중요하다고 하였다. 연구자가 그런 사실을 아는 것이 어떤 점에서 도움이 된다고 보는지 설명해 달라고 하자 학생 E3는 다음과 같이 답하였다.

> 학생 E3: 당연히 도움 되는 거 아니에요? […] 일단 우리 국토잖아요. 만약 일본한테 넘어가면 우리 국토를 넘겨주는 거잖아요. 방어를 할 수 있다는 점에서 도움이 되죠.

이 외에 학생 B3도 우리 땅을 지키려면 역사를 배워야 한다고 했고, 학생 C3도 국민이라면 자국의 역사가 왜곡되는 것에 대한 반론을 기본적으로 알아 두어야 한다고 했다. 학생 C2 역시 역사는 국민의 재산이고 역사 없는 나라는 없기 때문에 어느 나라 국민이든 자기 나라의 역사를 공부하는 것은 당연한 것이라고 했다. 이런 답을 한 학생들은 대부분 독도 영유권에 관한 이야기를 했는데, 연구자가 '독도는 우리 땅'이라는 인식과 근거를 명확히 하는 것이 왜 필요한지, 그러한 인식을 분명히 하는 것이 자신에게 어떠한 유익함이 있다고 생각하는지 반문했을 때는 다소 곤혹스러워하였다.

이와 같이, 역사의 내재적 가치를 중요하게 여기는 학생들과 자국사를 배우면 국가와 국민에게 유익하다고 생각하는 학생들은 '왜 그렇게 생각하는가'라는 질문 자체가 성립하지 않는다고 답하거나, 당위의 문제라서 설명하기 곤란하다고 답했다. 즉, 역사를 배우는 것이 그 자체로 당위적이어야 한다고 보는 경우에는 국민국가의 일원으로서 자국사를 학습하는 것은 당위적이며, 그런 점에서 역사를 배우는 데 구체적이거나 실질적인 이유가 필요한가 등의 반문을 던졌다.

2 교사의 역사교육 목적에 대한 학생들의 인식

역사교사가 역사의 의미를 어떻게 인식하는지 설문 조사와 면담을 통해 알아보고 역사교사의 유형을 다섯 가지로 나눈 에번스(R. Evans)는 역사교육을 교사 자신이 과거를 보는 방식과 현재에 관한 신념을 표현하는 수단이라고 보았다.[5] 에번스는 후속 연구에서 역사교사의 다섯 가지 유형의 전형이라고 본 교사들의 수업을 관찰하고 해당 교사의 학생들을 면담하였다. 그 결과, 그는 역사교사들이 설문과 면담에서 보여 준 전형적인 유형이 수업 관찰과 학생 면담에서 확인되지 않는 경우가 더 많았다고 결론지었다. 교사 2명은 자신이 설문과 면담에서 답한 점들과 대체로 일치하는 수업을 보여 주었으나, 다른 3명은 연구자의 수업 관찰 결과와 학생의 반응 모두 교사 자신이 설문과 면담에서 보여 준 특징들과는 거리가 멀었다. 이 때문에 에번스는 각 유형의 전형적인 실행자를

5 R. Evans, "Teacher Conceptions of History", *Theory and Research in Social Education* 17(3), 1989, p. 238. 이 연구는 역사교사를 대상으로 한 71부의 설문지를 분석하고 일부를 면담한 결과에 기초하여 역사교사를 이야기꾼(storyteller), 과학적 역사가, 상대주의적 개혁가, 우주론적 철학자, 절충주의자로 유형화했다.

찾지 못했다고 평가했고,[6] 역사교사가 자신들이 의도하거나 실행하고 있다고 말한 것과 관찰자나 학생이 보는 것은 자주, 그리고 매우 다르다는 결론에 도달하였다.[7]

그러나 이러한 결과가 역사교사들이 설문이나 면담에서 솔직하지 못하다는 것을 뜻한다고 볼 수는 없다. 교사의 역사교육적 의도가 역사수업에서 구현되지 못한 책임이 교사에게만 있다고 볼 수는 없기 때문이다. 예를 들면, 교사가 자신의 역사교육적 의도를 구현하려 한 수업 실천을 학생들이 다르게 이해할 수도 있기 때문이다.

이와 같은 문제의식에서 연구자는 '학생들이 생각하는 역사교사의 역사교육 목적'을 살펴보았다. 이는 "역사교사가 역사수업을 통해 학생들에게 어떠한 변화를 기대한다고 생각하는가?"라는 물음을 통해 알아보았다. 이 질문에 대한 학생들의 대답이 해당 역사교사가 면담에서 밝힌 역사교육 목적과 어떤 공통점 또는 차이점을 보이는지를 비교해 보았다. 이는 학생과 교사의 답변이 얼마나 일치하는지 여부를 따지려는 것이 아니라, 학생들이 역사수업에서 느끼는 교사의 역사교육 목적과 교사가 밝힌 역사교육 목적이 어떻게 다른지를 이해하려는 관점에서 출발한 것이다.

---

6 R. Evans, "Teacher Conceptions of History Revisited: Ideology, Curriculum, and Student Belief", *Theory and Research in Social Education* 18(2), 1990, p. 105.

7 *Ibid.*, p. 124. 이러한 연구 결과는, 교사들에게 역사교육 목적에 관해 물으면 대체로는 자신의 수업 실천과는 무관한, 추상적 근거들로 답을 한다는 지적에서도 볼 수 있다(K. Barton and L. Levstik, *Teaching History for the Common Good*, Mahwah, NJ: L. Erlbaum Associates, 2004, pp. 253-254; 허준혁, 「역사교사의 역사교육관과 수업내용 재구성의 관련성 분석」, 서강대학교 석사학위논문, 2011).

1) 교사 A의 학생들

고등학교 2학년 〈세계사〉를 가르치는 교사 A는 학생들이 자신의 역사수업을 통해 적어도 상식과 교양 수준의 역사적 순서, 인물, 사건, 용어 등을 이해하고 이를 체득하여 표현할 줄 알게 하고자 했다. 또한, 교과서 내용을 모두 가르치기에는 수업할 내용이 너무 많다고 보고 자신이 제작한 학습지를 통해 가르칠 내용을 한정해 왔다. 애초 교사 A는 〈세계사〉 수업을 통해 편견 극복, 비교사적·교류사적 이해를 강조하고자 하였으나 학생들의 학업 능력 수준을 알아갈수록 편견 극복, 비교사적·교류사적 이해보다는 교양과 상식을 쌓게 해야겠다는 생각을 더 많이 하게 되었다. 그래서 교사 A는 학생들이 역사를 배워 상식을 갖추고 이를 이해하여 스스로 표현할 수 있게 하는 데 강조점을 두게 되었다.

학생 A1은 교사 A가 학생들의 학업 능력 수준을 고려해 교양과 상식으로서의 역사지식을 가르치는 게 중요하다고 생각하는 점을 이해하고 있었다. 학생 A1은 그 근거로, 교사 A가 한 말들을 통해 학생들이 역사를 좀 더 쉽게 이해할 수 있게 여러 방법을 고민하고 시도하는 것을 느낄 수 있다고 하였다.

> 학생 A1: 선생님이 이런 부분은 너무 어렵다, 어렵기 때문에 쉽게 가르쳐 줘야 된다고 그러셨어요. 생각해 보니 모르는 애들한테도 역사를 쉽게 가르치려고 선생님은 이 방법, 저 방법을 다 생각해 보실 거 아니에요. […] 그런 걸 들었을 때, 선생님이 역사를 가르치려는 이유는 아이들에게 지나

온 과정이든, 앞으로 가야 되는 과정이든, 지금이든, 선생님은 역사라는 그 자체를 알려주고 싶어 하시는 것 같아요.

교사 A는 학생들이 역사지식을 쌓고 이를 이해하여 스스로 표현하는 것을 통해 배우기를 바라는 의도에서 학생들이 학습지를 직접 만들어 보는 수업 방법을 몇 번 채택한 적이 있었는데, 학생 A3는 교사 A가 채택한 수업 방법에 관해 자신의 역사 이해에 도움이 되었다고 하였다.

학생 A3: 평소에는 선생님이 학습지를 나눠 주면 저희는 빈칸을 채워요. 선생님하고 얘기하고 책을 보면서. 그런데 최근에 저희가 직접 학습지를 만드는 시간이 있었어요. 저희가 교과서 몇 장을 읽고, 문제를 내고, 그랬어요. 스스로 읽어 보게 되니까 확실히 도움이 돼요. 이해를 하는 거죠. 제가 문제를 내야 하니까 외워야 되고… 그런데 시간이 좀 많이 걸리죠.

학생 A2는 자신이 생각하는 역사교사의 역사교육 목적에 대해 추론한 결과를 답하기는 했지만, 그에 대한 근거가 될 만한 경험을 떠올리지는 못했다. 학생 A2는 교사 A가 문제적 상황을 해결하기 위한 실천에 학생들이 참여하기를 바라는 것 같다고 했지만 구체적으로 그러한 의도를 느낀 적은 없다고 답하였다.

학생 A2: 선생님 마음까지는 생각을 안 해 봤는데 제가 역사를 배워야 한다고 말하는 이유랑 비슷할 것 같아요. 우리가 어떻게 이렇게 됐는지 알았으면 좋겠고, 자신이 불만이 있을 때는 표현하기를 바라시는 것 같고… 역사를 모르면 어떤 게 문제인지 아닌지 그 상황에서는 모르니까 공부를 통해서 후에 그런 문제가 생길 때 뭔가 했으면 좋겠다?

연구자: 선생님이 그런 마음을 갖고 있을 것 같아요?

학생 A2: 네.

연구자: 그런 게 느껴진 적이 있어요?

학생 A2: 아니, 그러진 않았는데. 왜냐면 수업이 교과서에서 많이 벗어나지는 않으니까.

한편 학생 A1의 경우에는 교사 A의 의도를 부분적으로는 오해하고 있었다. 교사 A가 타 문화에 대한 이해를 통해 편견을 극복하기를 바라는 관점에서 진행한 수업에 대해 학생 A1은 교사 A가 강조하는 것이 다른 나라의 문화를 알고 우리나라 문화를 해외에 알리는 것이라고 보았다.

학생 A1: 세계화? 남의 문화를 알고 이해하고 인정할 줄 알아야 우리 문화도 인정받고 남들이 이해할 수 있다는 걸 가르치려고 하시는 것 같아요. 왜냐면, VOD도 대체로 다른 나라 문화에 관한 걸 보여 주시는 걸 보면요. 다른 나라를 알아야 우리나라를 알릴 수 있는 거고. 제가 봤을 때 그런 걸 많이 생각하시는 것 같아요.

교사 A의 세 학생 가운데 학생 A1은 교양과 상식으로서의 역사적 지식을 배우고 이를 스스로 표현하는 과정을 통해 배워 가기를 바라는 교사 A의 의도를 수업 경험을 통해 부분적으로 이해하고 있었다. 그러나 역사학습이 현재 문제 해결에 유익하다는 점을 매우 강조한 학생 A2의 경우에는, 자신이 생각하는 역사학습 목적을 교사의 역사교육 목적에 더 많이 투영하여 교사의 의도가 자신의 의도와 일치할 것이라고 추측하였다. 학생 A1은 편견 극복과 비교사적 관점을 고려한 교사 A의 의도와는 달리, 세계사를 배워 우리나라의 문화를 다른 나라에 알리는 것을 강조하는 것이라고 판단하고 있었다.

2) 교사 B의 학생들

고등학교 3학년에게 〈한국 근현대사〉를 가르치는 교사 B는 역사를 배우는 것이 미로에서 길을 찾아나갈 때, 현재 처한 문제를 해결하는 데 도움이 된다는 점을 가르치고자 한다. 그는 교사가 강조하는 관점을 학생들이 항상 염두에 두고 살아가지는 않겠지만, "지금 일어나고 있는 일들이 과거에도 일어났던 일이라는 것을 인식시켜 주는" 것이 현재를 변화시키는 데 필요한 자극이 될 수 있다고 보았다.

교사 B의 이러한 역사교육 목적은 학생 B1과 학생 B2가 느낀 바와 일치하는 측면이 있었다. 학생 B1은 교사 B가 과거 정권의 부정부패 문제를 다룰 때 흥분하며 가르쳤던 것을 떠올리며 이러한 일이 다시 일어나지 않게 학생들에게 시민의식이 필요하다는 점을 강조하는 것으로 보았다.

학생 B1: 부정부패에 관한 수업을 할 때 선생님이 흥분하셨어요.
연구자: 학생들이 과거의 부정부패 이런 걸 잘 알아야 한다고 생각하시는 것 같아요?
학생 B1: 네.
연구자: 그런 걸 선생님은 왜 강조하시는 걸까요?
학생 B1: 저희가 시민의식을 가지면 좋겠다고 생각하시는 것 같아요.
연구자: 시민의식을 가지면 뭐에 좋은가요?
학생 B1: 과거 부정부패 같은 일이 또 발생할 수 있잖아요. 지금도 그렇고. 의식이 깨어 있기를 원하시는 것 같아요.
연구자: 의식이 깨어 있다는 게 어떤 걸까요? 선생님은 구체적으로 학생들이 어떻게 되기를 바라는 걸까요?
학생 B1: 음… 정치인들 비리 같은 것도 잡아낼 수 있고 투표도 하고.

학생 B2도 교사 B가 과거의 잘못을 돌아보아야 과거에 잘못한 인물처럼 살지 않을 수 있고 그와 같은 잘못을 미래에 반복하지 않을 수 있다는 점을 강조한다고 생각하였다. 이는 교사 B가 한국 근현대사 속 인물을 다룰 때 교사 자신의 가치판단을 숨기지 않는 방식으로 수업을 했기 때문에 알 수 있었다고 하였다.

학생 B2: 선생님도 과거의 잘못을 미래에는 반복하지 말고 과거에 잘한 건 반영하면 좋겠다고 생각하시는 것 같아요.

연구자: 그걸 수업 때도 많이 느꼈나요?

학생 B2: 이런 사람같이는 하지 말라고 하실 때요. 그런 사람을 다룰 때 약간 욱하셨던 건 있어요. 이 사람에 대해서는 할 말이 너무 많지만 선생님이 좀 참을게, 이러시면서요.

반면, 학생 B3는 교사 B가 학생들이 우리나라 사람으로서 우리의 역사를 배우고 아는 것은 기본이라는 점을 강조하는 것으로 보인다고 답하였다. 그러나 구체적으로 기억이 나지는 않는다며 자신의 경험으로 뒷받침하지는 못하였다.

학생 B3: 우리나라 사람이니까 꼭 알았으면 좋겠다? 그렇게 가르치시는 것 같아요. […] 우리나라 사람이니까 기본적인 건 알고 가야 된다, 이런 거?

학생 B1과 학생 B2는 한국 근현대사 속 인물들에 대한 교사의 가치판단이 직접 드러나는 수업을 통해 교사의 역사교육 목적을 인식하고 있었다. 교사 B는 한국 근현대사 속 인물들에 관해 현재 문제와 연결하여 설명하는 방식을 종종 채택했는데, 이러한 점이 영향을 끼친 것으로 보인다. 그러나 학생 B3의 경우에는 이에 관해 특별히 인상적으로 받아들이고 있지는 않았다.

3) 교사 C의 학생들

중학교 3학년 〈역사(하)〉를 가르치는 교사 C는 역사를 배우면 현재 문제 해결에 도움을 얻을 수 있다고 보았다. 그는 역사를 공부하면 자연스럽게 그렇게 되는 것은 아니지만 역사학은 다른 학문에 비해 현재 문제 해결에 도움을 줄 가능성이 높은 학문이라고 보았다. 그는 어떤 사건이 발생했을 때 학생들이 그 사건을 바라보는 관점을 가질 수 있기를 바라고, 그러한 관점이 학생들이 앞으로 어떤 학문을 공부하게 되든지 도움이 되기를 바란다. 교사 C는 수업에서 역사교사가 과거의 사실을 현재 문제와 연결지어 설명할 때 자신의 가치관을 드러내지 않을 수 없고, 이를 부정하려 해도 모든 역사교사들은 알게 모르게 가치교육을 하고 있다고 생각한다고 면담에서 밝힌 바 있다. 여기에서 더 나아가 그는 과거 사실을 통해 학생들이 배워야 하는 교훈을 적극적으로 제시하는 수업을 함으로써 학생들이 현재 사회의 지배적 관념에 도전하기를 바라고 있다.

또한 교사 C는 자신이 채택하고 있는 역사수업 방법을 통해 학생들에게 의도하고 있는 바도 밝혔다. 그는 역사수업의 특성상 학생들이 활동을 많이 한다고 해서 역사적 사실을 많이 또는 제대로 이해하는 것은 아니라고 보았다. 그래서 그는 '교과서 요약 쓰기'라는 수업 방법을 3년째 채택해 오고 있다. 그는 학생들이 교과서를 읽고 이해하고 이를 요약해 글로 정리하면서 스스로 공부하여 역사적 사실을 하나의 덩어리로서 머릿속에 남기고 역사적 문해력을 높이는 효과가 있을 것이라고 생각하였다.

이러한 교사 C의 역사교육 목적에 관해, 학생 C1은 교사 C가 학생들의 가치관이 변하기를 바라는 것 같다고 답했으나, 어떠한 가치관으로 변하기를 바라는지는 알기 어렵다고 했다.

학생 C1: 선생님은 저희의 가치관이 바뀌었으면 하시는 것 같은데, 그게 어떤 건지는 잘 모르겠어요.

학생 C3의 경우에는 교사 C가 역사를 가르치면서 성실함이나 이타심을 강조한다고 보았다.

학생 C3: 평상시에도 저희가 성실하게 행동했으면 좋겠다고 하시는 것 같아요. 자기만 생각하지 말고 이타적인 삶을 살라고 강조하시는 것 같아요.

교사 C의 학생들은 교사 C가 학생들의 가치관이 변하기를 바란다는 점을 강하게 느끼고 있었지만, 그 내용이 무엇인지에 관해서는 알기 어렵다는 반응이었다. 그럼에도 교사 C의 교과서 요약 쓰기 수업이 어떤 의도에서 하는 것인지에 관해서는 학생 C1은 교사의 의도를 기억하고 이에 부분적으로 동의하고 있었다.

학생 C1: 역사라는 건 계속 이어져 있는 거니까, 그 흐름에 따라서 배우고 공부하라고 말씀하시고요. […] [교과서 요약 쓰기에서 선생님이 역사를 하나의 덩어리로 이해하라고 강조하는 것은] 인과관계를 알면 더 이해하기 쉬워서 그런 것 같기도 해요. 외우는 것보다는 좀 더 흐름을 알고 공부하는 게 좋나고 생각을 하거든요.

그럼에도 교사 C의 세 학생은 모두 교사 C의 의도가 무엇이든 교과서 요약 쓰기를 1년 내내 지속되는 수업 방법으로 채택하고 있다는 점과 수업 때 다룬 문제들 가운데서 중간고사와 기말고사가 출제된다는 점이 다른 어려움을 낳고 있다고 지적하였다. 학생 C2는 자신이 쓰고 있는 요약 내용이 맞았는지 틀렸는지 알 수 없어서 곤란하다고 하였다.

학생 C2: 다른 선생님들은 칠판에 설명을 되게 많이 하시면서 진도를 나가고 이 부분은 중요하니 별표, 밑줄 치라고 그러는데 우리 선생님은 몇 쪽부터 몇 쪽까지 주제를 주고 거기에 대한 내용을 요약해서 쓰라고 하니까. 그런 방법은 별로 좋지 않았어요.

연구자: 아, 힘들었어요?

학생 C2: 네. 제가 요약한 게 틀릴 것 같으니까.

또한 수업 때 다룬 문제를 중간고사나 기말고사에 그대로 출제하는 방식이다 보니 학원들이 이른바 '모범답안'을 작성하고 학생들은 이를 암기하게 되어 문제라고 지적하였다.

학생 C2: 선생님이 수업 때 문제로 다룬 걸 학원에서 다 요약해서 암기를 시켜요. […] 학원에서 요약해 주는 걸 외우니까, 역사를 배운다기보다는 암기한다고 생각하게 되더라고요.

이러한 점은 학생 C1도 공통적으로 지적하였다.

> 학생 C1: 시험 문제가 요약 쓰기 노트에서 다 나오니까, 한 3일 전에 그것만 다 외우면 어느 정도 점수가 나오거든요. 그래서 애들이 다 그런 방식으로 시험공부를 해요. 저한테도 다른 애들한테도 별로 좋은 효과는 없었던 것 같아요.

그런 점에서 학생 C1은 강의식 수업에 비해 교과서 요약 쓰기가 기억에 잘 남지 않아 시험을 볼 때 어렵다고 하였다. 학생 C1은 지난해 세계사 담당 선생님이 강의 위주로 가르친 내용과 한국사 담당인 교사 C가 쓰기 위주로 가르친 부분이 시험에서 기억나는 정도가 달랐다고 하였다.

> 학생 C1: 저도 강의식 수업이 좋다고 생각하는 게, 어떤 시험을 보는데 이전에 2학년 때 세계사 선생님이 수업했던 범위가 다시 나왔거든요. 그 범위하고 2학년 때 국사 선생님[지금 역사 선생님]이 수업했던 범위가 나왔는데, 국사 선생님이 강의했던 내용은 처음 보는 것 같았고, 세계사 선생님이 가르쳐 주셨던 내용은 기억난다, 이런 생각이 들더라고요. 그래서 시험 공부할 때도 세계사 선생님이 해 주신 그 부분이 더 준비하기 쉬웠던 것 같아요.

교사 C의 학생들은 교사 C가 학생들의 가치관이 변하기를 바란다고 생각했지만, 그 지향에 관해서는 알기 어려워했다. 교사 C가 교과서 요약 쓰기 수업을 통해 학생의 문해력을 길러야 한다는 점을 강조하는 데 비해, 학생들은 그 방법에 대한 문제의식을 가지고 있었다. 이에 대한 근거로는 평소 문제의 정답을 알 수 없어 곤혹스럽다는 점, 중간고사나 기말고사를 대비하려면 결국 암기 위주로 복습해야 한다는 점, 강의식에 비해 기억에 잘 남지 않는다는 점을 들었다.

학생 C1: 그런데 우리 선생님은 아마 저희가 요약 쓰기 방식을 별로 좋아하지 않는다는 말을 못 들으셨을지도 몰라요. 몇 번 물어보시긴 했는데 솔직히 선생님 앞이라서 '방식이 별로 안 좋아요, 다른 방식으로 바꾸고 싶어요'라고 직접적으로 말씀을 못 드리잖아요. 아, 괜찮아요, 좋은 것 같아요, 이렇게 얘기했는데.

학생 C1은 교사 C에게 수업 방법을 바꿔 달라고 요청하고 싶지만 그렇게 말하기 어려웠다고 하였다. 교사 C가 학생의 문해력 향상을 위해 채택하고 있는 방식이 만약 대다수 학생들에게 공감을 얻고 있지 못하다면 이 점에 관해서는 학생들의 의견을 들을 수 있는 기회를 마련하는 게 필요한 상황이었다.

4) 교사 D의 학생들

교사 D는 중학교 3학년 〈역사(하)〉를 가르치고 있다. 그는 앞으로 자신이 만든 학습지가 진정한 '활동지' 구실을 하여 학생들 사이에서 활동지를 통해 스스로 배움이 일어나기를 기대하고 있다. 또한 교사 D는 학생들이 역사를 배우면서 다양한 해석 가능성이 존재한다는 사실을 인식하고, 학생 나름의 생각을 가지고 이를 표현할 수 있게 되기를 바라고 있다. 이를 통해 그는 어떤 글이나 이야기를 접할 때 정답이 정해져 있다고 생각하지 말고 학생 자신의 관점을 가지고 해석하는 것이 중요하다는 점을 강조하였다. 교사 D는 평소 수업에서도 "정답은 없어요."라며 학생들 누구나 자기 생각을 말할 수 있다고 생각하게 하려는 듯 보였다.

이러한 교사 D의 역사교육 목적에 대해 학생 D3는 역사적 사실에 대한 해석이 다양할 수 있다는 점과 교사 D를 통해 이전과는 다른 관점이나 깊이를 배우고 있다는 점을 말하였다.

> 학생 D3: 옛날과 지금이 서로 다른 게 많으니까, 알려주고 싶으셔서 그런 것 같기도 하고, 교과서가 맞다고 하더라도 이해하는 게 다를 수 있으니까, 그걸 좀 정확하게 인식시켜 주시려는 것 같아요. 선생님한테 배우기 전에는 이 사건을 이렇게 이해했는데, 선생님이 말씀해 주시고 나면 아, 이게 이래서 이런 사건이 된 거구나 하죠. 역사를 좀 더 깊이, 좀 더 구체적으로 배우는 기분?

학생 D3는 이와 관련된 경험의 사례로 역사 속 인물들, 특히 '왕'에 대해 기존과 다른 해석을 들은 경우와 특정 사건의 맥락을 이전과는 다르게 접근하는 방식을 배운 경우를 들었다.

학생 D3: 좋은 일을 많이 한 왕에 대해 나쁜 내용이 적혀 있으면 저는 그런 내용은 좀 건너뛰고 생각하는 경우가 많아요. 그런데 선생님이 그런 점을 짚어 주시면 이 사람이 이런 면이 있구나 하는 생각이 들고, 제게 각인되어 있는 이미지를 깨주시는 기분이죠. […] 만약 어떤 사람이 누군가를 죽였다고 할 때 우리는 그 사람이 그냥 누군가를 죽인 걸로밖에 이해를 못하잖아요. 역사적 맥락을 깊이 있게 알게 되면, 그러니까 그 사람에게 어떤 이유가 있었고 그 이유가 이해할 만한 거라면 그 사람을 바라봤을 때 생각하는 게 달라질 것 같아요.

학생 D1은 교사 D가 자신의 아버지처럼 1950-1980년대 정부들에 비판적인 것 같다면서 교사의 정치적 성향을 '진보적'이라고 표현하였다. 이러한 점에서 학생 D1은 교사 D가 학생들도 '진보적'이기를 바라는 것 같다고 추측하였다.

학생 D1: 추측하자면… 진보적인 사람이 되길 원하시지 않을까. 선생님이 말씀하시는 걸 보면, 저희 아빠랑 생각이 굉장히 비슷하세요. […] 우리나라 근현대사를 배울 때 이승만, 박정희나 전두환, 노태우 관련해서 얘기하실 때 좀 진보적인 게 있지 않나…

연구자: 현대사에 있었던 정부들에 대해서?

학생 D1: 비판적인.

교사 D는 평소 수업 때 “정답은 없어요.”라며 학생들의 여러 해석 가능성을 열어 주고 학생들이 스스로 판단하기를 강조한다. 그와 같은 맥락에서 학생들이 알고 있는 기존 역사 해석과는 다르거나 새로운 이야기를 들려주려는 시도를 부분적으로 하고 있다. 학생 D3는 이런 점을 수업 경험에서 느끼고 있었고, 학생 D1은 한국 현대사를 다룰 때 교사 D가 자신의 관점을 드러냈던 때를 기억하며 교사 D의 정치적 성향을 판단하고 있었다.

5) 교사 E의 학생들

교사 E는 고등학교에서 〈한국사〉를 가르치고 있다. 교사 E는 최근 몇 년간 다른 학교 역사교사들과 책이나 논문을 읽는 연구모임에 참여하고 있다. 이러한 노력은 교사 본인의 표현으로는 “의미 있는” 수업을 하는 데 도움이 된다고 했다. 그러나 실제 수업에서는 대학수학능력시험 대비를 위해 교과서 전 범위를 모두 가르쳐야 하고 대학수학능력시험에 자주 출제되는 내용을 주로 강조하고 있었다. 교사 E는 이러한 상황을 충돌이나 딜레마로 생각하기보다는 자신이 좀 더 능숙하게 운영하면 해결 가능한 범주의 문제라고 보고 있었다.

이러한 상황에서 교사 E는 학생들로 하여금 기존에 학생 자신이 알고 있던 역사지식이 어떻게 형성된 것인지 이해하게 하고, 역사 해석은 어느 한편의 이해관계를 반영한다는 점을 깨닫게 하고 싶어 한다. 그는 현재 학생들이 살고 있는 사회에 대해서도 이러한 관점을 투영하기를 바라고, 이를 통해 학생이 자신의 삶을 변화시키고자 노력하기를 기대하고 있다. 그는 자신의 역사수업의 포인트가 "과거의 역사를 보면서 오늘 내 삶과 우리 사회를 보자"는 것이라고 표현하였다.

학생 E1은 교사 E가 "과거의 모습을 단편적으로, 그 시대만 보여 주시는 게 아니라 현대 모습과 유기적으로 연결시키려는 노력들을 많이 보였던 것" 같다고 했다.

> 학생 E1: 이때 이랬던 것이 오늘날 이 현상에 영향을 주었다, 이런 식으로. 그렇기 때문에 지금 사회의 여러 문제들을 단편적으로 이해하려면 제대로 이해하기 어려운 부분이 많은데, 역사적 배경을 알고 들으면 확실히 더 이해도 잘되고 그렇잖아요.

또한 학생 E1은 평소 교사 E가 "역사적 인물에게는 공과 과가 항상 공존한다", "역사는 승자에 의해서 쓰이기 때문에 객관적인 입장에서 통찰을 해야 한다", "역사적 사실을 볼 때는 누구에게 이익이 되는지를 봐야 한다" 등을 강조한다고 기억하고 있었다. 학생 E2는 교사 E가 학생들이 "자기 생각대로 살아갈 수 있는 사람이 되기를 바라시는 것" 같다면서 이를 "다른 사람들의 생각이나 매체들의 영향력을 좀 덜 받게" 하려는 의도로 파악했다. 즉, 학생이 어떤 문제를 보고 스스로 해결책을 낼 수 있게 하려는 것 같다는 것이다. 학생 E2는 교사 E의 이런 노력을 역사를 편파적이지 않고 객관적으로 이해하기를 바라는 것이라고 보았다.

학생 E2: 선생님이 항상 누구에게나 장점과 단점이 있다고 말씀하시거든요. 저희가 어느 매체를 통해서 사실을 접하면 그 관점만 알게 되잖아요. 그런데 선생님은 장점과 단점을 같이 말씀해 주셔서 […] 좀 더 객관적으로 보게 만드시는 것 같아요.

즉, 교사 E가 기존에 알지 못하던 관점이나 사실을 알려주어 새로운 인식을 제시한다는 것이다. 예를 들면, 학생 E2는 박정희 전 대통령에 대해 독재자라는 이미지를 크게 가지고 있었는데 교사 E의 수업을 통해 장단점을 고루 알게 되었다고 했다.

학생 E2: 박정희 대통령에 관한 수업을 하셨을 때요. 저는 박정희 대통령이 잘못한 일만 많이 알고 있어서, 독재자로서의 이미지만 갖고 있었는데, 선생님도 물론 민주주의적 입장이시니까 비판적이긴 하셨지만, 경제 개발이나 민생 안정 같은 일을 했다고도 말씀해 주셔서 장단점을 알게 된 것 같아요.

동시에 학생 E2는 교사 E가 박정희 정부에 비판적이고 독재는 폐단을 부른다고 강조한 점을 기억하고 있었다. 즉, 학생 E2는 교사 E의 강조점과 자신이 중요하게 받아들인 점을 구분하고 있었다. 학생 E1도 자신에게 박정희 전 대통령은 "독재자라는 인상이 강"하지만, 박정희 정부에 관한 수업에서 교사 E는 "공과 과가 있다."며 "민주주의적인 측면에서의 과와, 경제적인 측면에서의 공을 함께" 보여 주어 인물을 좀 더 "객관적으로 볼 수 있게 됐다."

라고 하였다. 학생 E1은 홍선대원군에 관한 수업에서도 그와 같은 점을 느꼈다고 했다.

> 학생 E1: 아, 홍선대원군도 그랬던 것 같아요. 지금까지는 홍선대원군 하면 쇄국정책의 인상이 너무 강해서 그냥 꽉 막힌 사람으로만 생각을 했었는데, 선생님께서 홍선대원군이 처음에는 프랑스와 외교적인 접촉을 하려는 노력도 보였고, 자주성을 지키려 한 노력도 설명해 주셨거든요. 그래서 홍선대원군에 대해서도 객관적으로 볼 수 있게 됐던 것 같고.

교사 E가 자신의 관점을 밝히면서도 객관적으로 설명하려 한 것 같다고 생각하는 학생 E1은 지금까지 자신이 배워 온 역사는 "한쪽 면만을 부각시킨 측면"이 있고, "치우치지 않고 보여 주는 게 객관적이고 공정"한 것이라는 의미에서 '객관적'이라는 단어를 사용하였다. 이렇게 생각하게 된 것은 그간의 역사서술이 상류 계급이나 상류 사회에 초점이 더 맞춰져 있고 노동자 계층을 소외시킨다고 보기 때문이었다.[8] 학생 E1의 이러한 생각은 교사 E의 역사수업이 '객관성'을 추구하는 것으로 판단하는 배경이 되었다. 학생 E1은 교사 E의 역사수업 덕분에 자신의 판단이 더욱 신중해진 측면이 있다고 했다.

---

8 학생E1은 전쟁으로 인한 인명 피해에 대한 서술에서도 "몇 천 명이 죽었다, 몇 만 명이 죽었다, 이런 식으로만 서술하고 끝내곤 하"는데, "역사가 위정자 계급에 초점이 맞춰져 있기 때문에 상대적으로 민간 계층의 목숨이라든지 삶은 좀 소홀히 하는 서술이 없잖아 있다."라고도 하였다.

학생E1: 최근에 조금 바뀐 게 있어요. 뉴스 기사가 말로는 객관적이라고 하지만 사실 어느 한쪽의 입장에서 팩트를 구성할 때가 많이 있잖아요? 전에는 기사를 읽고 나면 그 기자의 주장이 제 주장이 되곤 했거든요. 그대로 수용한 측면이 없지 않아 있었는데, 지금은 기사라든지 사회 현상에 대한 글을 볼 때 좀 더 신중해지고 더 알아보게 되는 것 같아요.

학생 E3도 교사 E가 '객관적'이려 한다는 점에서는 의견이 같았다. 동시에 학생 E3는 교사 E가 학생들이 '민주시민'이 되기를 바라는 것 같다고 했다.

학생 E3: 간단하게 말해서 저희가 민주시민이 됐으면 좋겠다고 생각하시는 것 같아요. 수업 때도 시민들이 어떻게 해서 뭘 이룩했나, 농민들은 어떤 혁명을 일으켜서 어떻게 했나, 이런 걸 강조하시는 걸 보면, 저희 주체적으로 뭔가 이룩하고 잘못된 건 바꾸고, 그런 걸 원하시는 것 같아요.

학생 E3는 민주시민이 된다는 것의 의미를 동학농민운동, 현대의 민주화운동 등의 사례를 들어, 평범한 사람들이 죽을 수도 있는 위험한 상황에서도 그 상황을 바꾸려고 주체적으로 나서는 데에서 찾았다. 또한 반드시 투표에 참여하고 평소 정치에 관심을 가지는 것에서도 찾았다. 그러나 동시에 학생 E3는 교사 E의 정치적 성향이 자신과는 맞지 않는다는 점도 언급하였다.

학생 E3: 저희 집안이 좀 보수적인데, 선생님께서는 진보 쪽이신 것 같아요. 저는 어렸을 때부터 계속 보수에 대한 생각만 주입받은 것 같아요. 그런데 한국사 수업을 들으면서 조금은 진보적으로 바뀐 것 같아요. […] 그렇지만 여전히 저는 보수 쪽에 좀 더 가깝다고 생각하고 있어요.

교사 E는 역사서술이 어느 한편의 이해관계를 반영하여 작성된다는 점을 학생들에게 강조하였다. 이를 통해 역사 해석에 주관적 관점은 불가피하고 학생들이 자신의 관점을 갖기를 기대하였다. 교사 E의 학생들은 교사 E를 통해 기존의 역사서술이 불편부당한 것이 아니라 어느 한쪽의 이해관계에 의해 쓰인 것이라고 이해하고 있었다. 그래서 교사 E가 기존과는 다른 관점에서 접근하는 것을 중시한다는 인상을 받았다. 이는 교사 E의 개인적인 가치판단이 수업 내용에서도 드러났기 때문인 것으로 보인다. 그러나 이러한 상황을 학생 E1은 교사 E가 공정하고 '객관적'인 인식을 균형 있게 하기를 원하는 것으로 이해하였고, 학생 E3는 교사의 의도나 성향에 대해 조금은 이해하게 되었지만 이에 동의하지 않는다는 점을 구분하여 밝히기도 했다.

지금까지 살펴본 것처럼, 학생들은 역사를 공부하면 현재의 문제를 해결하고 미래를 대비할 수 있을 것이라 기대하면서도 그러한 점을 실제 경험한 경우와 연결하지 못하거나, 반대로 자신의 삶과 구체적이고 실질적인 유용성을 갖는다는 점을 강조하기도 했다. 또한 역사는 원래 당연히 배워야 하는 것이라거나, 국민으로서 당연히 알아야 한다는 점을 강조하기도 했다.

지금까지 살펴본 것처럼 학생들이 인식한 교사의 역사교육 목적을 실제 교사가 면담에서 강조한 것과 비교해 본 결과, 첫째, 학생들이 인식하고 있는 역사학습 목적은 현재 자신을 가르치는 교사의 역사교육 목적보다는 그동안 자신이 겪은 개인적 경험과 맥락에서 비롯한 이해에 기초한 경우가 더 많았다. 둘째, 일부 학생들은 교사의 역사교육 목적을 부분적으로 이해하고 있었으나, 그것이 교사의 역사교육 목적에 대한 공감을 뜻하지는 않았다. 셋째, 일부 학생들은 교사의 역사교육 목적이나, 교사가 자신의 역사교육 목적에 기초해 선정한 역사수업의 내용이나 방법에 대해 이견과 그 근거를 드러내기도 했다. 넷째, 학생이 교사의 역사교육 목적을 이해하는지의 여부는 학생 개인의 학업성취도와 관련이 있지는 않았다.

학생이 생각하는 역사학습 목적을 파악하고, 교사의 역사교육 목적에 대해 학생이 어떻게 인식하고 있는지를 아는 것은 교사와 학생이 더 잘 소통하는 역사수업을 만들어 가는 데 기여할 수 있다. 따라서 향후 역사수업을 매개로 한 역사교사와 학생의 '상호적' 작용을 파악하고자 한다면, 교사뿐 아니라 학생의 인식과 그 변화를 구체적·심층적으로 연구하는 것이 필요하다.

제7장

맺음말

광복 이후 역사교육 연구에서 역사교육 목적을 논하는 연구들이 활발히 이루어지지는 않았다. 이는 기존의 역사교육 연구가 교과서와 교육과정 중심으로 이루어져 온 것과 무관하지 않다. 또한 역사교육 목적을 논할 때 역사수업 현장과 괴리된 채 하향식으로 접근한 것도 역사교육 목적 논의를 활성화시키지 못하는 요인이 되었다. 특히 국가 교육과정이나 교과서 중심의 역사교육 목적론은 역사를 독립 교과로 분리하기 위한 수단처럼 여겨졌고, 역사교육 강화 담론에서는 역사교육 목적론을 둘러싼 이견들이 쟁론화되지 않은 채 존재해 왔다.

특히 일선에서 역사를 직접 가르치는 학교 역사교사들이나 학생들이 역사교육 목적에 대해 인식하고 있는 바와 실제 역사를 통해 배우는 바를 어떻게 표현하는지는 거의 연구되지 못했다. 이는 역사교사를 역사적 사실의 중립적 전달자로 여기거나, 학생들을 역사적 지식의 일방적 수용자로 보는 관점이 실질적으로 극복되지 못했음을 반영하기도 한다. 이는 역사수업의 한 주체인 역사교사와 학생들이 역사교육 목적을 어떻게 인식하고 있으며, 실제 수업에서는 어떻게 드러나고 있는지 연구할 필요성을 제기한다.

이와 같은 문제의식에 기초하여 본 연구는 다음의 물음에 답하고자 했다. 첫째, 역사교사들은 역사의 의미와 역사교육 목적을 무엇이라고 말하는가? 둘째, 역사교사들은 자신들이 말한 역사교육 목적을 수업 실천에서 구현하기 위해 어떠한 노력을 해 왔는가? 셋째, 역사교사들이 말한 역사교육 목적과 그들이 보여 주는 수업 실천 사이에는 일관성이 있는가? 넷째, 역사교사들이 말로 표현한 역사교육 목적과 수업 실천 사이에 간극이 있다면 그 이유는 무엇인가? 다섯째, 이러한 물음들은 학생들과 어떻게 접점을 이루거나 어긋나는가?

이를 알아보기 위해 본 연구에서는 중등 역사교사 5명과 각 교사의 학생 3명씩을 선정하였다. 먼저, 역사교사들이 자신의 역사수업을 통해 학생들에게 어떠한 변화를 기대하는지, 교사가 되기까지의 과정과 수업 경험, 역사수업 환경에 대해 심층 면담을 하였다. 또한, 교사 스스로 자신의 수업 촬영 영상을 보면서 어떠한 양상으로 수업을 반성하는지도 살펴보았다. 연구자는 이 같은 심층 면담 외에도 수업 참관을 통해 교사 자신의 교육적 의도가 역사수업에서 구현 또는 굴절되는 양상을 분석하였다. 학생 면담 과정에서는 학생 스스로 생각하는 역사학습 이유와, 자신을 가르치는 역사교사의 역사교육 목적에 대해 물었다. 또한 자신이 참여한 역사수업의 내용과 방법에 대한 추가 의견도 들어 보았다.

우선 5명의 중등 역사교사들이 말하는 역사의 의미, 역사교육 목적, 역사수업의 경험과 환경 등에 관한 면담 결과를 통해 일반화할 수 있는 몇 가지 결과를 제시하면 다음과 같다.

첫째, 사례 교사들이 면담 과정에서 말한 역사의 의미와 역사교육 목적은 기존 역사교육 목적 논의와 유사한 측면도 많지만, 무엇보다 학생들이 '현재'를 살아가는 데 도움이 되기를 바라는 관점에서 답했다는 점이 공통적이었다.

교사 A가 말한 역사교육 목적은 학생들이 살아가는 데 필요한 문제해결능력을 기르기 위해 상식에 해당하는 역사적 사실을 알게 하는 것에 있었다. 교사 B는 역사가 "어디로 갈 것인가에 대한 고민을 할 때, 가장 중요한 나침반" 같은 역할을 하는 것이라고 보았고, 역사교육 목적은 현재 상황에 대한 비판적인 안목을 가져 현재 문제 해결에 도움이 되게 하려는 것이라고 하였다. 교사 C는 역사학은 "과거를 공부함으로써 미래에 대한 판단 기준을 갖게 하는 학문"이며, 역사교육은 "어떤 가치관이 옳은지를 증명할 수 있게 훈련하는 작업"이라고 보았다. 따라서 그는 역사가 학생들이 올바른 가치 판단을 하는 데 도움을 주어 현재를 판단하고 미래를 준비하는 데 유익하다고 보았다. 교사 D는 역사학이 "인간의 과거 행동과 사건들의 연속을 해석"하는 학문이라고 보았고, "다양한 역사상, 역사 해석, 교과서에 매이지 않은, 사건에 대한 자유로운 생각"을 각자 갖게 하는 것을 역사교육 목적으로 꼽았다. 교사 E는 역사가 "어느 한편에서 쓰인" 해석의 결과물이라고 보았고, 그러한 해석이 어떻게 존재하게 되었는가를 의문시하게 하는 것을 역사교육 목적이라고 보았다.

둘째, 사례 교사들은 대체로 역사교육 목적으로 가장 중요하게 생각하는 듯한 한 가지를 답했지만, 면담 전체 과정으로 보면 한 가지가 아니라 중첩되는 답을 하였다.

교사 A는 학생들이 역사를 통해 교훈을 얻어 현재 문제 해결에 도움을 얻지만 교과가 일반적으로 학생들에게 읽고 쓰는 능력을 길러주는 도구 역할을 해야 한다고 보았다. 동시에 학생들에게 역사적 사실을 교양과 상식 수준에서 알게 하고, 이해한 역사적 사실을 표현하게 하여 소통하는 방법을 배우게 하려 한다는 점도 강조하였다.

교사 B는 과거 사실을 통해 현재 문제를 해결할 수 있게 하는 것 외에도, 수업 참여 활동을 늘려 학생들이 자신의 역사 이해를 많이 표현하게 하며 배우게 하고자 하였다. 또한 과거 인물들의 삶을 생생하게 조명하여 시대상 자체를 이해하는 것을 강조하였다.

교사 C는 역사적 결과물에는 생성과 소멸, 흥망성쇠가 있었다는 것을 이해하게 하고, 모든 것은 변할 수 있다는 점을 역사교육을 통해 가르칠 수 있다는 점을 강조하면서도, 현재 문제 해결을 위해 과거와 현재의 유비추리를 중요하게 여겼다.

교사 D는 기본 상식을 배우면서도 다양한 역사 해석을 학생들 각자가 가지기를 기대하고 있다. 또한 학생들이 자신의 역사 이해를 표현할 줄 알고 이 과정을 통해 역사수업에서 학생들 사이에서 배움이 일어날 수 있게 하고자 하였다.

교사 E는 역사 서술이 해석의 결과물이라는 점을 강조하면서, 학생들로 하여금 기존에 알고 있던 지식을 다시 한번 의심해 보게 하려 한다고 하였다. 그러면서도 역사를 통해 학생들이 자신의 삶과 우리 사회를 보는 관점을 가지게 하여 현재 문제의 해결책을 찾는 데까지 이어지게 해야 한다는 생각을 가지고 있었다.

셋째, 교사 C를 제외한 다른 사례 교사들이 '잘된 수업'으로 제시한 수업들은 대체로 학생들과의 교감을 확인할 수 있거나 학생들이 수업에 적극 참여하여 여러 활동을 통해 자신의 역사 이해를 표현하는 데까지 이어진 경우였다. 즉, '잘된 수업'에 대한 경험과 인식은 역사교사 자신의 역사교육 목적보다는 학생과의 상호작용이라는 교수학습적 측면에 초점이 맞춰져 있었다.

교사 A는 학생들이 수업 내용을 이해했다는 것을 확인할 수 있었을 때를 '잘된 수업'으로 꼽았다. 교사 B는 학생 참여가 활발한 수업을 꼽았고, 교사 D는 학생들이 수업에 집중하는 경우를 '잘된 수업'이라고 보았다. 교사 E는 쉽고 재미있고 의미 있는 수업을 '잘된 수업'이라고 보았는데, 그 가운데서도 최근에는 의미 있는 수업을 중시하는 방향으로 달라졌다. 교사 E가 말하는 의미 있는 수업은 교사와 학생들의 좋은 관계를 바탕으로 학생들이 수업 시간에 자신의 생각을 스스럼없이 말할 수 있는 수업을 뜻했다.

교사 C는 역사수업에서 학생들의 여러 가지 활동은 배움의 결과로 표현되는 것이어야 한다고 보고, 수업에서 주로 역사적 사실을 읽고 이해하고 이를 글로 정리하는 것을 중요하게 여기고 있었다. 따라서 교사 C는 자신의 수업에서 특별히 '안된' 경우를 꼽기보다는 학급당 학생 수와 가르치는 학생 수가 많아 모든 학생들에게 세심한 피드백을 주지 못하는 것을 '안되고 있는' 점으로 꼽았다.

그럼에도 사례 교사들은 대체로 '잘된 수업'을 판단할 때 학생들의 수업 집중도나 활동의 활발함을 중요하게 여긴다는 점을 알 수 있다. 또한 사례 교사들이 말하는 '잘된 수업'은 일상적으로 일어나는 수업 경험은 아니었다. 사례 교사들은 '잘된 수업'이 흔하지 않은 이유로 역사교사들이 처한 역사수업 환경을 주로 꼽았다. 주당 수업 시수가 많은 점, 수업 이외에도 학생 생활지도와 행정 업무가 과다한 점, 여러 학년과 여러 과목을 동시에 가르쳐야 하는 점, 한 학년을 다른 교사와 나눠 가르치는 점, 입시 등으로 인해 반드시 가르쳐야 할 내용이 정해져 있는 점, 집중이수제 등을 들었다. 이는 사례 교사들이 면담에서 공통적으로 언급한 부분들로, 수업 준비에 더 많은 시간을 쏟지 못하게 하는 요인들을 지적한 것이었다.

넷째, 실제 수업 실천을 살펴본 결과, 교사 C와 교사 D는 자신들이 면담에서 밝힌 역사의 의미와 역사교육 목적을 수업에서도 학생들에게 직접적으로 밝힌 반면, 다른 교사들은 자신들이 면담에서 밝힌 역사의 의미보다는 해당 학년도에 가르치는 과목의 의미와 다루는 시대를 강조하여 설명하였다.

교사 C는 첫 번째 수업에서, 교사 D는 두 번째 수업에서 자신이 중요하게 생각하는 역사의 의미와 역사교육 목적을 수업 주제로 삼고 학생들에게 직접적으로 제시하였다. 교사 A는 "세계사를 왜 배워야 할까?"라는 물음에 대해 학생들이 답하고 이를 서로 경청하는 것을 중요하게 여겼다. 교사 B는 〈국사〉와 달리 〈한국 근현대사〉를 배우는 의미를 설명했지만 주로는 대학수학능력시험 사회탐구 영역의 과목들 가운데 〈한국 근현대사〉가 갖는 특징을 설명하는 데 주력하였다. 교사 E는 '특강'이라는 방식을 채택해 학생들이 기존에 알던 한국사 지식을 다시 한번 생각해 보게 하고 역사 해석이 불편부당하지 않다는 점을 보여 주었지만, 교사 E가

면담에서 강조한 "오늘의 내 삶과 우리 사회"를 보는 것을 명시적으로 드러내지는 않았다.

다섯째, 실제 수업 실천을 살펴본 결과, 사례 교사들이 자신이 생각하는 역사교육 목적을 구현하려고 시도하는 경우는 대체로 비일상적이고 제한적이었다. 또한 사례 교사들은 모두 연간 수업 계획에 교과서 단원 전체를 포함하였고, 수업은 주로 한 가지 수업 방법이나 교재를 거의 모든 수업에 지속적으로 적용하였다. 이는 사례 교사들이 생각한 역사교육 목적이나 가르칠 내용에 따라 이에 맞는 방법을 선정해 적용하기가 쉽지 않은 조건과 환경에 처해 있음을 보여 준다.

교사 A는 애초 〈세계사〉 과목의 특징을 살려 다른 문화권에 대한 편견을 극복하고 비교사적·교류사적 이해를 넓히고자 하였으나, 학생들의 학업 능력 수준을 고려하여 교양과 상식을 넓히는 쪽으로 방향을 바꾸게 되었다. 교양과 상식 넓히기는 상대적으로 단편적인 지식을 기억하게 하는 데 초점을 두었는데, 수업에서는 학습지의 괄호 채우기와 직문직답식의 수렴적 질문으로 나타났다. 동시에 교사 A는 학생의 표현 활동도 중시하여 학습지 작성, 모둠별 토론과 발표 등이 시도되었다.

교사 B는 〈한국 근현대사〉 수업을 통해 현재 문제 해결에 도움이 되게 하려는 목적을 가지고 있었지만, 일반계 고등학교 3학년이라는 특수성 때문에 대학 입시를 위한 강의식 수업이 주를 이루었다. 교사 B가 현재 문제와의 연결을 시도한 사례는 참관한 수업 가운데 절반 정도였고, 나머지 절반의 수업은 입시 진도에 맞춘 교과서 내용과 그 시대상을 구체적으로 이해시키는 데 강조점이 있었다.

교사 C는 역사교육이 "어떤 가치관이 옳은지를 증명할 수 있게 훈련하는 작업"이라고 보고 학생들이 현재 사회의 지배적 관념에 도전하기를 바라기 때문에, 가르칠 역사적 사실이나 해석과 연관된다고 판단하는 현재의 쟁점들을 의식적으로 제시하였다. 교사 C는 '교과서 요약 쓰기'를 모든 차시 수업에서 활용하였다.

교사 D는 학생들 각자가 "다양한 역사상, 역사 해석, 교과서에 매이지 않은, 사건에 대한 자유로운 생각"을 갖게 하는 것을 역사교육 목적으로 꼽았고 역사 해석에 "정답은 없다."고 강조했지만, 정작 수업에서 학생 스스로 자신의 견해를 작성하거나 모둠 토론을 하는 경우가 흔하지는 않았다. 대체로 학생들이 학습지에 교과서 내용을 정리한 뒤 해당 내용을 개별 발표하는 방법이었다.

교사 E는 역사가 "어느 한편에서 쓰인" 해석의 결과물이라고 보았고, 그러한 해석이 어떻게 존재하게 되었는가를 의문시하게 하면서 "오늘의 내 삶과 우리 사회를" 보게 하는 것이 역사교육 목적이라고 밝혔지만, 실제 수업에서는 이러한 점이 잘 드러나지 않았다. 교사 E가 근무하는 학교에는 〈한국사〉를 입시 필수 과목으로 지정한 서울대학교에 지원하려는 학생이 많은 편이어서 입시 대비를 위한 '모의고사' 진도를 고려하지 않을 수 없어 보였다. 실제 수업은 학생들에게 교과서를 읽히고 추가 질문이나 설명을 하는 방식이 주를 이루었다.

여섯째, 사례 교사들은 자신의 수업 영상을 본 뒤 대체로 자신의 평소 말투나 행동 습관, 수업 때 미처 보지 못한 학생들의 말과 행동에 주목하면서 주로 습관적 반성과 수업 상황의 반성을 하였다.

교사 A는 말의 속도, 교실 내 위치를 고쳐야 할 점으로 보았고, 해당 수업에서 수업하려고 한 분량을 모두 다루지 못한 이유로 자신의 설명이 많았다는 점을 꼽았다. 교사 B도 자신의 습관적 행동과 함께, 고등학교 3학년 수업이라 입시를 위한 진도를 고려하다 보니 해당 수업에서 자료를 더 다루지 못한 점을 아쉬워하였다. 교사 C는 자신의 말투와 수업에 집중하지 못하는 학생들의 이름을 자주 부르는 습관을 고쳐야 할 점으로 지적하였다. 교사 D는 학습지를 통한 모둠 활동이 낮은 수준에서만 이뤄지고 자신이 학생들의 활동을 원활하게 촉진하지 못한 점에 아쉬워하면서도 수업에서 교사의 활동을 더 줄이고 학생들의 활동을 늘려 가기를 기대하였다. 교사 E는 학생들이 교사의 눈치를 보기보다 비교적 자유롭게 생각을 말할 수 있는 관계가 형성되어 있다는 점에 만족하였으나, 자신의 설명이 여전히 많고 한 차시 수업에서 다룰 내용이 세밀하게 조직화되어 있지 않아 학생들에게 불편함을 줄 수 있겠다는 점을 돌아보았다.

이 과정에서 사례 교사들은, 수업에서 가르친 내용과 설명의 적절성이나 자신이 택한 수업의 방법과 내용이 잘 연결되고 있는가에 대한 반성을 먼저 보이는 경우는 거의 없었다. 연구자가 수업 내용이나 특정 용어나 개념, 교재나 자료 활용 등에 대해 묻기도 하였고 이에 관한 반성도 있었지만, 사례 교사들이 자신의 수업 장면을 돌아볼 때에는 주로 교사 자신의 행동이 적절한가와 수업 당시에는 미처 포착하지 못한 학생들의 반응을 살피는 것으로 나타났다.

학생이 생각하는 역사학습 목적을 파악하고, 학생이 교사의 역사교육 목적에 대해 어떻게 인식하고 있는지를 아는 것은 교사와 학생이 더 잘 소통하는 역사수업을 만들어 가는 데 기여할 수 있다. 본 연구의 학생 면담 결과를 정리하면 다음과 같다.

첫째, 학생들은 역사를 공부하면 현재의 문제를 해결하고 미래를 대비할 수 있을 것이라고 기대하면서도 그러한 점을 실제 경험과 연결하지 못하거나, 반대로 자신의 삶과 구체적이고 실질적인 유용성을 갖는다는 점을 강조하기도 했다. 또한 역사학습의 당위성을 강조하기도 했다.

둘째, 학생들이 밝힌 역사학습 목적은 현재 자신을 가르치는 교사의 역사교육 목적에 영향을 받기보다는 그동안 자신이 겪은 개인적 경험과 맥락에서 비롯한 이해에 기초한 경우가 더 많았는데, 학생들이 인식한 교사의 역사교육 목적을 교사가 면담에서 강조한 역사교육 목적과 비교해 본 결과, ① 일부 학생들이 교사의 역사교육 목적을 부분적으로 이해하고 있었으나, 그것이 교사의 역사교육 목적에 대한 공감을 뜻하지는 않았다. ② 일부 학생들은 교사의 역사교육 목적이나, 그에 기초해 교사가 선정한 역사수업의 내용이나 방법에 대해 이견과 판단 근거를 드러내기도 하였다. ③ 학생이 교사의 역사교육 목적을 이해하는지 여부는 학생 개인의 학업성취도와 관련이 있지는 않았다.

이는 향후 학생의 역사 이해나 인식을 연구하거나, 역사수업을 매개로 한 역사교사와 학생의 '상호적' 작용을 파악하고자 한다면, 교사뿐 아니라 학생의 인식과 그 변화를 구체적·심층적으로 연구하는 것이 필요하다는 점을 보여 준다.

지금까지의 연구 결과를 통해 본 연구는 다음과 같은 점들을 제언하고자 한다.

첫째, 역사교육 목적에 대한 사례 교사들의 인식은 기존 역사교육 목적론에 비춰 보면 중첩되고 복합적으로 나타나며, 이는 역사교사의 역사교육 목적의 형성 배경과 그 변화 과정을 구체적으로 탐색할 필요를 제기한다. 본 연구는 그간 역사교육 목적 논의에서 주목받지 못했던 역사교사의 역사교육 목적 인식을 연구하였고 사례 교사들의 역사교육 목적 인식을 주로 역사의 의미에 대한 인식, 가르치는 과목, 학교급, 학생들의 학업 능력에 대한 고려 등과 연관시켜 다루었다. 그러나 본 연구는 사례 교사들에게 형성되어 있는 역사교육 목적에 대한 인식이 어떠한 경험과 사고 과정에서 유래하고 변화해 왔는지에 관해서는 면밀하게 다루지 않았다. 따라서 이후 연구는 역사교사의 역사교육 목적 형성 과정과 변화를 심도 있게 탐색하여 역사교사에게 형성되어 있는 중첩적인 역사교육 목적들이 어디에서 유래했고 그중 우선시하는 목적에 왜 그러한 지위를 부여하게 되었는지도 밝힐 필요가 있다.

특히 본 연구 결과에서 알 수 있는 것처럼, 사례 교사들은 역사의 의미를 '학문으로서의 역사'와 '교과로서의 역사'라는 이분법 구도로 구분하지 않는다. 역사교육 목적에 관해서도 역사교사들은 역사학이 갖는 학문적 특수성을 이해하고 이를 교육하는 것과 교육의 일반 목적을 더 고려하여 학생들이 미래의 삶을 대비할 수 있게 교육하는 것을 중첩적으로 인식하고 있다. 따라서 기존 역사교육 목적 논의에서 '학문으로서의 역사'와 '교과로서의 역사'가 역사교사들에게서 어떠한 양상으로 통합되거나 모순을 담지하는지에 대해 연구될 필요가 있다.

둘째, 역사교사가 자신의 역사교육 목적을 구현하기 위해 일관성 있는 역사수업을 실천하려면, 자신의 의도에 맞는 적절한 방법을 실행할 수 있게 하는 훈련 과정이 필요하다. 구체적으로는 역사교사 양성 과정과 재교육 과정에 반영되어야 한다. 본 연구 결과에 따르면 사례 교사들은 자신의 역사수업 경험을 통해 자신의 교육 목적에 유용하다고 판단하는 역사수업의 방법이나 교재 몇 가지를 인지하고 있었다. 그러나 이 같은 방법을 가르칠 내용과 무관하게 1년 내내 적용하거나, 특정한 내용의 수업에서만 적용하는 양상을 보여 주었다. 구체적인 수업의 장면을 보면, 사례 교사들이 일반적으로 채택한 역사수업 방법이 목적을 구현하는데 적절하게 활용되기도 하지만, 가르칠 내용에 따라 방법을 달리하는 것이 더 효과적일 것이라고 판단되는 경우도 있었다.

사례 교사들은 역사수업 방법을 다양화하는 것이 현재 자신이 처한 역사수업 환경의 제약 등으로 인해 어려운 측면이 있음을 언급하기도 했지만, 교사 자신이 이미 채택한 역사수업 방법이 실제 수업에서 어떠한 효과를 낳는가에 대해서도 구체적이고 면밀하게 검토할 수 있는 기회가 필요하다. 이는 역사교사의 재교육 과정에서 교사 스스로 자신의 수업을 돌아보는 실행 연구가 권장되어 반성적 사고를 할 수 있는 계기를 마련하는 것으로 이어져야 한다. 또한 역사교사 양성 과정에서도 예비 교사들이 역사수업 연구의 방법과 절차를 직·간접적 경험을 통해 구체적으로 학습하게 할 필요도 있다. 이를 위해서는 실행 연구와 그 방법론에 대한 구체적 교육 기회가 확대되어야 한다.

셋째, 학교 역사수업과 역사교사 요인이 학생의 역사 이해에 끼치는 영향을 분석할 때, 역사교사가 의도하는 역사교육 목적을 학생들이 인지하는지, 이에 대한 학생의 수용 또는 거부의 판단 기준은 무엇인지, 역사교사가 수업에서 실행하는 역사수업 방법을 통해 의도하는 바가 학생들에게는 어떤 효과와 반응으로 이어지는지를 고려한 연구가 심층적으로 진행될 필요가 있다.

역사교사와 학생의 상호작용을 중심으로 하는 역사수업을 연구하려는 관점에서는 학생의 역사인식이나 역사지식 형성에 역사교사와 역사수업 경험이 끼치는 영향을 파악하는 연구가 병행되어야 한다. 이러한 연구는 학생들이 특정한 역사적 사실을 이해하는 양상과 학생들이 생각하는 역사의 의미를 파악하는 데에 그치지 않고, 그러한 인식을 형성하게 된 이유와 배경을 분석하고자 하는 시도로서 의미가 있다.

본 연구는 학생이 참여한 역사수업과 이들을 가르치는 역사교사를 이해하기 위해 수업 참관과 교사 면담을 여러 차례 진행한 데 비해 학생 면담은 한 차례씩만 진행했다는 점에서 한계가 있다. 또한, 학생의 역사학습 목적이나 교사의 역사교육 목적 외에도 학생들이 참여한 특정 역사수업의 특정 내용, 즉 특정한 역사적 사실을 이해하는 양상과 그 의미에 대해서까지 다루지는 못하였다.

따라서 이후 연구에서는 특정한 역사적 사실에 관해 학생들이 자신의 인식을 형성하게 된 이유와 배경을 심층적으로 파악하고 학생의 인식이 교사와는 어떻게 연결, 충돌, 단절되는지도 연구할 필요가 있다. 또한, 학생이 역사수업을 통해 역사교사의 의도나 표현을 어떻게 이해하고 있는지도 연구할 필요가 있다. 이에 관해 학생들에게 직접 묻고 확인하는 것이 역사수업 현상만을 관찰하는 것보다 유익할 수 있다. 이러한 과정은 역사수업을 통해 학생들의 역사 이해가 달라진 측면이 있는지, 있다면 무엇이고 어떻게 가능했는지를 확인할 수 있는 기회가 된다. 이 같은 연구들은 역사교사와 학생의 상호작용을 중심으로 역사수업을 연구하려는 관점에서, 역사교사와 역사수업 경험이 학생의 역사인식이나 역사지식 형성에 끼치는 영향과 그 맥락을 파악하는 데 기여할 수 있다.

참고문헌

강선주, 「역사교육의 목적과 초등학교 교사의 역사교육관」, 『歷史敎育』 108, 2008.

강선주, 「4·5학년생의 역사 개념과 초등 역사 교과서 개발 방향: 경험적 연구에 기초하여」, 『歷史敎育論集』 47, 2011.

강선주, 「고등학생과 역사가의 역사 텍스트 독해 양상과 텍스트 독해 교수학습 전략」, 『歷史敎育』 125, 2013.

강선주, 「초·중·고등학생이 구성하는 역사담론과 추구하는 역사의식」, 『역사교육연구』 19, 2014.

강창숙, 「교생의 지리수업 경험에서 나타나는 실천적 지식의 내용」, 『한국지리환경교육학회지』 15(4), 2007.

강화정, 「고등학생의 민주주의 이해 양상」, 『역사와 세계』 45, 2014.

곽영순 외, 「수업전문성 제고를 위한 멘토링 체제 연구: 국어, 사회, 과학 교과를 중심으로」(RRI 2009-7), 한국교육과정평가원, 2009.

권정애, 「역사교사의 갑신정변 인식과 역사수업」, 『역사교육연구』 7, 2008.

교육과학기술부, 「역사교육 강화방안」(2011. 4).

교육인적자원부, 「역사교육 강화방안」(2005. 5).

김민수, 「고등학생의 역사인물 이미지 변형 요인」, 『역사교육연구』 11, 2010.

김민수, 「학교 역사지식의 구성: 고등학교 '한국사' 교육과정과 교과서를 중심으로」, 부산대학교 박사학위논문, 2012.

김민정, 「역사교사의 현장연구 방법론 모색: 실행연구를 중심으로」, 『歷史敎育』 103, 2007.

김민정, 「역사교사의 가르칠 궁리에 대한 반성과 공유: 역사수업 연구에 대한 이론적 검토를 중심으로」, 『歷史敎育』 117, 2011.

김상화·방정숙, 「수학을 왜 배우는가?: 초등학생들의 이해를 중심으로」, 『수학교육학연구』 17-4, 2007.

김성자, 「교육과정 개발의 중립성과 전문성」, 『歷史敎育』 98, 2006.

김순희, 「사회과 교실 수업 연구의 한계와 가능성」, 『사회과교육』 47-3, 2008.
김영천, 『네 학교 이야기: 한국 초등학교의 교실 생활과 수업』, 문음사, 1997.
김영천·조재식 편, 『교과교육과 수업에서의 질적 연구』, 문음사, 2004.
김한종, 「역사적 사고력의 개념과 그 교육적 의미」, 『역사교육의 이론과 방법』, 삼지원, 1997.
김한종, 「국사수업에 나타난 교사의 설명 방식」, 『사회과학교육연구』 3, 1999.
김한종, 「역사과 교실수업연구의 동향과 과제」, 『사회과학교육연구』 4, 2001.
김한종, 「역사교육의 담론과 학문적 가능성」, 『歷史教育』 97, 2006.
김한종, 「역사수업이론의 재개념화」, 『역사교육연구』 5, 2007.
김한종, 「사료내용의 전달방식에 따른 고등학생들의 역사 이해」, 『歷史教育』 125, 2013.
김환수, 「교사의 역사 인식과 새로운 역사 체계의 생성」, 『역사교육연구』 1, 2005.
나장함, 「교과교육과 수업 연구에서의 질적 접근: 질적 연구 샘플링에 대한 고찰을 중심으로」, 『교육연구』 53, 2012.
남한호, 「역사수업에서 교사와 학생 간 교육목표의 일치성 검토」, 『歷史教育論集』 45, 2010.
단현국, 「유치원 교사의 성격 특성과 교사 신념」, 『유아교육연구』 18-1, 1998.
류현종, 「역사적 장소 학습과 과거 기억의 문제: 초등학생들의 역사적 장소 재현 분석을 중심으로」, 『역사교육연구』 2, 2005.
류현종, 「'어린이 역사교육'의 문제 설정과 몇 가지 편견들」, 『역사와 교육』 1, 2009.
민용성, 「초등학교 교사의 교수행동과 신념에 관한 사례 연구」, 『학습자중심교과교육연구』 9, 2005.
민윤, 「사회과 역사수업에서 초등 교사의 교수내용지식에 대한 이해」, 한국교원대학교 박사학위논문, 2003.
민윤, 「초등학생의 역사 쟁점 인식의 양상」, 『사회과교육연구』 13-2, 2006.
박기용·조자경, 「교사의 인식론적 신념과 교실 수업행동」, 『한국교원교육연구』 27-1, 2010.
박주현, 「학생들의 역사 개념에 대한 이해 양상과 역사의식」, 『歷史教育』 111, 2009.
박주현, 「역사 재현의 수정에 대한 중등학생들의 이해: 역사영화를 중심으로」, 『歷史教育』 113, 2010.
박지원, 「역사교육 목적·목표론의 연구동향」, 양호환 편, 『한국 역사교육의 연구

동향』, 책과함께, 2011.
박진동, 「현장 역사교육 50년, 중등 역사교사 구성의 추이와 문제점」, 『歷史教育』 97, 2006.
박해현, 「역사과 교실 수업에 나타난 교수내용지식」, 『전남사학』 21, 2003.
방지원, 「〈국사〉 서술형 평가 답안에 나타난 고등학생의 역사 이해 양상: 조선 후기 신분 상승에 대한 서술형 답안 분석」, 『歷史教育』 102, 2007.
방지원, 「중·고등학생들의 현대사 인식과 역사교육」, 『歷史教育』 130, 2014.
백순근, 「교과교육평가의 이론적 기초」, 백순근 외, 『교과교육평가의 이론과 실제』, 원미사, 2003.
사토 마나부, 손우정 옮김, 『교육개혁을 디자인한다』, 공감, 2001.
사토 마나부, 손우정 외 옮김, 『배움으로부터 도주하는 아이들』, 북코리아, 2003.
사토 마나부, 손우정 옮김, 『수업이 바뀌면 학교가 바뀐다』, 에듀니티, 2011.
사토 마나부, 박찬영 옮김, 『아이들을 어떻게 가르칠 것인가』, 살림터, 2011.
사토 마나부, 손우정 옮김, 『학교의 도전』, 우리교육, 2012.
사토 마나부, 손우정 옮김, 『교사의 도전』, 우리교육, 2013.
서근원, 『수업을 왜 하지?: 꼼꼼하게 들여다본 아홉 개의 수업 장면』, 우리교육, 2003.
서근원, 「교사의 딜레마와 수업의 의미」, 『아시아교육연구』 6-2, 2005.
서근원, 『수업에서의 소외와 실존』, 교육과학사, 2009.
송인주, 「역사 개념에 대한 교사들의 인식과 역사교육과정의 정체성」, 『歷史教育論集』 43, 2009.
양정현, 「중등 역사교사의 역사교과 지식 생산과 소통」, 『역사와 경계』 59, 2006.
양호환, 「역사교과 교육이론의 가능성과 문제점」, 『歷史教育』 53, 1993.
양호환, 「역사교육의 연구와 방법론」, 『歷史教育』 55, 1994.
양호환, 「'역사교과학'의 성과와 숙제」, 『歷史教育』 57, 1995.
양호환, 「역사서술의 주체와 관점」, 『歷史教育』 68, 1998.
양호환, 「역사학습의 인식론적 모색」, 『歷史教育』 75, 2000.
양호환, 「역사교육의 담론: 지속과 변화」, 양호환 외, 『역사교육의 방향과 국사교육』, 솔출판사, 2001.
양호환, 「제7차 교육과정 역사영역의 문제점과 역사학습의 방향」, 『교과교육학연구』 5-1, 2001.
양호환, 「역사교육의 목적을 다시 묻는다」, 『歷史教育』 99, 2006.
양호환, 「역사적 사실의 특징과 역사교육의 특수성」, 『歷史教育』 113, 2010.

양호환 편, 『한국 역사교육의 연구 동향』, 책과함께, 2011.
양호환 외, 『역사교육의 이론과 실제』, 삼지원, 1997.
양호환 외, 『역사교육의 방향과 국사교육』, 솔출판사, 2001.
양호환 외, 『역사교육의 이해』, 삼지원, 2001.
양호환 외, 『역사교육의 이론』, 책과함께, 2009.
역사의식조사 교사팀, 「역사의식조사 워크샵: '2010 교사의 역사교육 이해 조사' 결과 분석」, 『역사와 교육』 4, 2011.
역사의식조사 학생팀, 「역사의식조사 워크샵: 초·중·고등학생들의 역사교육 이해 조사」, 『역사와 교육』 4, 2011.
오욱환, 『교사 전문성: 교육전문가로서의 교사에 대한 논의』, 교육과학사, 2010.
유종열, 「사회과 교수·학습에서 인식론적 신념의 역할 논의」, 『사회과교육연구』 13-2, 2006.
이경식, 「歷史教材의 撰述에서 用語選定의 問題」, 『歷史教育』 109, 2009.
이미숙 외, 「교과 집중이수제 실천 방안 탐색을 위한 포럼」, 연구자료 ORM 2009-44, 한국교육과정평가원, 2009.
이영철, 「사회과학에서 사례연구의 이론적 지위: 비판적 실재론을 바탕으로」, 『한국행정학보』 40-1, 2006.
이원순 외, 『역사교육론』, 삼영사, 1980.
이종국, 『한국의 교과서상』, 일진사, 2005.
이해영, 「'친절한 텍스트'를 지향하는 국사 교과서 서술」, 한국교원대학교 박사학위논문, 2009.
이해영, 「고등학생의 눈으로 본 역사수업」, 『역사교육연구』 14, 2011.
이해영, 「국사 교과서 문화재에 대한 학생들의 반응과 교과서 서술의 방향」, 『사회과교육연구』 18-4, 2011.
이혁규, 「교실수업과정의 연구 경향 검토」, 『시민교육연구』 20, 1995.
이혁규, 「사회과 교실 수업 연구의 동향과 과제」, 『초등사회과교육논총』 3, 2001.
장세옥, 「고등학생들은 국사 교과서의 삽화를 어떻게 읽고 있을까: 고등학교 〈국사〉의 과학기술사 영역을 중심으로」, 『역사와 역사교육』 20, 2010.
전국역사교사모임, 『현장 교사들이 쓴 역사교육론: 우리 아이들에게 역사를 어떻게 가르칠 것인가』, 휴머니스트, 2002.
전국역사교사모임, 『역사교사로 산다는 것』, 너머북스, 2008.
전국역사교사모임, 『역사, 무엇을 어떻게 가르칠까: 현장 교사들이 쓴 역사교육론』, 휴머니스트, 2008.

전국역사교사모임 20주년 기념사업위원회 역사편찬위원회, 『전국역사교사모임 20주년 백서』, 전국역사교사모임, 2008.
전병철, 「한국사 근대 기점에 대한 고등학생들의 인식 분석」, 『역사교육연구』 19, 2014.
정경희, 「고등학교 역사교사의 기록물 이용행태 사례 연구」, 『한국도서관정보학회지』 38-4, 2007.
정선영·김한종, 「역사교육의 의의」, 양호환 외, 『역사교육의 이해』, 삼지원, 2001.
정혜승, 『국어과 교육과정 실행 연구』, 박이정, 2002.
정희연·박현숙, 「집중이수제에 대한 고등학교 역사교사의 인식」, 『역사교육연구』 19, 2014.
조영달, 「교과 교실수업 연구의 학문 동향과 학술연구 발전 방향: 질적 연구를 중심으로」, 『교육인류학연구』 1, 1998.
조영달, 『한국 중등학교 교실수업의 이해』, 교육과학사, 1999.
조영달 편, 『한국 교실수업의 이해』, 집문당, 1999.
조인진, 「중학교 교사들의 교육적 신념의 현장 적용성에 대한 연구」, 『한국교원교육연구』 22-2, 2005.
조철수, 「역사수업에 나타난 내용교수지식의 유형과 원천」, 한국교원대학교 석사학위논문, 2001.
천은수, 「어느 역사교사의 '가르치기 위한 지식(Pedagogical Knowledge)' 연구: 내용교수지식과 교수학적 전환, 그리고 실천 지식」, 『역사교육연구』 10, 2009.
최미숙, 「교사 경력 및 기관 유형에 따른 유아교사의 교육신념 연구」, 『유아교육연구』 24-1, 2004.
최상훈, 「고등학생의 사료 이해 양상」, 『역사교육연구』 3, 2006.
최상훈 외, 『역사교육의 내용과 방법』, 책과함께, 2007.
최진영·이경진, 「교직경력에 따른 초등 교사들의 신념과 사회과 교수실제의 관계」, 『한국교원교육연구』 24-2, 2007.
최희정, 「사회과 교사의 수업 반성에 대한 분석」, 『사회과교육』 51-2, 2012.
한국교육과정평가원, 「중학교 교과 집중이수 개선방안 탐색을 위한 세미나」, 연구자료 ORM 2013-62, 한국교육과정평가원, 2013.
한상훈 외, 「수업반성 연구 경향 고찰」, 『학습자중심교과교육연구』 8-2, 2008.
허은, 「경력에 따른 역사교사의 내용지식과 교수내용지식에 대한 이해」, 고려대학교 석사학위논문, 2009.
허준혁, 「역사교사의 역사교육관과 수업내용 재구성의 관련성 분석」, 서강대학교 석사학위논문, 2011.
홍후조, 「교육과정학의 정체성 확립을 위한 탐구영역의 규명과 그 정당화(II): 교육과정결정의 세 요인을 중심으로」, 『교육과정연구』 22-4, 2004.

Anderson, J. A., *Communications Research: Issues and Methods*, New York: McGraw-Hill, 1987.
Arthur, J. and R. Phillips (eds.), *Issues in History Teaching*, London: Routledge, 2000.
Ashby, R., P. Gordon, and P. Lee (eds.), *Understanding History: Recent Research in History Education 2*, International Review of History Education Vol. 4, New York: Routledge, 2005.
Barton, K. C. (ed.), *Research Methods in Social Studies Education: Contemporary Issues and Perspectives,* Greenwich, CT: Information Age Publishing, 2006.
Barton, K. C. and L. S. Levstik, *Teaching History for the Common Good*, Mahwah, NJ: L. Erlbaum Associates, 2004.
Barton, K. C. and L. S. Levstik, *Doing History: Investigating with Children in Elementary and Middle Schools*, Mahwah, NJ: L. Erlbaum Associates, 2005.
Barton, K. C. and L. S. Levstik, "Why Don't More History Teachers Engage Students in Interpretation?", Walter C. Parker (ed.), *Social Studies Today: Research and Practice*, New York: Routledge, 2010.
Bhaskar, R., *Reclaiming Reality: A Critical Introduction to Contemporary Philosophy*, New York: Routledge, 2010 (이기홍 옮김, 『비판적 실재론과 해방의 사회과학』, 후마니타스, 2007).
Brophy, J. (ed.), *Advances in Research on Teaching*, Vol. 2, New York: JAI Press, Inc., 1991.
Callinicos, A., *Making History: Agency, Structure, and Change in Social Theory (Historical Materialism)*, Chicago, IL: Haymarket Books, 2009 (김용학 옮김, 『역사와 행위』, 사회비평사, 1997).
Chan, K. W. and R. G. Elliotte, "Relational Analysis of Personal Epistemology and Conceptions about Teaching and Learnig", *Teaching and Teacher Education* 20(8), 2004, pp. 817-831.
Davies, I., *Debates in History Teaching*, Abingdon: Routledge, 2010.

Dunkin, M. J. and B. Biddle, *The Study of Teaching*, New York: Holt, Rinehart and Winston, 1974.

Evans, R., "Lessons From History: Teacher and Student Conceptions of the Meaning of History", *Theory and Research in Social Education* 16(3), 1988, pp. 203-225.

Evans, R., "Teacher Conceptions of History", *Theory and Research in Social Education* 17(3), 1989, pp. 210-240.

Evans, R., "Teacher Conceptions of History Revisited: Ideology, Curriculum, and Student Belief", *Theory and Research in Social Education* 18(2), 1990, pp. 101-138.

Evans, R., "Educational Ideologies and the Teaching of History", G. Leinhardt, I. Beck, and C. Stainton (eds.), *Teaching and Learning in History* (pp. 171-207), Hillsdale, NJ: Erlbaum, 1994.

Giddens, A., *Central Problems in Social Theory: Action, Structure, and Contradiction in Social Analysis*, London: Macmillan, 1979.

Grant, S. G., "It's Just the Facts, or Is It? The Relationship Between Teachers' Practices and Students' Understandings of History", *Theory and Research in Social Education* 29(1), 2001, pp. 65-108.

Grant, S. G., *History Lessons: Teaching, Learning, and Testing in U.S. High School Classrooms*, Routledge, 2003.

Grant, S. G. and J. M. Gradwell, "The Sources Are Many: Exploring History Teachers' Selection of Classroom Texts", *Theory and Research in Social Education* 33(2), 2005, pp. 244-265.

Hamilton, S. F., "The Social Side of Schooling: Ecological Studies of Classrooms and Schools", *The Elementary School Journal* 83(4), 1983, pp. 313-334.

Hatch, J. A., *Doing Qualitative Research in Education Settings*, SUNY Press, 2000 (진영은 옮김, 『교육 상황에서 질적 연구 수행하기』, 학지사, 2008).

Klein, Stephan R. E., "Teaching History in the Netherlands: Teachers' Experiences of a Plurality of Perspectives", *Curriculum Inquiry* 40(5), 2010, pp. 614-634.

Magalhães, O., "Portuguese History Teachers' Ideas about History", R. Ashby, P. Gordon, and P. Lee (eds.), *Understanding History: Recent Research in History Education 2* (pp. 148-160), New York: Routledge, 2005.

Schön, D. A., *Educating the Reflective Practitioner: Toward a New Design for Teaching and Learning in the Profession*, San Francisco: Jossey-Bass Publishers, 1987.

Seidman, Irving, *Interviewing as Qualitative Research: A Guide for Researchers in Education and the Social Sciences*, New York: Teachers College Press, 2006 (박혜준 · 이승연 옮김, 『질적 연구 방법으로서의 면담: 교육학과 사회과학 분야의 연구자들을 위한 안내서』, 학지사, 2009).

Shulman, L., "Paradigms and Research Programs in the Study of Teaching: A Contemporary Perspective", M. C. Wittrock (ed.), *Handbook of Research on Teaching* (pp. 3-36), New York: Macmillan, 1986.

Shulman, L., "Knowledge and Teaching: Foundations of New Reform", *Harvard Educational Review* 57(1), 1987, pp. 1-2.

Sterns, Peter N. and P. Seixas (eds.), *Knowing, Teaching, and Learning History: National and International Perspectives*, New York & London: New York University Press, 2000.

Strauss, A. L. and J. Corbin, *Basics of Qualitative Research: Grounded Theory Procedures and Techniques*, Newberry Park, CA: Sage, 1990.

Tan, H. D., "Singapore Teachers' Characterization of Historical Interpretation and Enquiry: Enhancing Pedagogy and Pupils' Historical Understanding", presented at the AARE Educational Research Conference, Sydney: Parramatta Campus, Australia, 2005.

Thornton, S. J., "Teacher as Curricular-Instructional Gatekeeper in Social Studies", James Shaver (ed.), *Handbook of Research on Social Studies Teaching and Learning* (pp. 237-248), New York: Macmillan, 1991.

VanSledright, B., "And Santayana Lives on: Students' Views on the Purpose for Studying American History", *Journal of Curriculum Studies*, Vol. 29(5), 1997, pp. 529-558.

VanSledright, B., *In Search of America's Past: Learning to Read History in Elementary School*, New York: Teachers College Press, 2002.

Voss, J. F. and M. Carretero (eds.), *Learning and Reasoning in History*, International Review of History Education Vol. 2, New York: Routledge, 1999.

Wineburg, S. and S. Wilson, "Subject-matter Knowledge in the Teaching of

History", J. Brophy (ed.), *Advances in Research on Teaching*, Vol. 2 (pp. 305-347), New York: JAI Press, Inc., 1991.
Yilmaz, Kaya, "Social Studies Teachers' Conceptions of History: Calling on Historiography", *Journal of Educational Research* 101(3), 2008, pp. 158-176.
Yin, Robert K., *Case Study Research: Design and Method*, Beverly Hills: SAGE, 1984.

찾아보기

간행사

서울대학교 사범대학 역사교육과가 창립 71주년인 정유년 초에 역사교육연구총서 발간이라는 경사(慶事)를 맞이하였습니다.

우리나라는 예부터 역사를 인간의 사유와 행동을 밝혀주는 귀감으로 여겨 각종 교육기관에서 가르쳐왔지만, 역사교육이라고 하는 분야가 전문 연구영역으로 자리를 잡게 된 것은 그리 오래되지 않은 1980년대 후반, 서울대학교 사범대학 역사교육과에 역사교육전공의 석·박사학위과정이 개설되고 연구자가 배출되면서였습니다. 지금은 전국의 여러 대학과 초·중·고교의 연구자들이 왕성한 연구활동을 펼치고 있으며, 역사교육연구회가 발행하는 『역사교육』을 비롯하여 역사교육을 전문으로 하는 학회와 학술지도 많이 늘고 있습니다. 그러나 여전히 역사교육은 신진 연구분야로서 연구대상과 영역을 정립하는 과정에 있다고 할 수 있습니다. 이런 시점에서 역사교육연구총서의 발행은 역사교육연구의 발전에 크게 기여할 것입니다. 관련 연구자들이 단행본의 형태로 자신의 연구성과를 정리하여 발표함으로써 역사교육연구의 그간의 경로를 되돌아봄과 동시에 향후의 연구방향도 전망할 수 있기 때문입니다.

역사교육연구총서의 발행은 한국 역사교육학계가 지속적으로 연구결과물을 학계와 대중에게 공개하겠다는 약속을 한 것이고, 이를 어떻게 이행하는가에 따라 역사교육의 연구수준도 평가될 것입니다. 이런 의미에서 역사교육연구자들은 최근 국가와 사회의 많은 관심을 끌고 있는 역사교육이론과 현실의 쟁점 및 동향에 관해 자신의 견해와 소신을 밝힐 기회와 책임을 동시에 가지게 된 것이라 하겠습니다.

총서의 발행을 기획하고 추진해준 유용태 교수의 노고에 감사드리며, 바쁜 학술활동 중에도 기꺼이 집필을 맡은 저자와 원고의 내용을 검토하고 조언해주신 심사위원, 총서 준비단계에서 필요한 여러 실무를 담당한 간행위원들께도 감사의 마음을 전합니다. 그리고 고맙게도 어려운 여건에도 불구하고 서울대학교출판문화원은 총서의 간행을 맡아주었습니다. 역사교육연구총서의 간행이 연구자와 독자의 호응 속에 계속 이어져 우리나라 역사교육의 발전에 기여하기를 기원합니다.

2017년 1월

역사교육연구총서간행위원회 위원장

양호환